道南學脈觀中工夫研究

侯潔之　著

作者簡介

侯潔之，現就讀國立臺灣師範大學國文研究所博士班。著有〈由馮少墟學說論晚明關學的轉折〉、〈王塘南「透性研幾」說的義理架構〉、〈王船山乾坤並建的義涵及倫理向度〉、〈由道器之辨論王船山證立形而上的進路〉、〈由張載、朱子形上思維的分歧論其工夫重心的移轉〉、〈裴頠「崇有論」中「有」的義涵與萬有關係〉、〈道南學脈的觀中工夫論〉、〈韓非人性論的建構方法與考量〉、〈王弼「忘言忘象以得意」說之「忘」的意蘊〉、〈《莊子·齊物論》中籟音的義理蘊涵〉、〈撥亂反諸正——從資治通鑑看司馬光的禮制思想〉、〈陌上桑的語言藝術〉、〈木蘭詩的語言藝術〉、〈衛風·有狐中「狐」字確義〉等期刊論文十餘篇。

提　　要

　　道南學脈是洛學傳衍的主要支脈，也是洛學與閩學銜接的關鍵。北宋時期，洛學盛行，楊龜山身為程門高弟，明道甚喜之，及其南歸，更有「吾道南矣」之歎。自其傳道東南，一傳羅豫章，再傳李延平，後世遂以道南學脈稱之。楊龜山根據《中庸》中和說法，開創「體驗未發」的工夫，並以之傳後。高弟羅豫章專主之，附以靜坐形式，並據此自修教人。延平承之，一如其師，將學問重心全置於未發工夫的拓展上，使工夫內涵益趨完密，後並據此教導朱熹，開啟朱子對中和問題的關注。在龜山，其思想範圍非僅止於此，然為後學繼承者，則專在未發工夫。因此，未發觀中的工夫，可謂聯繫道南傳承的主軸，同時也是這一脈絡的主徵，故又稱為「道南指訣」。

　　受到程門論中和風氣的影響，楊龜山奠基於前儒對於已發工夫創闢的基礎上，根據《中庸》的已發未發說，將《中庸》的未發說工夫化，於喜怒哀樂未發之際，建立體證德性之源的工夫，以期由中導和，引生真正的道德行為。龜山以「正心」的概念為核心，以未發與已發為界分，開展內外兩層的工夫。內層的工夫，乃在喜怒哀樂未發之際，默識未發之中，為道德實踐的本質關鍵。外層（合內外）的工夫，是在體中的根柢基礎上，續以無間斷地自我操存，而能在與物相接時，依循所體證的中體，自然發用為如理中節的道德活動。在龜山，內外之合，是由定內通外的次第而致。因此，從工夫的次第而言，龜山所創建的觀中的修養方法，可分為主要工夫與輔助工夫。前者是體證內在主體的本質實踐方法，以未發觀中為進路；後者是觀中的後續工夫，含誠、敬、格物致知等路數，以存養無息為要義，以助成未發之中的具體呈現與落實為歸趨。

　　羅豫章為龜山嫡傳，專主未發觀中的工夫。他吸取禪宗的靜坐法相，納入觀中工夫中，作為歸還未發、肯認中體的手段，其後並以相對靜坐的方式，向延平親身示範體中之道。延平繼承靜坐之法，循龜山所開出的觀中進路，進一步對修養內容作細部的補充。其推闡處大抵有三：其一，對心物關係有較縝密的討論。其二，對靜中體認實虛的檢驗。其三，「理一分殊」的工夫化。

　　至於觀中的工夫境界，在龜山以「理一分殊」表示。他借助體用觀，證成「理一」與「分殊」的同一性，並從倫理實踐的意義詮釋體用間的關係。觀中所觀者，即天下之理的根源，而分殊乃依於理一所顯發的具體道德活動。而在延平則以「洒落融釋」表示。相較楊、羅二師，延平更重視學者在見體後、於中體發用之際的生疏、不自然感，並提出「理會分殊」的對治方法。所謂「理會分殊」，即親身面對現實存在的種種曲折之勢，細察分殊事理，練習依據靜中肯認的中體，發顯為如理合度的言行。在反覆體察事理中，漸涵漸養中體，工夫益趨純熟，使中體不復停滯於抽象狀態中，而能於接物之際，自然稱體發用，即「洒落融釋」境界的體現。

　　觀中工夫的傳承，起於楊龜山，經羅豫章之傳，而終於李延平。觀其前後承繼，不過三人。然究其影響力，則不僅止於道南一系。靜坐體認未發氣象的進路，開啟了後世對中和問題的重視。從朱熹對中和問題的反覆參究，到明代吳康齋「靜時存養」「身體力驗，只在走趨語默之間」，陳白沙「從靜坐中養出個端倪來」，王陽明於滁陽時以「默坐澄心」為學的，皆可見道南未發觀中說的痕跡，其影響不可謂不遠矣。

目次

第一章 緒 論

第一節 前人研究成果之檢討

　　道南學脈是洛學傳衍的主要支脈之一，創始者楊龜山，受學二程，載道東南，是洛學在南方得以廣泛傳播的關鍵人物。龜山之後，羅豫章繼之，再傳至李延平，四傳而有朱熹，閩學正式確立。從傳承關係而言，楊、羅、李三人乃洛學到閩學發展的重要環節，而本文的主要探討論題，即是三人所代表的道南學脈，所開出的特殊工夫 ——觀中。

　　道南學脈在理學史上雖居於銜接洛、閩二學的地位，然其學既不如洛學廣博，及朱熹出焉，又掩於朱子之光，故向來未受重視，以致思想史著作中，甚有完全略過不提者，如：馮友蘭《中國哲學史新編》、錢穆《中國思想史》、韋政通《中國思想史》、褚柏思《中國思想史話》、唐華《中國哲學思想史》等。餘有論者，或附楊龜山於程門諸子中，於評述洛學時，而兼及之，或附李延平於朱學中，於探究朱熹師承時兼論之，至於道南學脈整體的思想特色，則鮮有縱向的討論。綜觀相關研究，約可分為六種：

　　其一，附論楊龜山於程門下，而僅提及其為程氏門人者。在哲學史的部份有勞思光《中國哲學史》、臧廣思《中國哲學史》、黃公偉《中國哲學史》等；在理學專著則有錢穆《宋明理學概述》、蔣伯潛《理學纂要》、賈豐臻《中國理學史》、程發軔《理學概要》等。這些書籍在談到楊龜山時，只是於論述程學後附帶提及而已，至於羅、李二人，則無所言之。

　　其二，附論楊龜山於程門下，而簡略介紹其學者。如吳康《宋明理學》，對於龜山的思想有簡略的介紹，然多資料排比，幾無闡述。而宇野哲人著《中

國近世儒學史》，將龜山思想分成「宇宙論」與「倫理說」兩部分，他以養氣、格物致知、讀經概括倫理思想，並認為其學不出伊川，這種觀點，實有待商榷。蔡仁厚先生著《宋明理學‧北宋篇》，以為觀中工夫乃承明道體會天理的路而來。同樣的觀點亦見於張德麟的《程明道思想研究》中。他以程明道思想為研究專題，於明道對後學的啟發的部份，特立一節「明道與龜山」，論述明道對龜山的影響。他認為明道雖未詳言「致中和」，但龜山繼承了明道在道德實體之自發、自律上立道德實踐之義，創建體驗未發的工夫。張說從義理方向的一致性，上溯未發工夫的淵源來自明道，其論頗為精當。

其三，正視楊龜山傳洛學於東南的地位，而局部論述其學者。如陳來《宋明理學》，分從體驗未發、反身格物、行止於疾徐之間三部份賅括其學，他指出未發所體驗者即道心，此說大抵無誤，然其以未發工夫為「一種強調靜的方法」，猶有待進一步討論。

其四，將道南學脈獨立討論，並詳細介紹觀中工夫者。如羅光所著的《中國哲學思想史‧宋代篇》，於論述楊龜山理氣、心性、致知諸說外，另附羅、李二人之學於其後。其書對於觀中工夫的內涵，較其餘哲學史有完整的陳述，然其對於觀中功的解釋，多有可議之處，如他認為楊龜山已立靜坐方法，並以靜坐即「為閒、為主一、為默念」，又將李延平所說的「融釋脫落」境界，詮解為「和外面的事件相脫落」，這些觀點皆未必相應。韓鍾文所著《中國儒學史‧宋元卷》，在諸多哲學史中，乃最正視道南一脈對南宋理學的貢獻，並作出詳細陳述者。其先縱述道南學脈之源委，以及創拓洛學、前導閩學之功，次分論楊、羅、李三人之生平與學問要旨。該書對於道南學脈承洛起閩的地位，雖有縝密的探討，然論及三人時，多著墨於其生平經歷及師友交遊，涉及學術思想處，則以羅列文獻的方式簡要陳述，於義理義蘊，推闡甚少。徐遠和著《洛學源流》，所重在道南學脈南傳洛學的貢獻，他分就楊、羅、李三人之政治理念、生平、學說，有詳盡的介紹，對於觀中工夫的內涵，論述頗為精要。

其五，以楊龜山為研究主題的專著。道南思想本受學界忽略，一般哲學史書中所論即甚微，遑論研究專著。直至民國六十六年，林義勝以《楊龜山思想研究》為題，著成碩士論文，堪稱首部相關專著。林氏從肇建、內涵、用功三方面，開展龜山心法的義蘊，對於觀中修養的研究，頗有著力。唯其以「學術思想」為論文主軸，將龜山所有思想全幅納歸於第四章中，使龜山心法的源委、義理、傳承，散見於第四、五章，在陳述上未免有割截之弊，

此爲其不足處。自林氏書成之後，相關研究陷入沈寂。及民國七十六年，傅武光先生在《中國歷代思想家》中，撰著〈楊時〉一篇，與廖吉郎先生〈王安石〉、王開府先生所著〈程頤、程灝〉二篇合成一書。礙於篇幅之限，他附觀中工夫於反身之下，而歸於「爲學方法」中，對於修養內涵僅簡要陳述，並無詳盡的推闡。同年，楊玉成著《二程弟子研究》碩士論文，認爲龜山所立之體驗未發工夫，「方法蓋承明道」，「然亦轉近向郭注莊之『冥會』」，又定羅、李二人「順承楊時而更趨伊川之涵養，漸悟意味更重」。楊氏於論述時，多在陳列文獻後，略過細部討論，直接評定，故難以看出其論根據爲何，且其觀點顛錯糾結，謬誤甚多，有待匡正。繼傳、楊之後，不復有新作，迨民國八十三年，方有梁巧燕撰《楊龜山思想研究》碩士論文，除了對龜山思想作了全面性的探討，於觀中工夫的義理內涵推闡甚深，頗有貢獻。

其六，以朱學爲主，而兼及李延平者。牟宗三先生在《心體與性體》中，根據朱熹歸結延平之學的四要：一、「默坐澄心，體認天理」；二、「洒然」自得，「冰解凍釋」；三、「即身以求」，不事「講解」；四、「理一分殊」，始終條理，開展延平未發工夫的義理間架，他定延平學的入路爲本體論的超越體證，一方論證其路向契接明道，一方簡別其學與朱學的差異。在牟先生之前，普通多視延平爲朱熹的開蒙師，而不重視其學之實蘊，自其說出，後學漸重延平與朱子的距離。劉述先先生承牟先生說法，在《朱子哲學思想的發展與完成》中，在論述朱子從學延平的經過中，特別表出延平思想的獨特型態，以突顯朱子的取捨之實義。陳來在《朱熹哲學研究》中，亦區隔道南之學與朱學，認爲道南指訣乃上承明道，而朱熹雖受學延平，但在義理上已離開了道南的本來方向而轉向伊川。由於延平學主要是對於觀中功的發揮，因此自牟先生標舉其學的獨特型態後，不僅引起學界對李延平的矚目，同時也激發了相關論文的產生，對於觀中修養的研究無疑有深遠的影響。

在期刊論文方面，也多集中在楊龜山的研究。張永儁的〈楊龜山哲學思想述評〉，是國內最早以楊龜山爲研究主題的單篇論文，然而他以觀中說乃融合伊川與莊子思想而成，則值得商榷。其後他又以二程思想爲主，撰〈比論二程子理學思想之分歧──兼論楊龜山及謝上蔡之思想發展〉一文，兼論龜山思想，因受限篇幅，於觀中說僅簡要提及。繼張先生後，蔡介裕發表一系列相關論文，有〈楊龜山「本體宇宙論」之基本義旨〉、〈楊龜山學脈之考察〉、〈中和問題「未發已發」之考察〉等篇。他在諸文中，於肯定觀中修養對明道義旨的繼承之外，

並正視其聯繫道南傳承中的主軸地位，所論甚為精闢。大陸學人近年來亦漸有相關論著的出現，但是對於觀中工夫多泛論，少有深入的見解，如黎昕〈道南第一人——楊時〉、徐曉望〈論楊時"傳道東南"的文化意義〉、何乃川〈楊時「理一分殊」思想及李侗的繼承〉、何乃川.張培春〈簡論楊時的理一元論思想〉等。道南三人中，龜山嫡傳羅豫章、李延平，目前皆無研究專著，僅有零星單篇論文出現。在羅豫章，僅林蔚起〈關於羅豫章的兩個問題〉一篇。而在李延平，國內僅有蔡介裕〈宋儒李延平之義理探析〉一篇，文中順承牟先生之分判與觀點，進一步作細部的討論。大陸學人對於延平學的研究較為豐富，有李祝舜〈李侗及其哲學思想初探〉、何乃川〈論李侗的理學思想及其對朱熹的影響〉、余理民與李一汀合著〈李侗祖籍及生地考〉等篇，但是多以資料羅列的方式，簡要介紹思想，對於義理的闡述，少有發揮。

綜觀前人研究，緣於羅、李二人遺留文獻較少之故，研究重心主要落在楊龜山上。但是不論是專著或單篇論文，多側重於個人思想研究，或於龜山處論觀中說，而忽略其後的發展及影響，或視為延平學之獨立型態，兼簡述其源，而忽略觀中工夫在傳承過程中的推擴。這種研究方式，固然可凸顯觀中工夫在楊、李手中的開拓，但是著重橫向研究的結果，則僅能片段呈現觀中工夫在不同時期的面貌，難以全面展現此一工夫的推進痕跡。基於此點，本文欲以道南學脈的觀中工夫為研究主題，作縱向的探究，以彌補歷代研究薄弱處。

第二節　本文寫作目的與預期成果

北宋理學，以二程開出的洛學為中心。程門下有四大弟子，分別為楊龜山、謝上蔡、游定夫、呂大臨。游定夫本依洛學，後轉入禪門；呂大臨原師橫渠，迨橫渠卒，方東見二程，故非程門嫡傳。唯謝上蔡與楊龜山所開出的學脈，於宋室南渡後，猶肩負洛學之傳。其中，謝上蔡通過胡安國、胡五峰父子衍為湖湘學脈，而楊龜山則經由羅豫章、李延平而開道南學脈。

南宋時期，緣於宋政權南遷的政治背景，政治、經濟和文化中心隨之南移，致使理學重心場域由河南洛陽，遷移至福建，是為「閩學」時期。道南創始者楊龜山，本為南劍州人（今福建南平），因聞二程洛學，遂棄仕往學，後載道南歸，傳學於故鄉閩中。其門下高弟羅豫章，與再傳弟子李延平，與龜山出生同郡，由龜山處傳承洛學，時尊為「南劍三先生」。當其時，龜山聲

重於世，四方之士不遠千里從之游，而門下弟子，亦多承其志，對於洛學在南方的推廣，頗具實功。這個時期，龜山一脈的活動範圍多在東南，就地緣而言可目爲閩學，然就相傳的義理與宣揚的學說來說，實爲洛學的推展。故界處於北宋末與南宋初的閩學，可謂以宣揚洛學爲特徵，而楊龜山的倡道東南，實具有聯繫南北理學的意義。

龜山之後，再傳至延平，三傳而有朱熹，其學大興，福建閩學至此正式確立。龜山受學於二程，載道東南，時人多目爲洛學傳人，自朱子出，道南學脈又幾被朱學之光所掩，乃至後學論及道南之傳，或以程門高弟定其地位，或就朱子師承淵源定其傳承之功，而鮮能正視道南學脈於洛學上的推擴，及其獨特的思想型態。

從北宋洛學至南宋閩學，從河南洛陽到福建東南，一般認爲，在時空毫無重疊的情形下，道南學脈正是連繫洛學與朱子閩學的重要環節。這種說法，實著眼於傳承脈絡上，以試圖找出洛學與閩學之間的聯繫。誠然，在師承上，通過道南學脈的連結，朱子乃遠承洛學之統。然而，二程之學義理型態實截然殊異，龜山雖師出程門，但究義理之實，乃承繼明道的思想脈絡而來。而其於南方所推廣者與傳下者，亦以明道之學爲主。至於朱學，則是循順伊川之學而開展，故其雖受學於延平，但與延平授傳的義理，實存在著明顯的差距。因此，吾人必須簡別，雖然經由道南之傳，朱學得而與洛學緊密相連，但是在義理內涵上，朱學實非經延平，而是跨過道南一系，遙契伊川之學。故道南學脈所代表的閩學（閩學前期），與朱子成立的閩學，不能等同並論。又，楊龜山身爲程門高弟，承繼明道之學，並順其思想脈絡創發未發觀中工夫，成爲道南歷代相傳的指訣。三傳至朱熹，雖不契之，然卻刺激其對於中和問題的反覆參究，以及後代對於發與未發工夫的重視，此皆顯見道南特有的未發工夫對後世的影響。誠然，龜山之學，實不及明道之學深廣，然其所開出的修養論，經道南傳人的發展，於工夫之創新與突破，並非洛學所能籠罩。以此觀之，道南學脈在理學發展史上，雖上接二程、下開朱子，居於承先啓後的地位，然其光實不必待朱學而始大，而其價值意義，除程氏傳衍支脈可說外，其內在之義理自有可觀者。

又，就道南傳承的義理主脈而言，實以觀中工夫爲重心〔註1〕。楊龜山受

〔註 1〕道南學脈所相傳的工夫指訣，後世學者多以「觀」字稱之，如《明儒學案·東林學案》云：「龜山門下相傳『靜坐中觀喜怒哀樂未發前作何氣象』，是靜

學於二程，以其載道東南之故，後人以「道南」指稱其所傳衍的洛學支脈。他自入程門後，於天道論、心性論、工夫論多所推闡。其天道論順承明道理道之說，兼採張載氣化思想而成，就內涵而言，大體不出程、張二人的義理規模。心性論的部份，循明道義理，以仁心性是一，然亦不脫明道思想。龜山於天道、心性論，雖無殊特創闢之處，然不論從道的客觀面或主觀面立說，皆著重在落實倫理生活的層面，顯見其強調道德實踐的用心。此用心表現在修養論上，乃嘗試建立一工夫，使修養主體能在隔離私擾的狀態下，體證炯然呈顯的中體（道德主體），而能自然循之行道德實踐。順此思維，他開創「體驗未發」的工夫，並以之傳後。其傳承弟子羅豫章，興趣專在個人修養，所以在龜山處得觀中工夫後，即絕意仕進，全心投入修養中。後同郡李延平來學，受羅豫章影響，亦將目光置於修養上，於天道、心性等論，則鮮少涉及，爾後教導朱熹，亦以觀中工夫爲主。因此，龜山思想雖不限於修養論，然其傳承弟子所接續發展者，主要在於觀中工夫而已。故未發觀中的工夫，不僅是道南學脈道德實踐的本質關鍵，亦爲此一脈絡的義理主徵。

　　龜山於洛閩之學的承啓之功，目前已漸受學界重視，而有探究其思想的期刊論文與研究專著出現。其再傳弟子李延平，自牟宗三先生於《心體與性體》一書中，簡別其與朱學的差異後，其獨特的義理型態亦已凸顯。然而，延平之義理實遠承自龜山，而龜山傳下的未發指訣，亦至延平方臻完善，但目前的相關論著多著眼於楊、李二人思想的分論，而未能正視作爲道南主軸的觀中工夫之發展。導致學者或視默坐澄心爲延平獨特的義理型態，而未能溯其源，或側重於龜山對觀中工夫的開創之功，而未能梳理出此工夫在羅李二人手中的開拓。另，洛學之傳，主要分爲謝上蔡與楊龜山兩脈系，然歷代研究多集中於前者，於龜山一系則少探究，以致至今仍無專著或單篇論文針對道南學脈的義理主徵與影響，作全面的梳理。爲彌補相關研究薄弱處，本文擬以道南學脈的觀中工夫論爲探討命題，先義界道南之名與代表人物，再從學術背景與理學發展討論刺激觀中工夫成立的可能因素，接著以工夫內涵爲探究中心，以主要進路、輔助工夫以及理想境界等三方面命題爲綱，以楊、羅、李三人的論述爲目，以期完整呈現觀中工夫在道南傳承中的推展與轉折。

中見性之法。」《明儒學案・諸儒學案》云：「後來羅豫章師龜山，李延平師豫章皆以靜坐觀喜怒哀樂未發前氣象爲何如，而求所謂中者。」故本文以「觀中」指稱此工夫論。

第二章　道南學脈的界定與代表人物

第一節　道南學脈的界定

　　北宋理學，洛學蔚然成風。二程門人遍及天下，然南渡之後，於南宋傳衍洛學甚有功者，主要分爲兩線：一線是謝上蔡，傳學胡安國、胡五峰，衍爲湖湘學派；一線則由程門四大弟子之一的楊時，傳學羅豫章，再傳李延平，由明道目送楊時「吾道南矣！」之歎，後世稱此脈系爲「道南學脈」。

　　「道南學脈」在理學史上因上承洛學〔註1〕、下啓閩學，具有重要的地位。代表人物主要有三：楊時、羅豫章、李侗。楊時倡道東南，從游者眾，其南歸後，傳播洛學，東南學者皆推之爲程氏正宗〔註2〕，致使「四方之士不遠千里從之游」〔註3〕，乃至「弟子千餘人」〔註4〕。著名弟子如王蘋、呂本中、陳淵、羅豫章、張九成、劉勉之等，《宋元學案》皆爲之另立學案，以載其學〔註5〕。

〔註1〕　清·黃百家云：「二程得孟子不傳之祕於遺經，以倡天下，而升堂睹奧號稱高弟者，游、楊、謝、尹、呂其最也。」（見《宋元學案》卷二十五〈龜山學案〉，世界書局印行，民國80年9月5版，頁549）清·福建巡撫張伯行亦云：「先生爲程門高弟，游、楊、呂、謝四先生中，獨推先生之學最純，先生之道最篤。」（〈楊龜山先生全集序〉，見《楊龜山先生全集》，臺北：臺灣學生書局，民國63年6月初版，頁16）。

〔註2〕　全祖望亦稱之爲「南渡洛學大宗」（見《宋元學案》卷二十五〈龜山學案〉，臺北：世界書局，民國80年9月5版，頁547）。

〔註3〕　見《宋史》卷四百二十八，〈道學列傳〉之〈楊時列傳〉（臺北：鼎文書局，民國64年3月出版，頁12738）。

〔註4〕　見《宋元學案》卷三十九〈豫章學案〉黃百家案語（同註2，頁727）。

〔註5〕　王蘋別爲〈震澤學案〉，呂本中別爲〈紫微學案〉，陳淵別爲〈默堂學案〉，羅

楊時弟子雖眾，然時俱共承首傳弟子爲羅豫章，並以楊時——羅豫章——李侗的脈裔，爲道南正傳。如南宋禮部尙書馮夢得在〈奏立龜山書院疏〉云：「臣竊見龜山楊文靖公立雪程門，載道而南，一傳而羅豫章，再傳而李延平，又再傳而朱晦庵，理學大明，有功往聖。」〔註6〕南宋眞德秀梳理洛學傳衍線索云：「二程之學，龜山得之而南傳之豫章羅氏，羅氏傳之延平李氏，李氏傳之朱氏，此一派也。」明林熙春〈龜山先生全集後敘〉云：「自是而豫章氏、延平氏、元晦氏爲東南正宗，孰非始自（龜山）先生耶？」〈龜山先生楊時從祀孔廟議〉云：「蓋龜山一傳爲豫章羅氏，再傳爲延平李氏，以授朱子，號爲『正宗』。」此外，據《龜山先生年譜》載，明成化元年，敕建延平道南祠，像祀楊時，以羅豫章、李延平配享。顯見楊——羅——李的道南傳承與代表地位，在當時已成定論。後世又因其皆籍南劍，並稱爲「南劍三先生」，又與再傳弟子朱熹合稱爲「閩中四賢」。〔註7〕然值得討論的是，楊時弟子千餘，顯名者非惟豫章一人，爲何學者皆許其得傳，而無異說？關於此問題，吾人或可由歷代學者對道南傳脈之論評，一窺究竟。

關於「道南一脈」的相承問題，各家所論甚多。如明李熙〈請崇祀龜山恤後疏〉云：「蓋考亭之學出於延平，延平之學出於龜山，國家以朱子著述有功吾道，故世祿其子孫，溯流而源，則道南一脈，實自龜山始，其功豈朱子下哉？」清朱任弘在〈重刊龜山先生文集序〉云：「居恒溯八閩理學源流，久心企龜山先生倡始之功，…，今天下咸尊朱學矣，亦知朱傳自李，李傳自羅，羅傳自楊，楊則洛之正宗也。」清陸求可在〈龜山先生文集敘〉稱述楊時之功曰：「闡伊、洛之淵源，開海濱之鄒、魯，先生其功首也。」黃百家於《宋元學案·龜山學案》案曰：「顧諸子各有所傳，而獨龜山之後，三傳而有朱子，使此道大光，衣被天下，則大程「道南」目送之語，不可謂非前識也。」綜觀述評，有二可說：

其一，兩宋之際，楊時倡道東南，使洛學在東南地區得到廣泛傳播，三

豫章別爲〈豫章學案〉，張九成別爲〈橫浦學案〉，劉勉之別爲〈劉胡諸儒學案〉。

〔註6〕見《延平府志》卷十九〈藝文〉（上海古籍書店根據寧波天一閣藏明嘉靖刻本影印，頁66）。

〔註7〕清·張國正云：「宋河南程氏兩夫子出，得千載不傳之秘於遺經，惟龜山揚先生獨得指歸，故別而歸也，忻然有『道南』之目。一傳爲羅豫章，再傳爲李延平，三傳爲朱考亭，而大集厥成，天下稱『閩中四賢』，皆楊先生倡之也。」（〈補修宋楊文靖公全集序〉，《楊龜山先生全集》，頁2～3）。

傳之後，而有朱熹。當其時，閩學盛行，朱學猶受重視，蔚爲儒學大宗，後世學者遂上溯委源，由延平之啓迪，又推延平之學出於羅豫章，乃至楊時，而咸尊時爲閩學初創者（楊時初傳洛學於閩中，又爲閩將樂人，因地域之故，而得稱。然道南一系雖爲閩學初期，實際上是洛學的脈裔與拓展，與朱子時期的閩學義理方向，實兩截異分）。故定楊——羅——李——朱脈絡，以彰朱學淵源。因此，學者推許羅、李正傳，非著眼於其學之顯，而是由朱子上推其承，以定羅、李二人道南正宗地位。〔註8〕

其二，楊時雖被推尊爲「洛學正宗」，然學者論之，多從倡始閩學及傳播洛學兩方，以定其功。其再傳弟子延平，後世鮮論，或有提及，僅以朱子啓蒙師簡略述之。至於豫章，學者更少議評，即有論之，亦附於閩學源流脈系而已。足見斯時，學者多附道南傳脈於朱子之光下，對於楊羅李三人個別的學術成就，並不特別標舉。

道南一系，楊氏因其創始之功，較受矚目；李氏則因啓蒙朱熹，屢被提稱。唯羅豫章一人，於脈絡既非居始，於朱熹又非親授，故受後學忽略。黃宗羲甚評之曰：「龜山三傳得朱子，而其道益光。豫章在及門中最無氣燄，而傳道卒賴之。」〔註9〕全祖望亦貶其學：「豫章之在楊門，所學雖醇，當在善人有恆之間，一傳爲延平則邃矣，再傳爲晦翁則大矣。豫章遂爲別子。甚矣，弟子有光於師也。」〔註10〕又曰：「朱子師有四，而其所推以爲得統者，稱延平。因延平以推

〔註8〕 黃百家云：「朱韋齋能友延平與劉、胡三子，而使其子師之，晦翁之學遂能由三子而繼程氏。」（《宋元學案》卷三十九〈豫章學案〉，頁739）黃宗羲云：「豫章稱韋齋才高而智明，其剛不屈于俗，故朱子之學雖傳自延平，而其立朝氣概，剛毅絕俗，則依然父之風也。」（《宋元學案》卷三十九〈豫章學案〉，頁738）全祖望云：「白水、籍溪、屏山三先生，晦翁所嘗師事也。白水師元城，兼師龜山。」（《宋元學案》卷三十九〈劉胡諸儒學案〉，頁791）從黃百家、黃宗羲、全祖望的論述中，可知朱熹非獨事延平，其父朱松、劉白水、胡籍溪、劉屏山皆曾教授朱子。其中，朱松嘗從羅豫章問學，劉白水亦曾請業於楊時，但對朱熹影響最深、嚴辨儒釋者，實爲延平，因而朱熹嘗自述曰：「熹年十三四時，受二程先生《論語說》於先君，未通大義，而先君棄孤。中間歷訪師友，以爲未足。於是遍求古今諸儒之說，合而偏之。誦習既久，益以迷眩。晚親有道，竊有所聞。」（〈議論要義序〉，見《朱文公文集》卷七十五，臺灣：商務印書館，民國69年10月臺一版，頁1317）這段話說明了朱熹對往昔所學的自覺不足，而「晚親有道」即指李延平。故後世溯閩學淵源，不從朱松，亦不從白水，而從延平，上推羅豫章，以至楊時。

〔註9〕 見《宋元學案》卷三十九〈豫章學案〉，頁724。

〔註10〕 同上註，頁723。

豫章，謂龜山門下千餘，獨豫章能任道，後世又以朱子故，共推之。然讀豫章之書，醇正則有之，其精警則未見也。恐其所造，亦只在善人有恆之間。」〔註11〕黃、全所論，明確指出道南脈絡之定，是從朱子師承反推而及於豫章。此反映出時人一般的看法，即：道南傳承，起於楊時自是無疑，至於其後，則因朱學光顯，故由之溯反於李延平、羅豫章，以銜接朱子與楊時之間的傳承原委。因此，除了黃、全二人，其餘學者論及道南學脈傳衍的次序皆一致無別。然相對地，楊羅李三人雖因朱子而著名流芳，但三人之學術內涵與特色，亦受朱子之光所掩，少稱於後世。因此，黃、全二人對於身為中間傳承者的羅豫章之評價是可以預期的。「傳道卒賴之」正說明了後世對羅豫章的定位與認識。然而，羅豫章在道南一脈中，是否真如黃氏所云之「最無氣燄」？如是，則羅氏的正宗地位豈非反蒙朱子之光所掩而虛歉不真？

與黃、全批貶之意不同，朱熹對羅氏秉持相反的評價，其言云：「道喪千載，兩程勃興。有的其緒，龜山是承。龜山之南，道則與俱，有覺其徒，望門以趨。惟時豫章，傳得其宗，一簞一瓢，凜然高風。猗歟先生，果自得師，身世兩忘，惟道是資。」〔註12〕又推舉豫章曰：「初，龜山先生，倡道東南，士之游其門者甚眾，然語其潛思力行、任重詣極如羅公者，蓋一人而已。」〔註13〕同時讚許其求學態度：「仲素先生都是著實子細去理會。」〔註14〕朱熹身為羅氏的再傳弟子，而其父親朱松又從之受業，故其對於羅豫章的崇敬，是可想見的。緣於師承之情，其或因此顯現與黃、全截然不同的評論，然據朱子言談，可窺羅氏於斯時，亦非淺學無聞，就其潛思力行，在楊門千餘弟子中，堪稱特出深造者。除朱熹之推許，羅氏門友陳淵嘗謂人曰：「自吾交仲素，日聞所不聞。奧學清節，真南州之冠冕也！」〔註15〕〈豫章學案〉亦載：「仲素篤志好學，推研義理，必欲到聖人止宿處，遂從龜山遊，摳衣侍席二十餘載。」〔註16〕《宋史》則載羅豫章往學楊時，楊時欣察其才的經過：「時熟察之，乃喜曰：『惟從彥可與言道。』於是日益以親，時弟子千餘人，無及豫章者。」〔註17〕據載可知，羅豫章於學

〔註11〕同上註，頁 728。
〔註12〕見〈祭李延平先生文〉（《朱文公文集》卷八十七，頁 1484）。
〔註13〕見〈李先生行狀〉（《朱文公文集》卷九十七，頁 1671）。
〔註14〕同註 9，頁 727。
〔註15〕見《宋元學案》卷三十八〈默堂學案〉，頁 722。
〔註16〕同註 9，頁 726。
〔註17〕見《宋史》卷四百二十八，〈道學列傳〉之〈羅豫章列傳〉（同註 3，頁 12743）。

篤志深研，除了深獲門友推崇，亦備受楊時肯定。而綜諸述評，除了黃、全之貶，餘論及豫章者，皆共許其深造，可見黃、全二說，純屬個人主觀認定，與現實情況，未盡相符。易言之，後世學者雖從朱學淵源定立羅豫章的道南正宗地位，然就造詣而言，楊門千眾弟子，亦無人能出其右，故楊時有「惟從彥可與言道」之歎。以此觀之，羅豫章居位道南正傳，名實深契，實不必附於朱子之光而後能得。則豫章即使在洛學上多傳播之功，而少有創拓，然其個人所得實踐，絕非僅止於「善人有恆之間」而已，故黃、全的貶詞，對豫章不能有相應之理解。

楊時倡道東南，羅豫章得其真傳，再傳至李延平，其三人於道南學脈中，堪居代表。楊時往學二程，於宇宙論、心性論、工夫論多所拓展，惟其思想脈絡，主要順承明道，不從伊川。及南歸後，四方之士聞楊時盛名，紛從之游，羅豫章亦求教於將樂，師事十餘年，盡得其學。其後更遵循楊氏「體驗未發」的工夫論，在羅浮山靜坐三年，於實踐頗有自得。與其師不同者，惟羅氏興趣專在踐履，不重辯解，故授學所及，皆以未發工夫為主，於他處實無發明。其高弟李延平，性格與其相近，結廬山中，專主靜坐，以求未發氣象。而其指導朱熹，亦以靜坐體認為核心。綜觀道南學脈，楊時學說雖不僅限於工夫論，然其啟迪弟子深鉅者，卻在於其獨創的未發工夫。因此羅氏於學雖無掛漏，但於推闡師說處，唯觀中工夫而已。受到羅氏的影響，李延平亦將重心全然置於此，除終身據之力行，並以此專授朱熹，至於他處如宇宙論等思想，則少論及。故體驗未發的工夫論，可謂道南思想的最大特色，不僅成為羅、李畢生關注者，亦是承自師說而唯一推擴處。因此學者提及道南學說時，多以未發工夫概括之，如黃宗羲云：「羅豫章靜坐看未發氣象，此是明道以來，下及延平一條血路也。」〔註18〕朱熹亦視之為道南指訣：「李先生教人，大抵令于靜中體認大本未發時氣象分明，即處事應物自然中節。此乃龜山門下相傳指訣。」〔註19〕此皆顯示道南傳承主軸實在於觀中工夫。

道南學風既明於上，則由觀中工夫所蘊涵之義理實可窺察楊、羅、李師徒之思想理路。至於朱熹，雖從學延平，然其歸屬道南一系與否，不應由傳承推定，而應以義理內容的同異為判準，同則歸之，否則別之。觀中的工夫路數，是透過靜坐的方式，暫時與外界隔離，以便學者在不接於物的情形下，

〔註18〕同註9，頁727。
〔註19〕同註9，頁735。

止息紛擾私意，進而專注地體認內在澄然顯現的中體。所謂中體，即是心體、性體，亦即能創生中節行為的道德主體。觀中工夫，與明道識仁的修養論的義理方向是一致的。識仁是在良心發見處逆覺仁心，而觀中則是暫歸未發、以默識性體呈現的不偏境界。進路雖異，精神則一，皆肯定道德實體內在於人，並從對道德實踐之本質關鍵的把握上而開展。故黃宗羲指未發工夫是「明道以來，下及延平一條血路也」，這樣的說法是很適切的。

朱熹早年學禪，後自覺於道未見，乃從學延平。延平示以道南指訣，導引朱熹入儒離釋〔註20〕，啓蒙之功不可謂不大矣。延平影響朱熹雖甚深遠，然究其實，其影響主要在於啓朱熹聖道之門，至於其學，朱熹並無契會。在延平理解下，心性理是一非二，而觀中工夫便是在此義理系統下所開展出的工夫，則觀中實為體證內在德性本源的過程，可謂為本體論的進路。朱熹循延平之教力行不怠，然始終無會心處，最終漸遠於延平的思路，據個人體悟，發展出獨特的義理型態。李朱師徒路數相異處，主要在於心理觀的迥別。延平是從本體論的觀點而謂心與理一，故道德活動是本於道德實體自發自律而實踐的，而理是具創造性的實理。如是，性本身即能活動而起道德創造之大用，所以能當機顯發為多樣的道德活動。則吾人欲實現發皆中節的理想，根本要道即為肯認能調節情感行為以致合度的主宰，亦即能創生不已德行的內在心性，而默坐體認就是方便學者直契本源的手段。但在朱熹，性理只存有而不活動，至於心，與性理相別，屬於形而下的氣，則人雖能自覺地顯發道德實踐，但此自覺乃表現於心氣凝聚以掌握理，從而使氣之發動如理不違。因此，朱熹的思想方向與其師延平是截然不同的，二人之學存在著本質上的差異。故朱熹終身雖推尊延平，但在思想型態底定後，不免因二學互不契接，屢屢對延平所教表示不滿，如：

> 或問：「延平先生何故驗於喜怒哀樂謂發之前，而求所謂中？」曰：「只是要見氣象。」陳後之曰：「持守長久，亦可見未發氣象。」曰：「延平即是此意，若一向這裏，又差從釋氏去。」〔註21〕

〔註20〕 朱熹〈答汪尚書書〉第二書云：「熹於釋氏之說，蓋嘗師其人，尊其道，求之亦切至矣。然未能有得。其後以先生君子之教，校夫先後緩急之序，於是暫置其說，而從事於吾學。其始蓋未嘗一日不往來於心也。以為俟卒究吾說而後求之，未為甚晚耳，非敢遽紬絕之也。而一二年來，心獨有所自安。雖未能即有諸己，然欲復求之外學，以遂其初心，不可得矣。」（《朱文公文集》卷三十，頁409）

〔註21〕 見《朱子語類》卷一百零三，陳淳錄（臺北：文津出版社，民國72年12月出版，頁2604）。

問：「先生所作〈李先生行狀〉云『終日危坐，以驗夫喜怒哀樂之前
氣象爲如何，而求所謂中者』，與伊川之說若不相似？」曰：「這處
是舊日下得語太重。今以伊川之語格之。則其下工夫處，亦是有些
子偏。只是被李先生靜得極了，便自見得是有箇覺處，不似別人。
今終日危坐，只是且收斂在此，勝如奔馳。若一向如此，又似坐禪
入定。」〔註22〕

先生曰：「只爲李先生不出仕，做得此工夫。若是仕宦，須出來理會
事。向見吳公濟爲此學，時方授徒，終日在裏默坐。諸生在外，都
不成模樣，蓋一向如此不得。」〔註23〕

從朱熹的批評，可見其於觀中工夫至少有三誤解：其一，誤靜坐之目的爲收
斂心神；其二，混同靜坐與坐禪；其三，未能識取延平靜坐實旨。道南之尙
靜坐，表面上似近於釋氏，然其取法，乃著眼於藉由身形之靜，助成學者止
息內心紛作擾攘之私意，從而體會心性所透顯的不偏境界。故靜坐的工夫形
式，雖取自禪學，但所反證者乃道德實體，而非空性，二者本質實大相逕庭；
又，靜坐雖含有收斂心神的作用，但收斂僅爲初步工夫，其眞正目的乃在於
肯認中體。故靜坐工夫的根要在於見體，而不在言動思緒的收斂。因此，學
者若因此喜靜厭動，或滯於收斂不進，皆非致靜坐實功。則靜坐工夫非絕仕
者方能用之，若能深識靜坐旨歸，即使仕宦者，亦能於此（本體工夫）用功。
朱熹從學延平既久，於師說不可謂不盡聞，然卻屢發如是評論，可見其終究
未能體會延平所傳之實義。

　　誠然，延平匡正朱熹趨禪傾向，並引之歸儒，影響不可謂不深遠。但是
朱子實際由延平處所受者，除了引歸聖道，多在儒學節要的認識，至於內涵
之義理，並無深刻的了解。故朱熹雖因延平而啓學儒之端，但於其學，實無
繼承。〔註24〕其二人思路之分異，由朱子屢有微辭，即堪爲明證。則從學

〔註22〕同上註，葉賀孫錄，頁2603。
〔註23〕同上註，卷一一三，訓廖德明，頁2741。
〔註24〕關於朱李二學的差異，牟宗三先生有嚴密的分判，其言云：「延平雖無理論的
　　　　分解，然其超越的體證所體證之中體當即是通于『天命流行之體』之性體，
　　　　此當不會有太大的出入。……但此義理間架，朱子不必能眞切契悟，亦未繼
　　　　承其師之路（主要是此義理間架，不在靜坐不靜坐）而前進。朱子是繼承伊
　　　　川之糾結而前進。依伊川『在中』、『求中』之糾纏，『求中』即是『既思、便
　　　　是已發』，是不對的。此本是伊川一時不諦不通之支蔓，本不必認眞，但朱子
　　　　對於伊川之語信守不渝，於是不滿于其師之隔離地『求中』之體證，不滿于

脈的傳衍上，朱子雖承自延平，名爲道南四傳弟子（楊時創始道南，至朱熹正好四傳），然在思想脈絡上，朱子並未循著道南學風前行推闡，反之，其另立己說，無論在義理上、方法上，都與道南所傳截然相異。故學者雖共許楊時開創閩學之功，但楊時一系的學說方向，與朱熹的閩學，事實上是別異的。而吾人在判分學者所屬學脈時，應由思想繼承與否立，而不從於師承。因此，由楊時倡道東南，傳羅豫章，再傳李延平，道南學脈的發展實至此而止，至於朱子，於傳承雖溯起道南，但無繼其學，故於此不歸之。則本文論道南學脈，乃謂楊時而豫章而延平這一思想脈絡而言，並以道南指訣——默坐觀中爲主要探討對象。

第二節　道南學脈的代表人物

一、楊龜山

（一）生平行誼

楊時，字行可，後改字中立，南劍將樂（今屬福建）人，生於宋仁宗皇祐五年（西元 1053 年），卒於宋高宗紹興五年（西元 1135 年），享年八十三歲，官至龍圖閣直學士，因居龜山下，學者尊稱龜山先生。龜山祖先本蜀人，唐初徙居江州湖口，次居河南開封府顧釋縣。迨高祖楊榮於唐末避地閩中，寓居南劍州將樂縣，遂占籍此地。曾祖勝達，生五子，其三子明，乃龜山之祖

其師之偏于靜，而不知其靜坐中超越體證之本質的意義，遂喪失此義理間架，而終於走向其〈中和新說〉所表現之義理間架。……然則朱子與延平實有距離也。延平雖供給朱子一入路，一題目，而文章卻是朱子自己作。當延平在時，其所開說，朱子並不領略。及延平沒，朱子自己用心時，卻又走向繼承伊川之糾結而前進，未能由其師之超越體證而悟入也。彼雖博洽貫通，超邁前輩，成爲弘法之龍象，然卻走向另一系統，非復先秦之所開發、北宋濂溪、明道之所妙悟之舊也。」（見《心體與性體》第三冊，臺北：正中書局，民國 84 年 12 月第 11 次印行，頁 5～9）劉述先先生亦指出：「其實看朱子的性格，做學問的路數，早就可以預料他必會做出一套和延平完全不同的東西，然因現實的機緣他既從學於延平，由於他對延平的推尊，故在本質上延平的思想與他本人的體會有許多牴牾處，他始終不敢將之加以輕棄，時常不免自疑。故延平的思想對他來說在本質上雖不相契，卻變成了一個重要的觸媒，逼著朱子不斷修改自己的思想，一直到他發展完成自己的成熟的思想爲止。」（見《朱子哲學思想的發展與完成》，臺北：臺灣學生書局，民國 84 年 8 月增訂三版，頁 63）。

也。考埴，贈正議大夫。曾祖勝逵與祖明，俱讀書不仕，自娛以道，埴承此風，勵子敦學。龜山資稟甚穎，八歲能屬文賦詩，人咸異之，目爲神童。十五歲游於邵武學，以道學自任，於時有聲。及長，天資夷曠，然仁厚能容，不因求世譽，而爲崖異絕俗之行。其性純孝，幼年喪母，哀毀如成人。而後奉事繼母，尤能恭謹。

神宗熙寧六年，龜山二十一歲，禮部試下第，補太學生。歸，講學於鏞州含雲寺。次年，作《禮記解義》。九年，登徐鐸榜進士，調汀州司戶參軍，以疾不赴，杜門力學。元豐四年，龜山二十九歲，授徐州司法，聞河南程明道與其弟伊川講孔孟絕學於河、洛，因棄仕，與建安游定夫共赴穎昌，以師禮拜見之，開啓學洛之門。龜山學篤業精，「明道喜其聰明，每言「楊君會得最容易」〔註25〕，及其歸，明道猶目送欣歎曰：「吾道南矣。」爾後龜山倡道東南，傳播洛學〔註26〕，使四方之士從學之，果不負明道期許。

元豐八年六月，明道逝世，時龜山三十三歲，聞之，設位哭於寢門，作哀辭〔註27〕，並以書訃諸同學。元祐三年，龜山三十六歲，赴調虔州司法，其燭理精深，習曉律令，遇眾所難決之疑獄，皆能立斷。當其時，虔守楚潛議法平允，而通判楊增多刻深嚴判，龜山每從楚潛，致使楊增疑其附太守之勢。後楚潛去職，新任太守林某議有不公，龜山則力爭求平，楊增方知龜山操守。由此事，龜山先生剛直不阿的性格，由此可見一斑。

哲宗元祐五年十月，父埴卒，解官居制。八年，四月至京，遷瀛州防禦

〔註25〕見《宋元學案》卷二十五〈龜山學案〉，頁548。
〔註26〕全祖望云：「明道喜龜山，伊川喜上蔡，蓋其氣象相似也。龜山獨邀耆壽，遂爲南渡洛學大宗，晦翁、南軒、東萊皆其所自出。」（同上註，頁547）。
〔註27〕龜山〈哀明道先生〉云：「嗚呼！道之無傳也久矣。孟子沒千有餘歲，更漢歷唐，士之名世，揚雄氏而止耳。雄之自擇所處，於義命猶有未盡。自雄而下，其智足以窺聖學門牆者，蓋不可一二數也，況足與語道而傳之哉？宋興百年，士稍知師古。諸子百氏之籍，與夫佛、老荒唐謬悠之書，下迫戰國縱橫之論，幽人逸士，浮誇詭異可喜之文章，皆雜出而並傳。……先生於是時，乃獨守遺經，合內外之道，默識而性成之。……孔子沒，其徒環天下，然獨積百年，而後孟子出。由孟子而來，迄漢、唐千有餘歲，卒未有一人傳之者。若孔、孟，又皆窮老於衰世，其道不得一施於天下。夫聖賢之不世出，而時之難值也如此。今幸而有其人，又且遭時清明，朝廷方登崇俊良，而先生未及用而死，則予之慟哭，豈特以師弟之私恩而已？」龜山推尊明道，以爲其上承孔孟，於謬悠雜出之世，能默識性成，獨傳聖學。由龜山之哀慟，可見其對明道之敬崇。（見《楊龜山先生全集》卷二十八，臺北：臺灣學生書局，民國63年6月初版，頁1099～1102）。

推官，復授潭州瀏陽縣事。同年五月，以師禮見程伊川先生於洛，時年四十一矣。一日，龜山與游定夫共赴見師，然逢伊川瞑坐，二人不敢驚師，侍立不去，迨伊川察覺，門外積雪已深一尺矣。此「程門立雪」佳話，流芳後世，由之亦見龜山學道誠篤，事師恭謹。紹聖元年，龜山四十二歲，赴瀏陽任。三年，其寄書與伊川往覆討論張載《西銘》中的體用問題，而伊川則正式提出「理一分殊」一詞，以釋龜山之疑，龜山豁然，進一步推闡「理一分殊」的意義，其後傳至朱熹，朱熹以其獨特的思想型態詮解之，更豐富了「理一分殊」的義涵，使之成爲理學上重要的哲學命題〔註28〕。

　　官瀏陽期間，安撫使張舜民敬其德望，以客禮相待，漕使胡師文忌惡。紹聖二年，瀏陽歲饑，龜山與州牧書，乞米賑濟，反被胡師文以「不催積欠」之名彈劾。龜山返鄉後，仍講學於含雲寺。徽宗崇寧元年，因張舜民推薦（時張氏已入長諫議大夫），出任荊州教授，而羅豫章先生亦自延平來學。二年，范致虛誣伊川先生「以邪說詖行惑亂眾聽」〔註29〕，學徒盡遭強逐，洛學亦被禁絕。時佛學大興，王氏新學盛行，學者或從佛學，或趨王學，膠口不復言道，獨龜山不變向道衷心，伊川見之，乃歎曰：「學者皆流於夷狄矣，惟有謝（上蔡）、楊（時）二君長進。」〔註30〕四年，轉任宣德郎，又轉授餘杭知縣，簡易政事，不爲繁苛，遠近悅服。時蔡京方相，貴盛權重，欲託言浚湖便民，以葬母餘杭，龜山詢問父老，知民均反，隨即上書力阻。大觀四年，改知蕭山，縣民聞其名，不治自化。龜山於任內，開築湘湖，邑民苦旱，蕭山之民感念其德，除家祀龜山畫像，其後更興建祠堂以紀念之。政和四年四月，龜山六十二歲，轉任朝奉郎，六月，差提點均州明道觀，十一月，由餘杭縣敕徙居毗陵，此後十年，龜山潛心學術，聚徒講學。宣和五年，路允迪、傅墨卿出使高麗，高麗王詢問二人：「龜山先生今在何處？」二人乃對：「方召赴闕矣。」及還，龜山聲名益盛，時已七十一歲矣。傅墨卿因此力薦蔡京宜及用之，遂召赴都堂審察，龜山以足疾辭。次年，徽宗御筆以秘書郎召之，遷著作郎，令上殿面對，龜山就「熙寧變法」與「元祐更化」，力陳儆戒之言：

〔註28〕據《宋史》本傳載：「關西張載嘗著《西銘》，二程深推服之，時疑其近於兼愛，與其師頤辯論往復，聞理一分殊之說，始豁然無疑。」（同註3，頁12738）
〔註29〕見《宋元學案》卷十五〈伊川學案上〉，頁343。
〔註30〕見〈河南程氏外書第十二〉（《二程全書》，中華書局據江寧刻本校刊，四部備要本，頁8）。

堯、舜曰「允執厥中」，孟子曰「湯執中」，〈洪範〉曰「皇建其有極」，歷世聖人由斯道也。熙寧之初，大臣文六藝之言以行其私，祖宗之法紛更迨盡。元祐繼之，盡復祖宗之舊，熙寧之法一切廢革。至紹聖、崇寧抑又甚焉，凡元祐之政事著在令甲，皆焚之以滅其跡。自是分爲二黨，縉紳之禍至今未殄。臣願明詔有司，條具祖宗之法，著爲綱目，有宜於今者舉而行之，當損益者損益之，元祐、熙、豐姑置勿問，一趨於中而已。〔註31〕

徽宗因其見解精闢，首肯除新法、復舊制之議。並曰：「卿所陳，皆堯、舜之道。」

時天下多故，朝廷方圖燕、雲，龜山憂心虛內事外策略，將變時勢，因疏曰：「燕、雲之師宜退守內地，以省轉輸之勞，募邊民爲弓弩手，以殺常勝軍之勢。」又言：「都城居四達之衢，無高山巨浸以爲阻衛，士人懷異心，緩急不可倚仗。」〔註32〕惜執政不納。宣和七年七月上殿，進箚子三道，力陳君臣警戒，正在無虞之時，乞爲〈宣和會計錄〉，以周知天下財物出入之數。徽宗首肯，尋除邇英殿說書。八月，賜祭器譜牒金盆花。後聞金人入攻，復與執政箚子曰：「今日事勢如積薪已然，當自奮勵，以敕動觀聽。若示以怯懦之形，委靡不振，則事去矣。昔汲黯在朝，淮南寢謀。論黯之才，未必能過公孫弘輩也，特其直氣可以鎮壓奸雄之心爾。朝廷威望弗振，使奸雄一以弘輩視之，則無復可爲也。要害之地，當嚴爲守備，比至都城，尚何及哉？近邊州軍宜堅壁清野，勿與之戰，使之自困。若攻戰略地，當遣援兵追襲，使之腹背受敵，則可以制勝矣。」且謂：「今日之事，當以收人心爲先。人心不附，雖有高深城池、堅兵利甲，不足恃也。免夫之役，毒被海內，西城聚斂，東南花石，其害尤盛。前此蓋嘗罷之，詔墨未乾，而花石供奉之舟已銜尾矣。今雖復申前令，而禍根不除，人誰信之？欲致人和，去此三者，正今日之先務也。」〔註33〕

靖康元年，欽宗即位，龜山七十四歲，任著作郎兼侍經筵。正月，金人入圍汴京，龜山上殿進箚子，極言童貫誤國敗將之罪，乞罷奄寺防城，並乞立統帥，一嚴號令，一示紀律。疏上，欽宗詔死童貫，並以龜山爲諫議大夫

〔註31〕同註3，頁12739。
〔註32〕同註3，頁12739。
〔註33〕同註3，頁12740。

兼侍講。其後，敵兵厚取金帛而退，議者又欲賄割太原、中山、河間三鎮，龜山上書力阻，認為河朔乃朝廷重地，三鎮又是河朔要藩，一旦棄之，京城如失藩籬之固，乃反和議，請以兵攝。於是欽宗乃詔出師，然議者多持兩端，又以主和派居上，故屢進屢卻，錯失良機，終使太原諸郡告急。時太常少卿李綱立主抗金，竟遭罷斥，數千名太學生伏闕乞留，軍民集結從之者竟高達數十萬人。朝廷慮聚眾生亂，吳敏遂薦龜山以靖太學。龜山為太學生辯護，以為諸生伏闕之舉，乃出於一時忠憤，非懷作亂用心，建議朝廷擇選老成有行誼者善加安撫，則免禁自定。欽宗嘉納其言，並以為龜山適任其職，遂命其兼國子祭酒。龜山深感社稷艱危，以為禍端之啓，肇由蔡京專擅及施用新法，因而上書抨擊蔡京，並求毀三經板，降安石配享：

> 蔡京用事二十餘年，蠹國害民，幾危宗社，人所切齒，而論其罪者，莫知其所本也。蓋京以繼述神宗為名，實挾王安石以圖身利，故推尊安石，加以王爵，配饗孔子廟庭。今日之禍，實安石有以啓之。謹按安石挾管、商之術，飾六藝以文奸言，變亂祖宗法度。當時司馬光已言其為害當見於數十年之後，今日之事，若合符契。其著為邪說以塗學者耳目，而敗壞其心術者，不可縷數。……伏望追奪王爵，明詔中外，毀去配享之像，使邪說淫辭不為學者之惑。

欽宗准奏，毀《三經新義》板，並降除王安石於從祀。由於新學獨行六十年，士人已深習奉學王學以取科第，故忽聞楊時的嚴厲批評，議論紛紛，眾表不滿。諫官馮澥因力主新學，上書為王安石辯解，並詆毀龜山。欽宗遂免龜山國子祭酒，改任給事中，力辭不就，除徽猷閣直學士，提舉嵩山崇福宮，又力辭直學士。上因旨曰：「楊某學行醇固，諫諍有聲，請閑除職，累月懇辭，宜從其志，以勵廉退。」後改徽猷閣侍制，龜山再陛辭。其後，仍上書，乞選將練兵，以嚴備戰守。而新學至此復燃。

北宋滅後，南宋建立，高宗即位，改元建炎。二年，龜山七十六歲，召除工部侍郎，上殿陛對曰：「自古聖賢之君，未有不以典學為務。」尋兼侍讀。爾後又以三疏乞修〈建炎會計錄〉，乞恤勤王之兵，乞寬假言者。高宗皆嘉納。不久，以年高請辭，除龍圖閣學士，提舉杭州洞霄宮，賜對衣金帶、紫金魚袋。三年，還龜山故居。四年，上章告老。准告，轉朝請大夫，仍龍圖閣學士，賜紫金魚袋致仕。爾後五年，悠游林泉，專務著書講學。五年，四月二十三日，猶與忠定公李綱論性善之旨。翌日，卒於正寢，享年八十三歲。多十月二十三

日，葬龜山先生於鏞州水南之原。是年，贈左太中大夫，又贈太師太中大夫，諡文靖。紹興十二年，追封吳國公。咸淳三年，立龜山書院。御筆親書「龜山書院」匾額，並詔郡縣撥田優恤後嗣，春秋致祭。明成化元年，敕建延平道南祠，像祀龜山先生，以羅豫章、李延平配享。弘治八年，追封將樂伯，從祀孔廟。清康熙四十五年丙戌，允督臣沈涵疏，賜御書祠額曰「程氏正宗」。

（二）承繼洛學

　　龜山從政近五十年，除憂勞國事，於學亦無偏廢。綜觀其思想，約可以拜見明道爲界線，劃分爲前後兩期。在二十九歲以師禮見明道以前，龜山所學，以佛、老、列爲主。自二十一歲始，講學含雲寺期間，其與寺僧慶眞和尚交往密切，相從甚歡〔註34〕。於二十五歲，作《列子解》，及見明道後，又於三十一歲校所著《莊子解》，今二書俱遺，內容已不可考。故全祖望云：「龜山之夾雜異學，亦不下于上蔡。」〔註35〕及入程門，龜山一改先前對尊服佛老的態度，而以儒學爲學之正道。其後，語雖偶涉，然多舉之比附儒學，茲舉一則爲例：

> 君子之治心養氣，接物應事，唯直而已，直則無所事矣。……《維
> 摩經》云「直心是道場」，儒佛至此，實無二理。學者必欲進德，則
> 行己不可不直。（卷十，頁532）

龜山以《維摩詰經》「直心」之說詮釋孟子養氣之道。「直心」之「直」，乃止直無諂曲意，其「心」乃清淨無染的本心，爲眾生本具的成佛根據。而儒家所說的「心」，是指不雜私意的道德實體，爲個體成聖的內在根據。二者皆強調不妄不曲，表面上似有偶合處，然佛家之「直」，所去者乃無明煩惱，是就體空義而說，而儒家欲除者乃過與不及的偏私意向，所以「治心」是去私以復其心性眞實，「養氣」則是通貫道德心於生命活動中，時時如理而行，以長養道德意向。透過心氣的本末相養，積久自能復本心之全體，一切行爲皆本於道德心而創發實踐。故佛家之「直」，雖有似於儒家治心之說，然二者實取徑別異，屬於不同的層次。以此來看龜山「實無二理」的說法，可評判龜山對於儒佛的理解程度

〔註34〕楊龜山在〈含雲寺眞祠遺像記〉自述云：「予與眞師游非一日矣。是時，予尚幼，方肆業爲科舉之文，挾策讀書，窮日夜之力，爲進取計，蓋未知有亡羊之憂也。……比予年加漸長，知爲學之方，聽其言，考其所知，益信其賢，而予已出仕矣，始恨不得相從復如昔日也。」（見《楊龜山先生全集》，同註1，頁1004～1005）。

〔註35〕同註25。

可能有三：一者，於儒佛所涉皆淺；二者，深佛淺儒；三者，深儒淺佛。就援「直心」說釋儒的例證觀之，則吾人須參合龜山對於「直」的其他說法，以明其對「直」的定義，從而判斷龜山援佛釋儒的原因。其言云：

> 行其眞情，乃所謂直。反情以爲直，則失其所以直矣。（卷十，頁 474）

> 所謂直者，公天下好惡而不爲私焉耳。（卷十一，頁 557～558）

> 夫盡其誠心而無偏焉，所謂直也。若施之於事，則厚薄隆殺一定而不可易。（卷十一，頁 547～548）

龜山以「行眞情」、「公好惡」界定「直」，以「厚薄隆殺」說明直心在事相上的顯現。則「直」在龜山的理解中，至少蘊涵三義：一者，肯定情感的作用；二者，以正當的好惡爲善；三者，「直」乃通過厚薄隆殺的差等態度而具體表現。綜此三義，可知龜山認爲，「直」是純粹無私的本然情感，此情感並非感性的生發，而是道德心本身的活動，故能知善別惡，並在貫落實際生活時，依遠近厚薄具顯爲親疏等適當的行止。因此，龜山雖藉佛家「直心」說言儒家治心之道，但他並非掘發二者義理會通處，而是立於儒者的立場，援引佛學近似處以入儒。則形式上，龜山雖以佛解儒，但義理上，龜山乃以儒釋佛，故所用者爲釋氏名相，卻實以儒學內涵。這表示龜山對於佛學的認識是有限的，對於儒佛之別亦不能正確地判分，所以時擷取似者以釋儒。然則，此僅意味龜山早年學佛，並無實質的體會，並不表示他對於儒學亦無深刻的學習。從另一個角度看，或許正因其無法相應佛學，方在見明道後，有眞實聞道之感。故在定位龜山思想時，其出佛入儒，應視爲學思過程中的經歷，由於其於佛學並無實見，所以不可以之爲義理上的遷轉。易言之，吾人以從學明道爲龜山思想前後分野時，與其視之爲由佛入儒的轉折點，不如將此定位爲龜山正式學儒、奠立思想本質的開端。因此，龜山雖常以佛會儒，但在單論佛教時，則頗有貶抑之意，如：

> （儒）言近而聞者無懼焉，異端之學（釋），自以爲精微之論，其徒累千百，言不能竟其義，故學者莫知適從而去道益遠，此儒佛之辨也。（卷八，《孟子解·形色天性》，頁 420）

> 儒佛深處所差秒忽耳。見儒者之道分明，則佛在其下矣。今學之徒曰：儒者之道在其下。是不見吾道之大也。（卷十，頁 472）

> 且佛之危害中國久矣，……某自抵京師，與定夫從河南二程先生游……亦不爲異端遷惑矣。……子姑盡心，然後儒佛之是非較然。

（〈與陸思仲〉，卷十八，頁787～789）

龜山之辨儒佛，或貶釋氏爲異端，或斥其非大道，或評其學空遠難以言竟，簡賅其意，皆以尊儒排佛爲歸趨。然之於釋氏，其排拒多著眼於佛學無益治國，而實未能針對其內部義理，客觀地論斷優缺，乃至於儒佛異處，龜山亦僅因居儒者，推尊儒道之大，以駁佛學之非。然何爲儒之大者？何爲佛之非處？二者差別何在？龜山實未能明確地簡別。由其語錄與著作中，可知龜山於儒學，確有眞實體悟，但是其言及佛學時，或只能泛就儒佛表面似處，援引佛語以證儒道深廣，或以佛理空遠爲由，攻訐其無益於世，既看不出佛教思想對他擇定生命價值的影響，亦看不出他對佛理有何深刻的見解，則其論佛的出發點，不過是藉之以顯儒之精深尊廣，而非基於對佛理的肯定。由此顯見，龜山在師學明道以前，對於釋氏之書雖多涉獵，然此僅能顯示其學習歷程，由其理解很難證明其對於佛學知之甚深，亦不可由此判定釋氏之說對於其學的影響程度，故全祖望雜佛之謂，實乏公允。誠然，龜山自入程門，仍時引佛典詮釋儒學，並續與佛弟子往來，所以易予人傾佛的印象，然吾人判定一家學風時，應據思想本質論斷，而非從其交游或語涉推論之〔註36〕。

〔註36〕在二十九歲拜見明道以前，龜山除了出入佛學，亦廣泛涉獵莊、老、列等典籍。然在此時期，其於諸家學說，較側重於佛，乃至之後爲人所作墓誌銘，於他人學佛之事，每多載記，足見在學儒之前，龜山主要的學習重心，是置於佛學的。至於莊、老、列等學，龜山日後雖亦偶引其說釋儒，然就比例而言，實遠少於其引佛釋儒之語。又，龜山曾著《列子解》、《莊子解》，今二書俱遺，故難以窺察龜山對道家與列子的理解程度。至於其雖偶引莊老列之說以釋儒學，但其亦少針對其說詳釋，而是與引佛釋儒的方式相同，目的多在表明儒學的深廣盡涵，且其病亦與之相同，皆無法辨分二學義理異處，如其言云：「〈逍遙遊〉、〈養生主〉，曲譬廣喻，張大其說。論其要，則〈逍遙遊〉一篇，乃子思所謂『無入而不自得』；而〈養生主〉一篇，乃孟子所謂『行其所無事』而已。」（卷十，頁468～469）他認爲《莊子》書中〈逍遙遊〉、〈養生主〉兩篇，鋪陳廣言，然其精要，不過是子思「無入而不自得」與孟子「行其所無事」二句。龜山此說，意不在會通儒道，而是強調儒學之言簡義精。然莊子之「逍遙」與子思之「自得」，所重雖接境界的描述，但是「逍遙」的體現，是繫屬於主觀境界的化有待爲無待，其中並無道德意識的透顯，而子思的「自得」，則是順由內在的道德心性以時時創生合理的行爲活動，而產生的適然自安感。至於〈養生主〉一篇，所言存養生命之道，乃在循自然之理，以去善惡分別之執及心知之造作。然其所重，在主體之修養，既不涵生命尊嚴在人間世的挺立，亦不涵改造外在世界的文化理想（不通向家國天下），與其不同，孟子之「行其所無事」，是以道德仁義爲人性，而強調去私意穿鑿（有所事），循性而行。由是可知，龜山於儒學之外，對於其餘諸家義理，未能深

　　龜山從學明道前的學習歷程及影響既述於上，以下茲述其後的學思發展及貢獻。龜山入程門後，師事明道不過四年，明道即過世，爾後則師奉伊川，並留下「程門立雪」的佳話。其學於明道時日雖短，但他所承者，乃明道心性是一的系統，而非伊川心性為二的思路。故他相傳門下的指訣，是默會未發之中，透過對道德主體的把握，而能在已發時創生中節不偏的道德活動。此靜復見體的實踐工夫，正是奠基於本心即性即理的思想基礎上，而發展出的修養方式，與明道逆覺識仁的方法雖有不同，但義理方向是一致的。然龜山雖承續明道、不從伊川，但其本身並無覺察二程思路之異，亦非自覺地棄伊川徑路，以貫徹明道的學脈。〔註37〕故其雖被推尊為「程氏正宗」，但嚴格以觀，其傳學正宗乃從大程，而非小程，然二程不覺，龜山不察，其門人亦不辨。

　　龜山身為程門高弟，不負明道期望，載道南歸，終生傳播洛學不輟〔註38〕。其傳學途徑主要有三：一者，講學傳世；二者，編輯二程語錄及著作；三者，著書立言。在講學方面，龜山自三十一歲赴任徐州司法後，歷知瀏陽、餘杭、蕭山諸縣，雖政績斐然，然不求聞達，於閒暇之際，時聚徒講學，故德望日眾，公卿大夫皆尊信之，而四方之士亦不遠千里以從游。如官荊州時，沙陽陳淵聞楊文靖得伊洛之傳，投書問學，上書執弟子禮〔註39〕，而羅豫章

入體會，因而難以辨析相異處，則其援他釋儒的作法，不過流於比附，實未盡當。故黃東發曰：「按莊子寓言，蕩空世事，與思、孟正相反，不知龜山何見言此。」（見《黃氏日抄》，卷五十一，中文出版社據日本立命館大學圖書館藏清乾隆 32 年新安汪佩鍔重校刊影印）是屬龜山之失，其評不過。

〔註37〕蔡仁厚先生云：「伊川在明道去世後，獨立講學，漸漸地順自己的心態與思路而有義理之轉向。這轉向的要點，一是把性體、道體體會為『只是理』，只存有而不活動；二是特重居敬窮理。不過，這義理的轉向，在伊川是不自覺的（他並不已為自己之所講，與大程子明道有何不同），而二程門人也未覺察，所以洛學傳承皆循『以明道之義理綱維為主的二程學』而發展，並無人走格物窮理的路。」（見〈二程異同及其學術影響〉，東海大學哲學系第二次『哲學與中西文化：反省與創新』學術研討會，頁 10）。

〔註38〕徐曉望在〈論楊時"傳道南歸"的文化意義〉中指出：「楊時傳道東南使代表中國儒學最高水平的二程理學在失去根據地之後，又在新的區域獲得發展的機會。……楊時在東南傳播洛學，弟子計有千人，一時名士巨儒紛紛投入門下。甚至連陳瓘這樣很有名氣的前輩學者，也拜楊時為師。因而楊時門下，俊才輩出。諸如王蘋、呂本中、關治、陳淵、羅豫章、張九成、蕭顒、胡寅、胡宏等人都是有成就的學者，他們散佈於東南各地傳播程學，形成了一個強大的陣容。程學在儒學領域的優勢地位，是在他們這一代人手中形成的。」（見《朱子研究》，1995 年，第二期，頁 45～46）。

〔註39〕見《宋元學案》卷三十八〈默堂學案〉，頁 722。

亦因仰慕其學，繼陳淵後拜見龜山，至龜山赴蕭山任，復自延平徒步來學，龜山亦許其才，深傳其學，後豫章盡得龜山不傳之祕，成為道南門下高弟。除陳、羅二人，其著名弟子尚有王蘋、呂本中、關治、張九成、蕭顗、劉勉之等。政和四年後，龜山徙居毗陵，設置書院，講學十餘年，弟子千餘人，使洛學廣傳東南。故其逝世後，宋咸淳三年，御筆親題額，並立「龜山書院」，以念其傳學之功，及至明朝，正德年間猶於江蘇建「道南書院」，弘治年間於福建南平建「道南書院」、於湖南瀏陽建「文靖書院」〔註40〕，皆為追思龜山而命名，足見其聲望之盛、講學影響之深遠。

　　二程既亡，龜山懷緬師恩，自許「先生之門餘無人，某當任其責也」，欲進一步推廣師說，「以傳後學」，遂致力編集二程語錄。他在〈與游定夫‧其六〉中自述編定要則：「先生語錄，傳之浸廣，其間記錄頗有失眞者。某欲收聚，刪去重復與可疑者。」（卷十九，頁826）經龜山「更相校對」、「稍加潤色」（〈與游定夫‧其六〉，卷十九，頁826）、「變語錄而文之」〔註41〕，終編寫成《河南程氏粹言》一書，對於二程思想的保存與傳播，頗有貢獻。此外，龜山亦著力校訂《伊川易傳》。《伊川易傳》是程伊川的主要著作，然文方草具，未及成書，伊川即得疾，後授門人張繹，然未幾繹卒，故是書在無人善加整理的情形下，內容繁亂難讀。龜山為存師說，遂刪重複文句，整理校訂，期編成善本，廣傳學者。其校訂態度嚴謹，曾表示：「先生道學足為世師，而於《易》尤盡心焉。其微辭妙旨，蓋有書不能傳者。恨得其書晚，不及親受旨訓，其謬誤有疑而未達者，姑存以俟知者，不敢輒加損也。」（〈校正伊川易傳後序〉，卷二十五，頁1033～1034）經龜山校正，是書遂傳，至明洪武年間，科舉甚規定《易》主伊川義釋，此皆見龜山校訂之功。

　　除了傳承二程學說，龜山並撰書立說。今所傳其裔孫楊繩祖所編之《楊龜山先生全集》四十二卷中，除收錄上書、奏狀、表、箚子、史論、書、記、序、題跋、雜著、哀辭、祭文、狀述、誌銘、語錄外，並收其詩共一百九十五首〔註42〕。此外，在經筵講義方面，有《尚書》、《論語》講義，於辨則有〈神宗日錄辨〉、〈王氏字說辨〉（此二者皆針對王氏學說而發），於經解則有

〔註40〕見《天下書院總志》（臺北：廣文書局，民國63年6月出版）頁155、962、1050。

〔註41〕〈河南程氏粹言序〉，《二程全書》，頁1。

〔註42〕其中五言古風三十七首，七言古風（附長短句）二十三首，五律二十七首，七律四十八首，七絕六十首，其孫楊繩祖依之編列為五卷存載。

〈春秋義〉、〈詩義〉、〈孟子解〉等。然龜山著述不僅於此，據胡安國〈楊龜山先生行狀〉、清張伯行考定之《道南源委》與《南平縣志》載記，尚有《莊子》、《列子》、《易》、《書》、《禮記》、《周禮》、《論語》、〈大學〉、〈中庸〉諸解及〈三經義辨〉，然皆佚失。

在治學中，龜山特重四書〔註43〕，由其推崇，故爲之作解，並在著述與語錄中，時闡釋其義。嘗云：「余竊謂〈大學〉者，其學者之門乎，不由其門而欲望其堂奧，非余所知也。」（〈題蕭欲仁大學篇後〉，卷二十六，頁1058）「《論語》之書，孔子所以告其門人，群弟子所以學孔子者也。聖學之傳，其不在茲乎？」（〈論語義序〉，卷二十五，頁1027）「七篇之書具在，始終考之，不過道性善而已，知此則天下之理得。」（卷二十，頁860）「〈中庸〉之書，蓋聖學之淵源，入德之大方。……《孟子》之書，其源蓋出於此，則道學之傳有是書而已。」（〈中庸義序〉，卷二十五，頁1031）〔註44〕其態度爲弟子所承，四傳至朱熹，集注四書，引用龜山解義高達七十三條，僅次於二程和尹焞，顯見龜山之於朱子的深刻影響。

龜山自入程門，潛心學儒，踐履道德，終成洛學大宗。其儒者風範，表現於公，除歷諸知縣、政績顯著，並時時憂心家國，不畏強權，力陳諫言，排拒和議，斥闢王學，尤能切中時弊，頗有功於世。表現於師友交遊，他與友敦砥，事師恭謹，甚而立雪程門，極盡尊師重道之能。表現於學術，龜山身爲程門高弟，自任重責，一方編校二程語錄與著作，保存師說，一方講學著述，倡道東南。洛學於南渡後，猶能廣傳四方，龜山傳導之功，實不可泯。

二、羅豫章

羅豫章，字仲素，南劍州劍浦縣人〔註45〕，生於宋神宗熙寧五年（西元

〔註43〕 《宋史‧道學列傳序論》載二程：「表彰〈大學〉、〈中庸〉兩篇，與《語》、《孟》並行。」龜山繼承二程對四書的推崇態度，於傳學時屢屢強調四書的重要性，此對於其三傳弟子朱熹。

〔註44〕 龜山推尊四書之論甚多，餘又如：「〈大學〉一篇，聖學之門戶，其取道至徑，故二程多令學者讀之。」（卷十一，頁561）「孟子以睿知剛明之材，出於道學陵夷之後，非堯、舜之道不陳於王前，非孔子之行不行於事，思以道援天下，紹復先王之令緒，其自任可謂至矣。……世之學者，因言以求其理，由行以觀其言，則聖人之門戶，可漸而進矣。」（〈孟子義序〉，卷二十五，頁1030）「〈中庸〉深處，多見於《孟子》之書，其所得也歟。」（卷十二，頁615）

〔註45〕 關於羅豫章的籍貫，歷來素有劍浦縣（延平郡南平）與沙縣二說。林蔚起考

1072 年），卒於南宋高宗紹興五年（西元 1135 年），享年六十四歲。羅豫章十三歲就讀縣學，從吳儀（字國華）學經學。崇寧初，豫章約三十歲，聞同郡龜山先生得洛學眞傳，慕之，遂徒步往學焉〔註46〕。

甫聽其學，即驚汗浹背曰：「不至是，幾虛過一生矣。」，龜山亦甚喜其求道懇切，曰：「惟從彥可與言道。」〔註47〕於是日益以親。後與龜山論易，至乾九四爻〔註48〕，龜山告以「伊川說甚善。」豫章隨即鬻田籌措費用，裹糧徒步前往洛陽以師禮拜見伊川，三年卒業後南歸，續師事龜山，「盡得龜山不傳之祕」〔註49〕。豫章亦嘗自述：「余從龜山先生於毗陵，授學經年，盡裹其書以歸。」〔註50〕時楊氏弟子千餘，無人可及豫章。當時，龜山之婿

證云：「首先，羅豫章的墓葬至今仍保存在南平下地黃際坑，與各種史料記載均相符，現爲南平市級文物保護單位。其二，羅豫章以特科授廣東博羅主簿，任滿卒於歸途。後因家貧、世亂，曾寄柩于武平之開元寺。五年後的紹興庚申（公元 1140 年）李侗爲報答師恩，攜豫章繼子羅永前往武平將靈柩接回南平安葬。同時，李侗撰了《羅豫章先生墓誌》（見《南平縣志・藝文志》）。該墓誌記載羅豫章家世、生平甚詳，應當說，這是關於他最早、最有權威性的一篇文獻史料。其三，筆者最近在篁路村羅民後裔中意外發現清嘉慶十八刊刻的《羅豫章先生田碑記》舊拓片一式兩張（查原石碑已無存）。田碑記刊刻記載了發生在清嘉慶年間，由延平府正堂審結的一起沙縣羅希濂通過挖補、篡改沙縣族譜，混冒羅豫章賢裔，圖佔祠產的案子。其實，南平說與沙縣說的焦點，不在於羅豫章祖先的落籍問題，不在於他的出生、卒葬地點問題，而是集中在羅豫章的遺腹嫡孫羅振宗存在不存在，在不在南平，即"有嗣"還是"無嗣"的問題，是南、沙兩邑羅氏爲分享祖先之榮耀而發生的爭吵。」（見〈關於羅豫章的兩個問題〉，《朱子研究》第二期，1996 年，頁 53）。本文據林氏之說定其籍貫爲劍浦縣。

〔註46〕《宋史》本傳與《楊龜山先生年譜》皆載羅豫章初見龜山於政和年間，時龜山任蕭山令。然黃百家考之云：「謹考龜山全集，丁亥知餘杭，壬辰知蕭山，相去六年，而餘杭所聞，已有豫章之問答，則其從學，非始於蕭山明矣。豫章之見伊川，在見龜山之後，伊川卒於庚子，若見龜山始於壬辰，則伊川之卒已六年矣，又何從見之乎？」（見《宋元學案》卷三十九，〈豫章學案〉，頁 727～728）。今從百家考據，定豫章初見龜山於崇寧年間。

〔註47〕見《宋史》、《道學列傳》之〈羅豫章列傳〉，同註3，頁 12743。

〔註48〕伊川傳曰：「或躍或處，上下無常，或進或退，去就從宜，非爲邪枉，非離群類，進德修業，欲及時耳。時行時止，不可恆也，故曰或。深淵者，龍之所安也。在淵謂躍就所安，淵在深而言躍，但取進就所安之義，或疑辭隨時而未必可也。君子之順時，猶影之隨形，可離非道也。」（《二程全書・伊川易傳》，臺灣：中華書局，四部備要本）。

〔註49〕語見張伯行〈重刻羅先生集序〉（見《羅豫章先生文集》卷一，新文豐出版股份有限公司，民國73年6月初版，頁 1）。

〔註50〕見羅豫章〈春秋指歸序〉（同上註，卷十，頁 108）。

陳淵，與豫章同學於龜山，嘗謂人曰：「自吾交仲素，日聞所不聞。奧學清節，眞南州之冠冕也！」〔註 51〕其再傳弟子朱熹也屢屢讚歎其德：「羅仲素先生嚴毅清苦，殊可畏。」〔註 52〕由其特出，其後肩負傳承重責，成爲道南正傳代表。

政和六年，豫章四十五歲，李延平來受學於門，豫章頗許之，在〈與陳默堂書〉中云：「近有後生李愿中者，向道甚銳，曾以書求教，趨向大抵近正。」〔註53〕重和元年（西元 1118 年），羅豫章四十七歲，「築室羅浮山中，絕意仕進，終日危坐，以體驗天地萬物之理」〔註 54〕爾後潛心著述，並在洞天岩、南齋書院等處講學，學者稱之爲「豫章先生」。南宋高宗紹興二年，豫章六十一歲，以特科授博羅縣主簿，八月上丁，以郡守周綰之命，率諸生行釋菜禮。三年任滿返汀州，卒於道中。〔註 55〕宋寧宗嘉定六年，郡守劉允濟繳進豫章著作《遵堯錄》，以乞賜諡。又得其墓於荊榛之中，架建「仰止亭」以行祀，給官田，以其租半給守墳，半供祀事，每歲寒食，率諸生及教授致祭。宋理宗淳祐七年，賜諡文質，明神宗萬曆四十二年，從祀孔廟，清康熙四十五年賜御書匾額「奧學清節」懸於祠。

羅豫章隱於亂世，以著述爲樂，著有《遵堯錄》、《詩解》、《春秋指歸》、《中庸說》、《台衡錄》、《議論要語》、《二程龜山語錄》、《語孟師說》、《豫章集》等，多佚失。今僅存《遵堯錄》、《議論要語》、〈春秋指歸序〉、〈韋齋記〉、〈誨子姪文〉、〈與陳默堂書〉及詩數首，收入於《羅豫章先生文集》。

豫章雖絕意仕進，專致修養，然仍時時關憂國事，並將其政治見解與社會理想寄託於《遵堯錄》與《議論要語》二書中。他承繼其師龜山的政治觀點，力反王學，主張嚴守祖宗法度，其言云：

〔註51〕同註 15。
〔註52〕見〈延平答問〉（《李延平集》卷三，臺北：新文豐，民國 73 年 6 月初版，頁37）。
〔註53〕同註 49，卷十，頁 111。
〔註54〕同註 49。
〔註55〕〈豫章先生年譜〉載：「按先生行實及沙陽志，皆云卒於官，子敦敍早殁，喪不得歸。數年，族人羅友爲惠州判官，遣人護歸。至汀州，遇草寇竊發，遂寄葬於郡之開元寺。又數年，門人李愿中，始爲歸葬於本郡羅源黃濟坑之原，然先生族弟革，題先生集二程語解孟後云：『享年六十有四，自廣回，卒於汀州武平縣。』龜山先生〈答胡康侯書〉亦云：『仲素死於道途』又與前說不同。」（同註 49，頁 2）。

異哉！安石之爲人也！觀其平時，抗志羲皇之上，其學聖人必造孔
氏淵源，其經術文章，下視雄愈。及其立朝也，登對從容，每告其
君，必以堯舜爲法，而自任以夔龍。神宗眷遇特厚，遂大用之，言
無不聽，計無不從，一時之閒，可謂明良相際矣。然攷其所存則自
私，論其所爲則自尙，必求其實效，則捕風捉影之爲。〔註56〕

祖宗法度不可廢，德澤不可恃，廢法度則變亂之事起，恃德澤則驕
佚之心生。自古德澤最厚，莫若堯舜，向使子孫可恃，則堯舜必傳
其子，至於法度，則莫若周家之最明，向使子孫自守，則歷年至今
猶可存也。〔註57〕

除了針對時弊以陳諫言，他同時也指出理想的君臣關係：

古者君臣之間，禮義廉恥而已矣。上知有禮而不敢慢其臣，而下知
廉恥以事其君。上下交修，則天下不足爲也。〔註58〕

豫章認爲適當的君臣關係，建立在上下交修的相對基礎上，君主應以禮待臣，
而臣亦應以廉恥律己、忠以事君。至於治國，則力主教化：

教化者，朝廷之先務；廉恥者，士人之美節；風俗者，天下之大事。

朝廷有教化，則士人有廉恥；士人有廉恥，則天下有風俗。〔註59〕

朝廷的首要任務，在於道德化民。教化足以左右士風，士風足以影響風俗，
風俗則攸關社會秩序的維持。所以豫章推教化爲朝廷先務。

在爲學上，豫章興趣專在修養，他以龜山所傳指訣爲基礎，發展出靜坐
的形式，除據此進路自修不倦，傳後亦以之爲主〔註60〕，言論亦多及之。故
其雖盡得龜山之學，但他可謂幾盡全心，關注於工夫的運用與實踐，因此於
龜山思想中之天道論、心性論等，並無進一步的拓展。其高弟李延平受其影
響，專主靜坐體驗，成爲道南一系的主要特色。

〔註56〕《遵堯錄別錄》，同註49，卷八，頁92～93。
〔註57〕《議論要語》，同註49，卷九，頁99。
〔註58〕《遵堯錄》，同註49，卷九，頁12。
〔註59〕《議論要語》，同註49，卷九，頁101。
〔註60〕清張伯行曰：「先生之學，傳之者李延平也，常教延平靜坐看喜怒哀樂未發時
作何氣象，……此龜山心法。」（〈羅豫章先生文集序〉，同註49，頁1）。〈延
平答問〉載延平自述從學經過：「某曩時從羅先生學問，終日相對靜坐，只説
文字，未嘗及一雜語。先生極好靜坐，某時未有知，退入室中，亦只靜坐而
已。先生令靜中看喜怒哀樂之謂中，未發時作何氣象，此意不惟於進學有力，
亦兼是養心之要。」（同註52，卷二，頁18）。

三、李延平

　　李侗，字愿中，南劍州劍浦人，生於宋哲宗元祐八年（西元 1093 年），卒於孝宗隆興元年（西元 1163 年），享年七十一歲。李侗「生有異稟，幼而穎悟，少長，孝友謹篤，……既冠，游鄉校有聲稱」〔註61〕，政和六年，李侗二十四歲，聞同郡人羅豫章得洛學於龜山，遂書謁之，求見往學，其略曰：

> 孟氏之後，道失其傳，枝分派別，自立門户，天下眞儒不復見於世。
> 其聚徒成群，所以相傳授者，句讀文義而已耳，謂之熄焉可也。……
> 儒者之道，可以善一身，可以理天下，可以配神明而參變化。一失
> 其傳而無所師，可不爲之大哀邪。恭惟先生鄉丈，服膺龜山之講席
> 有年矣，況嘗及伊川先生之門，得不傳之道於千五百歲之後，性明
> 而脩，行完而潔，擴之以廣大，體之以仁恕，精深微妙，各極其至，
> 漢唐諸儒無近似者……此侗所以願受業於門下，以求安身之要，故
> 吾可舍。今我尚存，昔之所趨，無塗轍之可留，今之所受，無關鍵
> 之能礙，氣質之偏者，將隨學而變染，習之久者，將隨釋而融，啓
> 之迪之，輔之翼之，使由正路行而心有所舍，則俛焉日有孳孳，死
> 而後已。〔註62〕

由書中可見，李侗在從學道南以前，對於儒學即心生嚮往，認爲儒家備具安身理國要道。他以爲孟子之後，聖學失傳已久，及二程出，方遙接孟氏，承續道統。在李侗心中，洛學乃儒學正宗，而龜山又繼承洛學，因而迨龜山載道南歸，授以豫章，李侗便迫不及待地向羅豫章表示學儒的決心。

　　羅豫章見李侗向道甚銳，作〈勉李愿中五首〉，以示期許〔註63〕。自師事羅豫章，「從之累年，授《春秋》、《中庸》、《語》、《孟》之說。」〔註64〕而豫章亦傳之道南指訣，親身示範靜坐之法，意在教導李侗工夫乃在心地上做，不可外求。李侗初時不知所以，然仍虛心領納，循之靜坐，後漸有所得，遂

〔註61〕見《宋史》卷四百二十八，〈道學列傳〉之〈李侗列傳〉（同註3，頁 12746）。
〔註62〕見〈初見羅豫章先生書〉，同註52，卷一，頁 1。
〔註63〕羅豫章述成詩緣由：「愿中以書求道甚力，作詩五首，以勉其意。」（同註52，卷四，頁 53）詩云：「聖道由來自坦夷，休述佛學惑他歧，死灰槁木渾無用，緣置心官不肯思。」、「今古乾坤共此身，安身須是且安民，臨深履薄緣何事，祇恐操心近矢人。」、「彩筆畫空空不染，利刀割水水無痕，人心但得空如水，與物自然無恩怨。」、「權門來往絕行蹤，一片閒雲過九峰，不似在家貧亦好，水邊林下養疏慵。」（同註49，頁 112〜113）。
〔註64〕同註3，頁 12746。

專修未發工夫，終生不怠，成爲其思想的主要重心。

　　李侗對於羅豫章的人格敬服非常，除了奉行豫章教法，遵之無疑，同時一如豫章求道熱切，將畢生心力幾傾注於內聖修養。因此自學道後，李侗即退居山田，謝絕世故逾四十年，如其師般清貧自守，於平日事親孝謹，援親助友，雖隱而不仕，於國事猶不減關注之意，閒時則靜坐涵養，飲食或不充，仍自適怡然。及接後學，必反身自得，並考量問學者程度，深淺施教，學者尊稱爲「延平先生」。侗子友直、信甫皆登進士，孝宗隆興元年更請迎養，李侗遂自建安至鉛山訪外家兄弟於昭武，並游武夷而歸，同年十月，應閩帥汪應辰以書幣邀迎赴福唐講學，至之日疾作，十月十五日卒，年七十一。後數日，二子至之歸喪。宋理宗淳祐六年，福建提刑楊棟請諡，隔年賜諡文靖。元順宗至正二十八年贈太師，追封越國公。明神宗萬曆四十五年六月，允禮部覆題從祀孔廟。清康熙四十五年賜御書匾額「靜中氣象」，懸於延平道南祠。

　　李侗雖絕仕閒居、隱於鄉里，然其聲聞譽隆，頗爲當世所重。朱熹的父親朱松，與李侗共師羅豫章，對於李侗的道德人格多所讚譽〔註65〕，緣此故，於紹興二十三年，朱熹以父執禮初見李侗，時侗已年逾六十。直至紹興二十七年，朱熹始正式拜禮侗爲師〔註66〕，至隆興元年李侗病逝，兩人交往近十年，授受內容俱載於朱熹編纂之《延平答問》中，共收錄書信二十四篇、語錄六十四條，以及朱熹問難的話一百多條。由於李侗並無著述，因此《延平答問》遂成爲今日窺探其思想的主要根據。

　　據朱熹〈李先生行狀〉，李侗學問總要有四：一、默坐澄心，二、洒然融釋，三、體驗未發，四、理一分殊。此四者乃分從未發工夫的不同面向言說，立論角度雖不同，然實皆可歸攝於道南指訣中。李侗受其師影響，興趣專在修養，與豫章相同，他窮盡一生心力，根據道南相傳的體中進路，自修教人，除針對未發工夫作細密的補充，對於天道論或心性論等皆無過多的開展。他在〈與劉平甫書〉中說：「學問之道，不在於多言，但默坐澄心，體認天理，

〔註65〕朱熹於〈李先生行狀〉中云：「熹先君子亦從羅公問學，與先生爲同門友，雅敬重焉。嘗與沙縣鄧迪天啓語及先生，鄧曰：愿中如冰壺秋月，瑩澈無瑕，非吾曹所及。先君子深以爲知言。亟稱道之。」（同註12，頁1672）。

〔註66〕李侗於〈與羅博文書〉中云：「元晦進學甚力，樂善畏義，吾黨鮮有。晚得此人，商量所疑，甚慰。」「此人極穎悟，力行可畏。講學極造其微處，某因此追求有所省，渠所論難處，皆是操戈入室。」（同註52，卷一，頁4）。李侗晚年得獲朱熹，甚感欣慰，傾力教以靜坐。

若見雖一毫私欲之發，亦自退聽矣。久久用力於此，庶幾漸明，講學始有力也。」〔註67〕朱熹回憶李侗教法云：「李先生教人，大抵令靜中體認大本未發時氣象分明，即處事應物，自然中節，此乃龜山門下相傳指訣。」〔註68〕而《延平答問》所載，亦幾是李侗對於未發工夫的闡釋。由是可知，道南一系，自龜山傳示未發工夫後，其後的傳承弟子，學問重心皆置於未發工夫上，故道南傳接脈絡可謂維繫於此，特色亦在於此，因此黃宗羲評曰：「羅豫章靜坐看未發氣象，此是明道以來下及延平一條血路也。」此論誠是。

〔註67〕 同註52，卷一，頁4。
〔註68〕 同註52，卷三，頁51。

第三章　觀中工夫的淵源

第一節　已發工夫的推進

　　宋儒從濂溪、橫渠以至明道、伊川，對於德性修養工夫日漸開展。除了建立主靜立人極以上契天道、心廓究極、識仁定性、格物致知等正面積極工夫外，對於如何去除性理之障弊，亦提出對治之道。周濂溪「幾動於此，誠動於彼」〔註1〕的聖功，即是在念頭剛剛萌發而尚未具體成形時，誠體神用隨即動顯相應，通化邪惡之幾以令歸於中正；張橫渠尤重對治人心陷溺於耳目聞見之中的狀況，其言云：「人病其以耳目見聞累其心，而不務盡其心。」〔註2〕是謂一般人易偏囿於經驗知識的認知活動中，使內心塡塞經由認知而得的觀念與物象，從而引起私己私欲，忘失作爲本心的德性之知。有鑒於此，橫渠乃提出對應方法：「成心忘，然後可進於道，化則無成心矣。」〔註3〕、「聖人盡性，不以見聞梏其心」。「成心」者，私意也，乃個體對於經驗心的偏執。去除成心的工夫，爲面對心靈被牽累羈絆的狀態，積極地加以轉化。具體而言，就是透過道德本心之自覺，使道德心靈的知用能眞正的呈顯，以突破心靈對見聞之知的滯限。程明道喜圓融說，甚少顯明闡發人欲與天理的區別。但是他也承認人欲足以阻礙進德，故云：「人心莫不有知。唯蔽于人

〔註1〕見《宋元學案》卷十一〈濂溪學案上〉（臺北：世界書局，民國80年9月5版，頁286）。
〔註2〕見《宋元學案》卷十七〈橫渠學案上〉，頁404。
〔註3〕見《宋元學案》卷十七〈橫渠學案上〉，頁405。

欲,則亡天德也。」〔註4〕他認爲人欲之蔽發端於思慮初興之際,其言云:「心本善,發於思慮,則有善有不善。」至於革除之道,明道則提出「但當察之,不可自入於惡。」〔註5〕學者必須對於意念與行爲有相當的覺察力,在不善的念慮興起時,能警覺反省,以化之成善。其弟伊川,較明道尤爲重視氣質之蔽對成就道德生活的困阻,因此他對於防止心靈間曲不直的工夫,有更多的建立與討論。其言云:「閑邪更有甚工夫?但惟是動容貌,整思慮,則自然生敬。敬只是主一,主一則既不之東,又不之西,如是則只是中。既不之此,又不之彼,如是則只是內。」〔註6〕閑邪的工夫分成兩線,一方面是透過身形動作的恭謹,收斂實然之心;一方面保持無時不斷的內在省察,使心思在自我提振下,能專注凝聚,而不使思慮奔馳。此兩線工夫分從外部舉止與內部警惕入手,運用方式雖相異,然皆指向閑邪主敬的內在持守,進而達到不入邪僻、防非止惡的目的。

從濂溪至伊川,在正面建立成德進路外,對於超拔違德惡念之道,亦日漸重視。綜觀化惡歸善的工夫,除了導正念慮之幾微與化除私意,則是消極的整肅身心,以免思慮散亂走作而流於私欲。換言之,工夫的路數大致分成轉化與防範兩種,皆可歸於省察克治一途,而運用時機則在心念思慮已發動時。這一脈工夫進路的提出,反映出宋儒對於性理與行爲不能相合之問題的關注。誠然,在已發之初應之以工夫,比在惡行已成後再制過遷惡,更能收防過之效。但是,在念慮已發之後才用工夫,僅能針對所發之過與不及,加以對治。即使能應察不中節之念慮與舉止,也只能去其偏邪,消極地避免違理,而不能保證往後所發皆能中節。故不能根除成德之礙,而非眞正究極的工夫。又,省察克治乃著眼於已發之後,儘管工夫十分深細,能轉化過與不及之幾以歸反性理。但是此歸反僅是去邪後的應合,與性理的正面體證相較,畢竟多了一道曲折工夫。故知在已發時用工夫,不能徹底解決成德面臨的艱困,因此,如何直契本源,使吾人所發之心念與行爲皆能有中節表現,實爲有待解決的切身問題。

龜山從學於二程,對於如何修養以致中和的問題十分重視。其有進於前儒者,在思考如何不待私意興發時方思化除,而能在喜怒哀樂發用之前,即

〔註4〕見〈明道學案上〉,《宋元學案》,卷十三,頁326。
〔註5〕見〈明道學案上〉,《宋元學案》,卷十三,頁322
〔註6〕見〈伊川學案上〉,《宋元學案》,卷十五,頁361。

運用一工夫，完全杜絕私欲走作的可能性，進而自覺地做道德實踐，使所發皆無雜私意、合理得宜〔註7〕。從建構工夫的著眼點而言，他在提出對治私意的方法時，不再侷限於私發而化，而是更進一層，思考如何運用一方法，完全免除私意生發的可能性，並使發皆循理，進而在未發上建構一修養論，通過正面端正心性，使發皆中節，這在思維方式上，實爲一大推進。易言之，龜山建構修養論的出發點，乃希冀在已發工夫之外，另尋更直截的導正本源之道，而他在修養方法的開掘上，便是圍繞此問題展開，所提出的直截工夫，即默坐體認未發之中。在修養論的建構與著眼上，未發工夫的提出，實奠基於前儒對於已發工夫的創闢，進而在思維上進一步的推展。從已發以至於未發，從發而逆覺以至於未發體證，從前儒以至於龜山，在工夫的創拓上，實明顯可見推進的痕跡。

第二節　《中庸》的工夫化

「體驗未發」的工夫，要旨在正面契入未發之中，進而積極地顯現中節之發。此一進路，非楊時憑空獨創，而是根據《中庸》「喜怒哀樂之未發，謂之中，發而皆中節，謂之和。」的文句，進一步開展而成。這兩句話的意思是：喜怒哀樂等情感尚未激發的心，即爲「中」，而情感之發露皆中節合度，即是「和」。然此非謂情緒止息的心理狀態就是「中」，依下文「中也者，天下之大本也」，可知「中」乃價值從出的根源，故爲超越的道體。因此，「喜怒哀樂之未發，謂之中」一句，乃謂「中」是情緒未發時澄然突顯的超越性體，由其不偏不倚、無雜私意，狀之爲「中」。然而，《中庸》僅說明「中」的意義，並未指出此處

〔註7〕 唐君毅云：「自橫渠、明道、伊川以來，原有一思想線索：即視此人之所發，其所以不中節，原於氣質之昏蔽，及有私欲亂之；而對治之工夫，即在求去此氣稟物欲之雜。此一工夫之在發後用者，即上所言之對其發之過不及者，加以省察克治，而自求合乎中之功。此乃自昔儒者之公言。然自濂溪、明道、伊川以降，言此省察克治之工夫，則皆是要人在念慮之微之幾上用工夫，自導其過不及之心氣之始動、生命之氣之始動，以返諸正。此一念慮之微之幾上、心氣之始動上，用工夫，已較一般省察克治，恒在情欲已肆，行事已成後，再加以強制者，其效爲深切。然此省察克治，仍畢竟是在念慮已發，心氣已動後用。……然學者既原非聖人，如何能有一工夫，使此由未發至發、由中至外，亦爲直道而行，更無曲折，即一至難之問題。……故後此之楊龜山、羅豫章、至李延平，即發展出一觀未發氣象之說。」（見《中國哲學原論‧原性篇》，臺北：臺灣學生書局，民國 80 年 6 月全集校定版，頁 576～579）。

有一工夫。後學解之，亦未嘗詮以工夫義。直至楊時，始將斯句工夫化，並建構未發觀中的修養論。值得討論的是，儒家經典浩繁，楊時爲何獨注目《中庸》中和之說，進而開出一套實踐工夫？關於此點，可從兩方面探究：一者，對《中庸》的重視；二者，伊川門下對中和問題的討論。

楊時從學二程，繼承二程對四書的重視，於《中庸》尤爲推崇。嘗云：「《中庸》之書，蓋聖學之淵源，入德之大方也。……子思之學，《中庸》是也。《孟子》之書，其源蓋出於此。則道學之傳，有是書而已。」（〈中庸義序〉，卷二十五，頁1031）〔註8〕其態度影響門下弟子，羅豫章嘗謂：「《中庸》之書，孔子傳曾子，曾子傳子思，子思述所授之言，以著於篇。中者，天下之大本，庸者，天下之定理，故以名篇。此聖學之淵源，六經之奧旨也。」〔註9〕「夫《中庸》之書，世之學者盡心以知性，躬行以盡性者也。」〔註10〕李侗亦曰：「聖門之傳是書，其所以開悟後學，無遺策矣。然所謂喜怒哀樂未發之謂中者，又一篇之指要也。若徒記誦而已，則亦奚以爲哉，必也體之於身，實見是理。」〔註11〕羅李對於《中庸》的推尊，乃承楊時而來。而在楊時，於四書中，尤重《中庸》。其視《中庸》爲「聖學之淵源」、「入德之大方」，所以在思考對治已發之外的去私之道時，自然將目光落於平日所關注的《中庸》，進而從書中找到一條線索來做爲向前推進的工夫。此其一也。

其次，伊川門下對中和問題的討論，亦是影響楊時創建未發工夫的重要因素。如上所說，從濂溪以至二程，對於去私之道，多著眼於不合理之發的對治。然二程之中，明道論及不善思慮之發時，所說的藉由自我覺察而不入於惡，雖亦不出省察克治一途。但他在此之外，同時也提出識仁、內外兩忘等工夫，而能在道德實體之自發上言道德踐履。相較於明道，在伊川的思路中，心非超越的道德本心，而是實然的心氣，則其所開出的主敬工夫，乃通過時常凝聚心氣

〔註8〕 關於楊龜山的著作與語錄，本文主要根據《楊龜山先生全集》（臺北：臺灣學生書局，民國63年6月初版，共分四冊），並參照《楊時集》之句讀（林海權點校，福建：人民出版社），餘則參考《禮記集說》〈清、徐乾學輯，漢京文化事業，通志堂經解本〉、《合訂刪補大易集義粹言》〈清、納蘭成德編，廣文書局，民國63年9月出版〉。凡甄引自《楊龜山先生全集》處，皆於引文後直接標注卷數與頁碼，引用他書者，則另注明出處。

〔註9〕 見〈遵堯錄〉，《羅豫章先生文集》，卷四（臺北：新文豐，選集叢書，民國73年6月初版，頁45）。

〔註10〕 見〈韋齋記〉，《羅豫章先生文集》，卷十，頁109。

〔註11〕 見〈李先生行狀〉（《朱文公文集》，卷九十七，頁1672）。

以轉成道心，實未能即本體起工夫。如是，於私意之對治，不僅不必然有效，之於道德實踐，亦缺乏穩固性。而如何保證發皆中節、以致中和，便成爲其學必然引致的問題，而成爲其門下弟子呂大臨、蘇季明所疑者。

呂、蘇二人基於此點，遂就中和問題與伊川往復討論，呂大臨云：

> 喜怒哀樂之未發，則赤子之心。當其未發，此心至虛，無所偏倚，故謂之中。此心之動出入無時，何從求之乎？求之于喜怒哀樂未發之際而已。當是時也，此心即赤子之心。〔註12〕

呂大臨以「赤子之心」爲未發之中，非謂已發之情皆非赤子之心。實則此處所言之「赤子之心」，乃藉孩童純眞無僞的心靈比擬「無所偏倚」的本心。故呂氏所說的「中」，即就本然之心性而言，亦即孟子強調的本心。呂大臨以爲，心之清明，在與物相接而發用之際，極易梏亡，因此操存的良方，就是當其未發時求之。其後，蘇季明延續呂氏「求中」的說法，再次向伊川探詢於未發之際用功的可行性，其問曰：

> 喜怒哀樂未發之前求中，可否？
>
> 學者于喜怒哀樂發時，固當勉強裁抑，于未發之前，當如何用功？
>
> 〔註13〕

蘇季明的探問，顯現他對伊川主敬閑邪工夫的質疑。涵養敬心固然可對治邪思之發，但畢竟不能保證不合理的思慮永不復發，則如何有一工夫，使邪思根本不發，乃至使所發皆爲中節合理，便成爲亟須解決的問題。呂、蘇二人意在於未發之際，應有一工夫，使未發至發，不待勉強裁抑，皆不偏不倚，而能自然行道德實踐。當其時，對於呂大臨的「求中」說，伊川並未批駁，然面對蘇季明的提問，伊川直以「不可」明確表達否定之意。而呂大臨與蘇季明，對建構未發工夫的意圖，遂止於與伊川往復的討論，實未能眞正開展出一套完善的修養論。

呂、蘇二人與伊川的對談，雖然並無結論，但是其對中和問題的強調，影響楊時甚深。楊時身爲程門高弟，於師承上從學二程，於義理系統上則承繼明道，不從伊川。他深受明道「識仁」工夫的影響，對於體證本體的方法，極爲重視。他一方於此有所致思，一方又身處同門標舉中和問題的氛圍中，因而順

<hr>

〔註12〕　見〈與呂大臨論中書〉，《二程全書》，〈伊川文集〉卷五（北京：中華書局，四部備要本）。

〔註13〕　見〈與蘇季明論中和〉，《二程全書》，〈遺書〉第十八、伊川先生語四。

承呂大臨與蘇季明的思路，針對如何在發用之先奠立一根本工夫、以致發無偏倚的問題，往前推進，從而開創「體驗未發」的具體工夫。換言之，建立未發工夫的想法，乃始於呂大臨、蘇季明，然蘇氏主要將焦點置於未發之際有無工夫，而呂氏的「求中」之說雖已具雛型，但對於修養內容並未明確交代。楊時循明道識仁工夫的逆覺體證進路，在建構修養論時，從對內在道德主體的根本肯定出發，將實踐工夫定位在內求道德心性的過程，當其時，又因伊川門下對中和問題的標舉，進而注目於《中庸》未發之說，延續呂、蘇二人思維，進一步思考如何在未發之際用功，以助成吾人行於達道，最終確立、具體化工夫內涵，正式提出未發觀中的工夫。則觀中工夫的提出，於背景上固然是受到伊川門下論中和的影響，但是在義理上，實來自明道的啟發，故胡文定評曰：「龜山所見在《中庸》，自明道先生所授。」〔註14〕此論誠是。

第三節　禪宗的影響

　　「觀中」工夫是根據《中庸》，而開展出的修養工夫。其以靜坐為方式，以無欲（私欲）為要訣，並以誠敬為貫落已發的方法。未發工夫，於本質上乃順承儒家義理規模而來，但是在修養的形式與領訣上，則可推尋出吸納禪學的軌跡。以下則針對靜坐層面，討論禪宗對於觀中工夫論可能的影響。

　　「體驗未發」的工夫，由道南創始者楊時首先提出。他在初創未發工夫時，主要是根據《中庸》「喜怒哀樂之未發謂之中」的說法，循此開展出於未發體中的修養論。進路雖底定，但楊時對於工夫形式等細部問題如歸還未發的方法，並未有縝密的考慮。他敘述工夫方法云：「要以身體之，以心驗之，雍容自盡於燕閒靜一之中，默而識之。」（〈寄翁好德其一〉，卷十七，頁780）並指導羅豫章「從容默會於幽閒靜一之中」（卷十二，頁 625）在楊時，明確地指出體證中體於未發的路數，但他僅主張要在未發時觀識中體，並未強調修養必須在靜坐時進行。然而，修養主體要進入未發狀態，勢必暫息易引起情感、私意激盪的身形活動，這個問題關涉到未發與主體活動之間的關係，亦即何種環境條件與個體狀態易於回返未發。他標舉未發工夫時，在指出實踐的大方向外，對於如何歸返未發的問題，僅僅指出「默識」、「燕閒靜一」的要訣，雖然籠統，然已可見趨靜的傾向。

〔註14〕見〈龜山學案附錄〉，《宋元學案》，卷二十五，頁 554。

　　爾後羅豫章承龜山心法，對於歸還未發的方法有較完善的考量，以爲靜坐有助於還向未發，從而正式主張靜坐。當其時，其師楊時尚在世，對於高弟羅豫章採靜坐之法必有所聞，然查考二人之書信語錄，皆未見楊時致書表示異議，足見楊時對於豫章附靜坐於未發工夫，抱持著默許的態度。而在羅豫章，靜坐的提出，不僅是對於修養論的補充，其自身亦長期採用靜坐方式觀中，並據此教導弟子。李延平曾敍述豫章的教法：「某囊時從羅先生學問，終日相對靜坐，只說文字，未嘗及一雜語。先生極好靜坐，某時未有知，退入室中，亦只靜坐而已。」〔註15〕而羅豫章更曾「入羅浮山靜坐」〔註16〕，《宋史》本傳亦明載：「既而築室羅浮山中，絕意仕進，終日端坐，以體驗天地萬物之理。」足見羅豫章在運用未發工夫時，全然從靜坐入手。李延平自學習此法，除了續就修養細節作細密的說明，於工夫下手處，則承豫章之說，極力主張默坐。

　　綜觀未發工夫的形成，首創於楊時，傳於羅豫章，充以靜坐之法，再傳至李侗，循已定的路數與方法，再針對內容進行細部補充，未發工夫的內涵漸趨於完備。值得注意的是，自豫章主張靜坐後，後世提及未發工夫，皆視靜坐爲體驗未發的必要手段。然而，在此之前，儒家的工夫論中並未特別強調靜坐之法，而未發雖難與個體身形動用並存（由於個體身形動用之際，易激引情感與私意的活動，故二者難以並存），然進入未發狀態，未必僅止於靜坐一途。那麼，爲何羅豫章會特別提出靜坐說？

　　在討論以前，吾人必須釐清：「靜坐」的方式，在形式上並沒有儒、佛的屬性，而可見容於各家修養論。然根源於各家義理本質的殊別，即使運用同樣的方式，修養主體在用意、目的不同的情況下，所達致的修養成效與境界也會有截然的差異。即使吸收靜坐入儒，套落在儒家義理下，呈現的理論效用與意義亦與佛教有本質的區隔。單就「靜坐」的形式而言，佛教傳入中國之前，儒家的修養工夫，未曾出現過靜坐的方法。因此，吾人在探討羅豫章主張靜坐觀中的原因時，是可以將時代背景的影響因素納入考慮的。易言之，吾人必須承認，「靜坐」的倡導，勢必與佛教的刺激相關。此點既明，以下即分從師學淵源、學習經歷、時代背景等角度，探究羅豫章靜坐說的來源。

　　早在羅豫章之前，宋儒即已承認靜坐有助於涵養。如張載嘗云：「精思多

〔註15〕 〈豫章學案〉，《宋元學案》，卷三十九，頁 732。
〔註16〕 同上註。

在夜中或靜坐得之」﹝註17﹞從其話語中，可知他具有靜坐的經驗，並肯定靜坐能致精思之效。又如程伊川，在「程門立雪」的佳話中，楊時與游酢立雪相候之際，伊川正是在靜坐。除了偶爾靜坐外，伊川「見人靜坐，便歎其善學。」﹝註18﹞則知伊川曾正面肯定靜坐是極佳的工夫入路。而其兄明道亦曾教導謝上蔡「且靜坐」﹝註19﹞，並「終日端坐如泥塑人」﹝註20﹞。由上述知，張載與二程皆承認靜坐對於修養的幫助，除了自身時常靜坐，同時也指點學生以此入學。然而，儘管他們皆許靜坐之功，但他們皆未嘗視靜坐為修養的主要手段，乃至於建構修養論時，也不曾與靜坐結合。至於楊時，雖有趨靜傾向，不過他只強調觀中要在靜默中進行，而未標舉靜坐形式。傳至羅豫章，甫正式確立靜坐觀中的方式。相較於前儒，他對於靜坐的態度，不再是泛泛地肯定，而是正式將靜坐納入修養論中，視靜坐為觀中的必要手段。爾後延平從其學，更加強調靜坐，並進一步闡述靜坐的意義、目的、方法等。也就是說，未發工夫的路數雖定於楊時，但直至羅豫章，始配以靜坐，故羅豫章可謂首位正式以靜坐入於修養論的宋儒。

誠然，靜坐的運用，是楊時體驗未發說所可能開出的入手工夫。但是他在接觸佛學多年的背景下﹝註21﹞，也只是提出要在內心收斂的平靜專注下默識中體，並未援引佛教的靜坐方法入其修養論中。即使面對二程肯定靜坐的態度，身為高弟的他，也未曾予以回應或褒貶。但是就學習經歷來說，其對於佛學的廣涉，實很有可能間接引起羅豫章對於靜坐的興趣。除了往學楊時，根據《宋史》本傳，羅豫章亦嘗向程伊川請教易學，則我們也不能排除伊川重視靜坐的態度對於他可能造成的影響。因此，從師學淵源來看，吾人可從楊時與程伊川對於佛學的涉獵，推斷羅豫章很可能在從學二人時受到影響，進而成為他重視靜坐的觸媒。

從時代背景觀之，羅豫章身處的宋代，除了儒學復起，禪宗亦十分盛行。「禪」是梵文「禪那」的譯音，屬於戒、定、慧三學中的定學。玄奘意譯禪那為「靜慮」，指在定靜中安住於一法，也就是將注意力內轉，由定生觀，以

﹝註17﹞〈橫渠學案下〉，《宋元學案》，卷十八，頁435。

﹝註18﹞〈伊川學案下〉，《宋元學案》，卷十六，頁374。

﹝註19﹞〈上蔡學案〉，《宋元學案》，卷二十四，頁537。

﹝註20﹞〈北溪學案〉，《宋元學案》，卷六十八，頁1264。

﹝註21﹞楊時自二十一歲始，講學於含雲寺，與寺內慶真和尚交往甚密，而有不得相從之恨。此外，他廣泛閱讀佛典，在入於程門後，仍時常援引佛經比附儒學。

體證眞實本性。禪定的修習，本是佛教各派普遍採用的法門。《長阿含經》載佛所說：「我但教弟子於空閑處，靜默思道。」〔註22〕佛教傳入中國後，早在東漢末年，安世高所翻譯的《安般守意經》與《陰持入經》，就已介紹了小乘禪法。這種遮斷妄念而專注於呼吸出入的數息禪法，即靜坐方式的運用。唐代佛教盛行，唐初道信和弘忍師徒的「東山法門」禪法，標示禪宗宗派的形成。禪宗雖以禪立名，但其修證途徑並不僅止於禪坐，而包含了各式禪法，儘管禪宗並非以禪定立教，禪坐之法仍在唐宋禪宗普遍運用。據唐杜朏《傳法寶紀》記載，道信教導弟子：「努力勤坐，坐爲根本。」而其徒弘忍亦重視禪坐，書載其：「晝則混跡驅給，夜便坐攝至曉，未嘗懈倦。」弘忍的上座弟子神秀，活躍於北方，受到武則天、中宗的強力支持。其著《觀心論》，主張坐禪觀心的禪法，以息妄顯眞。與神秀相對，由慧能開出的南宗禪學，亦十分興盛。後唐時期，慧能門下的南嶽懷讓系與青原行思系，則分別發展出臨濟、潙仰、曹洞、雲門、法眼五宗，禪宗益趨盛行。

　　延續唐代禪宗的流行，禪宗成爲宋代佛教的主流，儒家與佛教逐漸產生頻繁的互動。許多理學家爲了維護儒家的正統地位，視佛教爲異端，極力排佛，但同時又受時代風氣左右，與佛教來往密切。從道南學脈的淵源來看，二程與楊時在禪宗盛行的時代影響下，對於佛學接觸頻繁。伊川在〈明道先生行狀〉中稱明道「出入於老釋幾十年」，《宋元學案》卷十六引葉六桐亦云：「明道不廢觀釋老書，與學者言，有時偶舉釋佛語。」《遺書》卷三則謂伊川「先生少時，多與禪客語。」至於楊時對於佛教的深涉，已見前述，於此不復贅論。由二程、楊時與佛教來往的情形，可知他們雖然排佛，但是面對盛行的禪宗，在力守儒學立場的同時，也不可避免地對於佛學多所留心。

　　至於羅豫章是否深入佛學，或與僧侶交遊，不見載於史籍。但他與其師相同，在佛學盛行的時風下，爲了維護儒學地位，時發批佛議論，而這些批駁，正足以反映出他對於佛學的關注。如：〈勉李愿中五首〉其一云：「聖道由來自坦夷，休迷佛學惑他歧，死灰槁木渾無用，緣置心官不肯思。」〔註23〕《遵堯錄別錄》云：「釋老之害，過於楊墨。」〔註24〕這種儒佛對舉的態度，正反映出他對於佛教的高度關切，以及斥佛尊儒的用心。豫章的排佛，是基

〔註22〕見《長阿含經》（《大正藏》，卷一，頁101b）。
〔註23〕見《羅豫章先生文集》卷十（臺北：新文豐，民國73年6月初版，頁112）。
〔註24〕同註9，卷八，頁89。

於儒者的身分，肯定道德之性爲人性，依此角度而作出的批駁。但他並不否認佛學的深奧精微，甚至承認佛學的深邃，並非浸潤道德心性的儒者，所能相應窺測的。故云：「佛氏之學，端有悟入處。其言近理，其道宏博，世儒所不能窺。」〔註25〕所以，在基本立場上，他雖崇儒排佛，但在禪宗興盛的時代背景下，受到禪法的影響，而援引靜坐說入於未發工夫，是很有可能的。

在此須要分辨的是，吾人雖然認爲羅豫章的靜坐觀中說，可能是受到禪法的刺激。但是，這僅僅意味他吸收了靜坐法相，以充實儒家的修養論，並不代表禪坐的內涵與法義亦被援用。在禪宗，因爲眾生佛性被無明煩惱客塵障覆，所以運用禪坐以制心一處，而恢復清淨本心。此本性爲佛性，亦眞如本性、空性。因此，禪坐所體證的本心是空性，此空是就無自性、因緣生所說，故能生萬法，是從一切法之法性空而言。羅豫章運用靜坐的方式觀識中體，是因爲人心在走作的情形下，難以逆覺觀中，所以藉由靜坐收歛以超越體證之。由表面觀之，二者在以工夫復本體的形式上，似乎非常類似。但是二者所體證的本性內涵，卻大相逕庭。靜坐所觀識的中體，爲道德實體，能創發健動不已的道德實踐，與佛教的空性，本質相殊。因此，靜坐的運用，在道南是以助成主體暫時抽離感性私欲的左右爲目的，進而把握澄然凸顯的道德本性，與禪宗回復清淨空性的目的顯然不同。二者相較，不僅義理歸趨相異，儒佛的發心立意也殊別，故所證知的本性完全相迥。所以，觀中心法對於禪學的吸納，是屬於禪法形式層面的，至於義理內涵，則無交融（屬於表面的相合，而非義理的交涉）。

道南學脈的觀中工夫工夫，目的是爲了直接而清楚觀視中體氣象，而此觀視，並非視中體爲目標，而是中體（本性）呈現時，自身如實依此而視，此即體驗未發。至於觀中的方式，從楊時確立於未發時體驗，至羅豫章則進一步提出靜坐的途徑。就未發時做工夫的意識而言，是源於對《中庸》的重視、與二程工夫的推進；就修養方法的途徑而言，則是受到禪宗盛行的時代影響。因此，觀中工夫可謂在形式上受到禪宗影響，吸納了禪宗的修養手段，而充實以儒家的義理內容。然則，此吸收僅能謂修養方法的吸收，在義理型態上，仍是儒家的本質。

〔註25〕同註9，卷二，頁25。

第四章 觀中工夫的主要入路

　　楊、羅、李三代相承的工夫指訣，是以體證中體爲路數所開展出的修養論。而體中的主要方法，即觀中工夫的主要入路，也就是道南學脈道德實踐的本質關鍵。本章先討論「中」之實義，以明所觀者何，次探究觀法，以顯發工夫的內涵與進路。

第一節　觀中之「中」的義涵

　　自楊龜山立體驗未發教法，「觀中」便成爲道南學脈的工夫指訣。「中」是道德理想境界，「觀」是成就道德境界的工夫。由於工夫的開展乃由理境規定，因此，在析論修養工夫之前，必須先探究「中」的義涵。對「中」實義的釐定，可從三方面著眼：

　　第一：根據楊龜山、羅豫章、李延平對「中」的直接描述，析論中與性理的關係。

　　第二：道南學脈論及觀中工夫時，幾乎皆與「未發」關聯起來，故可藉由分判「中」與「未發」的同異，確立「中」的意指。

　　第三：從道南學脈對「中」的發用情形，探討「中」的義蘊。

　　對於「中」義涵的闡發，楊龜山論述較詳，李延平、羅豫章次之。本文謹就資料多寡，依序分別論述，以概述道南一系的思想。

一、中與性理的關係

　　楊龜山、羅豫章、李延平對於「中」的界定，幾乎是相同一致的。他們

三人承繼《中庸》「中也者，天下之大本也。」的說法，以之說明「中」。楊龜山與羅豫章皆曾指出：「中者，天下之大本。」〔註 1〕而李延平亦將「中」與「大本」關聯起來，認爲求中即「知天下之大本」（〈李先生行狀〉，《李延平集》卷四，頁 61〔註 2〕）。「本」是本源、根源義，「天下之大本」意味「中」是一切存在的最高本源。「中」在此作名詞，指的是作爲萬物根源的形上實體，故又可謂之中體。

　　道南一系除了根據《中庸》義理詮釋中體，同時也依《易傳》的本體思想說明「中」。在語錄「南都所聞」中，龜山於師生問答間，直指「太極」，即所謂之「中」：

> 問：「易有『太極』，莫便是道之所謂『中』否？」
>
> 曰：「然。」
>
> 　「若是，則本無定位，當處即是太極耶？」
>
> 曰：「然。」
>
> 　「兩儀、四象、八卦，如何自此生？」
>
> 曰：「既有太極，便有上下；有上下，便有左右前後；有左右前後四
>
> 　方，便有四維，皆自然之理也。」（卷十三，頁 657～658）

《易傳・繫辭上》曰：「易有太極，是生兩儀。兩儀生四象，四象生八卦。」〔註 3〕《易傳》爲「太極」概念之首出，其能派生兩儀、四象、八卦，與兩儀的關係，分別居處於統攝與隸屬的地位，是推動宇宙生成變化的絕對之理。根據文句脈絡，雖可看出「太極」所表示的是統貫乾坤陰陽的生生之理，但是《易傳》並未針對「太極」的內涵意義，提出明確的說明〔註 4〕。因此，後

〔註 1〕分見《楊龜山先生全集》卷七、頁 367，《羅豫章先生文集》卷四、頁 45。

〔註 2〕關於李延平之答問、書信，本文主要參考《李延平集》（臺北：新文豐，選集叢書，民國 73 年 6 月初版），其書共分四卷。本文凡引自是書者，皆於引文後標注卷數及頁碼。

〔註 3〕見《十三經注疏本》第一冊，臺北：藝文印書館，頁 156。

〔註 4〕唐君毅先生曰：「至易傳中『易有太極』之太極之義，果爲如何，易傳本文並無解釋。易傳謂『易有太極，是生兩儀。』據此二語，吾人所能確定者，唯是太極乃高於兩儀之一概念。如兩儀指陰陽或乾坤或天地，則太極應爲位於陰陽乾坤天地二者之上，而加以統攝之一概念。而太極之所指，則應爲天地及天地中之萬物之根原或總會之所在。此爲易傳之文句之構造，吾人可如此說者。至於太極之一名所實指者爲何，則儘可容後人有不同之解釋。」（《中國哲學原論・導論篇》，臺北：臺灣學生書局，民國 82 年 2 月全集校訂版第 2 刷，頁 430）。

人可從不同的角度詮解「太極」，而楊龜山則是以「中」訓之。

考察楊時與弟子的問答，可分成三部分：首先，龜山就提問內容，肯定「太極」與「中」的一致性；其次，弟子順承前問，對於「太極」與「中」之間的關係，進一步提出「本無定位」、「當處太極」的意見，詢問龜山的看法，而龜山仍予以肯定；再者，弟子根據《易傳》文句，請教龜山「太極」之於「兩儀」、「四象」、「八卦」的派生原理。三問三答的前二問答，是關於「太極」與「中」之間關聯性的討論。龜山雖然沒有正面說明，但是吾人可從他肯定的態度，將弟子的見解視為龜山的觀點。至於第三問答，則是關於「如何生成」的問題，是對宇宙發展過程的說解。在此，我們可先分析最後問題的答語，察視龜山對於「太極」內涵的規定。再回到前二問答，以期能透過「太極」義涵，掌握「中」與「太極」的關係。

在第三問答中，楊龜山並未詳加闡述派生原理，僅簡要說明生成過程。他並未延續《易傳》「是生兩儀，兩儀生四象，四象生八卦」的架構，而另提出太極而有上下、四方、四維的說法，並以「自然之理」指稱「太極」。由太極便有上下四方，上下四方即宇宙，「宇宙」是泛稱，實則總賅天下萬物。在太極的妙運下，宇宙萬物而能生成實有。〔註5〕因此，太極亦可謂之實現之理、生化之理，其不僅為實然萬物超越的所以然，也在生成的過程中，成就了「四維」。關於「四維」，龜山並未定義，不過根據古人的慣用，指的應是禮、義、廉、恥。〔註6〕太極既能在生化中成就四維之德，這也就表示：太極的創生含

〔註5〕「太極」的概念，在龜山是從總攝造化的本體而言。他從派生上下、四方、四維論宇宙生成，而太極與萬物生生之間，則是由「氣」作為過渡。其言云：「通天下一氣耳。天地，其體也；氣，體之充也。」（卷八，頁405）「陰陽之氣有動靜屈伸爾，一動一靜，或屈或伸，闔闢之象也。……夫氣之闔闢往來豈有窮哉？有闔有闢，變由是生。其變無常，非易而何？」（卷十三，頁653）「陰陽之運，萬物由之而生成焉。」（卷七，頁377）在諸引文中，龜山雖未明確指出太極為氣之所依，然據其所述，「易」是能生陰陽之氣、使氣闔闢相迭之理，而易即太極。因此，太極是使氣動靜變化、生生無窮之理。氣之動、伸、闢，成萬物之生；氣之靜、屈、闔，成萬物之化。氣之所以能動靜往來，全因生生之理（太極）通貫其中。由於太極的宰運，氣之相繼無息成為可能。氣之屈伸不斷，正足以顯現太極之理，而氣化的流行，則由萬物之生生變易而見。故太極是氣之所以存在的依據，透過陰陽之氣的運息，萬物得以變化無常。因此，太極可謂是成就萬物存在的最終根源，由陰陽之相續與萬物之生生不已，而見其真實存在。

〔註6〕在先秦典籍中，《管子‧牧民》曾對「四維」有詳細的論述：「國有四維，一維絕則傾，二維絕則危，三維絕則覆，四維絕則滅，傾可正也，危可安也，

藏了道德意義目的，妙運萬物的同時，也成就了道德價值〔註7〕。故太極所透顯之理，具生化義、道德義，此二義的體現並非有時間先後順序，而是同時俱現於太極之生生中。

至於「自然之理」之義，「自然」一詞有二解：一是解為「自己而然」，則「理」指理體，即太極實體。而「自然之理」意味太極當體自存自有、不依他而有。如是，「自然」在此乃形容太極的當體，乃強調其絕對義。另一解為「自然宇宙」，「自然」是指一切存在，即生化之實。「理」仍指太極，為妙運萬物存在的所以然。因此，「自然之理」即自然萬物生成運行的內部原理律則，此律則是動態的生理，而非靜態規則萬物之理。以上二解，義雖不同，然於義理上實相涵不悖。

「太極」之義既明，吾人可據此考定其與「中」的相關性。在前二問答中，龜山以「中」訓釋「太極」，在此可併觀龜山其他相關說法，以便探究：

> 道止於「中」而已矣。出乎「中」則過，未至則不及，故惟「中」為至。夫「中」也者，道之至極。故「中」又謂之極。屋極亦謂之極，蓋中而高故也。（卷十四，頁 696）

> 至所謂極也，極猶屋之極，所處則至矣。下是為不及，上焉則為過。
> （卷十，頁 469）

覆可起也，滅不可復錯也。何謂四維？一曰禮、二曰義、三曰廉、四曰恥。禮不踰節，義不自進，廉不蔽惡，恥不從枉。故不踰節則上位安，不自進則民無巧詐，不蔽惡則行自全，不從枉則邪事不生。」（北京：中華書局，四部備要本）《宋元學案》卷四十〈橫浦學案〉所載〈文節倪齋齋先生思〉，亦云「張禮義廉恥之四維」（頁 760）。自《管子》以禮、義、廉、恥定義四維後，後人提及四維，幾乎皆指禮、義、廉、恥。因此，楊龜山於此雖未定義四維，然四維實義應是禮、義、廉、恥。

〔註7〕 陰陽之氣是萬物生化之所依，氣之運行，不僅引起形質構造的變易，同時也將太極的道德性下貫於萬物。龜山云：「陰陽無不善」（卷十二，頁 614）「（繼善成性）不獨指人言，萬物得陰陽而生，皆可言繼之。……元者，特善之長也，固出於道，故曰繼之者善。……今或以萬物之性不足以成之，蓋不知萬物所以賦得。偏者自其氣稟之異，非性之偏也。」（卷十三，頁 671～672）龜山以善規定道，是賦予道體道德價值意義。道體既是至善之存有，則其所統攝的陰陽之氣必承其善，而萬物之生也通過氣之流行，承繼道之善。至若萬物之所以不能成就彰顯善性，並非道體自身之善為不全，而是萬物所稟之氣有所偏限。因此，道體（太極）的根源義有二：一是萬物化育之源，一是陰陽之氣與萬物善性之源；前者對應於超越的自然之理、生化之理，後者則指向作為道體內涵的道德理則。

龜山以「中」訓「極」,「中」與「太極」的概念因而相連。然而,其爲何等同「中」與「極」?吾人可從龜山對「中」與「極」兩方面的訓解窺測其意。龜山釋「中」云:「出乎『中』則過,未至則不及,故惟『中』爲至。」意即以「中」爲「至」的原因,在於「中」無過與不及。而龜山又謂「至所謂極也」,因此,「無過與不及」的概念,是龜山連結「中」與「極」的關鍵。關於「無過與不及」的實義,龜山曾有如下的說明:

　　　夫中者,不偏之謂也。一物不該焉,則偏矣。(卷二十,頁 856)

過與不及的衡量標準在於「中」,凡過於中或不及於中者,皆爲「偏」。而「偏」的具體意指,則是「一物不該」〔註8〕。「該」即「賅」,乃充足、完備、遍在義。「該物」指能包涵全體萬物。能遍覆全體,也就無所偏限,故就本體感通無所限制而言,「中」無所不在。換言之,「中」若有定限,有一物在其感通的範圍外,則不能總括全體,偏於一方爲過,於他方則又成不及,此皆於理有所虧歉,而非「中」。因此,謂「中」爲不偏,是遮詮地說,從負面表示無不當理處;從正面說,「中」是表示於理圓滿至極、位所當理之義。所以,稱「中」爲「至」、爲「極」,是就理之至極而言。

　　以此來看「道止於『中』而已矣」一句,可知「中」乃表狀道之合理。「道之所謂『中』」,並非意味「道」與「中」爲兩層,實則「道」與「中」同一非二。「道」是實體詞,「中」是狀詞。「中」所顯的是:「道」的內容全幅是理,於理至極圓滿而無虧歉,故曰:「夫『中』也者,道之至極。」表示作爲道內容的至極之理,是不偏不倚的「中」。「中」乃形容道的體性,其所指目之實體即天道,因此「中」亦可轉爲實體字,而曰「中體」。「體」並非體用

〔註8〕《二程全書・遺書四》曾載:「一物不該,非中也;一事不爲,非中也;一息不存,非中也。何哉?謂其偏而已矣。故曰:『道也者,不可須臾離也,可離非道也。』」(北京:中華書局,據江寧刻本校刊,四部備要本,頁5),《遺書》載「游定夫所錄」,定爲「二先生語」,而《宋元學案》則歸於〈明道學案上〉。程明道與程伊川二人對於「中」的看法相異,明道嘗云:「中者,天下之大本,天地之間亭亭當當、直上直下之正理。」(《二程全書・遺書第十一》明道先生語一、〈師訓〉。劉絢質夫錄,頁11)是從宇宙本體的角度說「中」。而據〈與呂與叔論中書〉及〈與蘇季明論中和〉(《二程全書・遺書第十八》伊川先生語四。劉元承手編。),則知程伊川認「中」爲經驗層的實然心境,是從情緒尚未激發的角度論之,與其兄觀點截然不同。今考「一物不該」一句,顯然指的是道無所不在,而能與天地萬物相感通,此屬於明道以「中」爲形上實體的義理系統,《宋元學案》判爲明道語,應無誤。因此,楊龜山「一物不該,則偏矣」的說法,是上承明道師說。

意義的體，而是指真實無妄的道之當體。將形容道內涵的「中」轉化為「中體」，乃就其與意指對象，等同以觀。因此，「中」原為形容名詞，狀道之體性，轉為實體字後，即代表道體。故龜山與弟子在第一問答中，以「太極」為「中」，是強調「太極」極於理而不偏的層面，實則「太極」即道體、中體。此義既明，便知第二問答中「本無定位，當處即是太極」一句，是扣緊「中」之無物不該而言。「中」為至理〔註9〕，是太極實體於感通時所呈顯的理則。此理雖真實無妄，但並非固定於一處的具體物事。因其無滯定所，而曰「不偏」。所以，「本無定位」指出「中」不可規限、遍及一切存在之義。「中」雖不偏不定，無所不在，但是於感通處，理並無割截分散，而無處不是理的全體朗現，故曰「當處即是太極」〔註10〕。

由上述可知，「中」是形容太極之理，此理是至極無偏的，這是以「中」訓「極」的第一層意義。至於以「中」訓「極」的第二層意義，則要從龜山對「極」的說明以觀。他指出：「屋極亦謂之極，蓋中而高故也。」又說：「極猶屋之極，所處則至矣。」屋極就是屋棟，即屋子的正樑。龜山以屋極比喻太極之極，稱之為「極」，是緣於「中而高」、「所處則至」的關係。「中而高」的「中」，指屋樑之居於屋子正中，中高且正，具有不偏與準則的涵義。就「太極」而言，是謂其恆以不偏之理為準則。稱其為「高」，一方面是藉由正樑所處的地理位置，比喻「太極」的超越地位，強調其無所規限的絕對義；一方面是從正樑居於屋之正中，如屋子匯歸之處，比喻太極為萬理之歸向與天地萬物的根源，以凸顯太極之根源義，故曰「所處則至」。因此，訓「極」為「中」，除了強調理的至極無偏、無所不在，同時也指出形上實體的絕對義、根源義。

龜山以「中」狀至理，實指形而上的宇宙本體，此是從客觀面討論「中」。至於「中」的主觀面，關涉「中」與主體的關係，乃天人關聯的問題。以下

〔註9〕 此謂「中」極於理的「理」，是從太極的內容而言，為理則之理，即太極以理為內涵，至其發用，莫不是理的呈現；而前文所說「自然之理」的「理」，則是統稱太極，是就太極與宇宙萬物的關係而言，指太極是一切自然存在動態超越的所以然，即存在之理。因此，雖皆名曰「理」，但是二者意指相異，前者是就內容立說，後者是實體的總指，而「中」作為形容名詞，所指的則是前者，也就是從太極的內涵意義立言。

〔註10〕 張德麟云：「龜山在此明示『中』即易之『太極』，所以『中』即道體本身。它不是前後左右中之『中』，所以『本無定位，當處即是太極』。」這跟明道相同，將『中』體會為形上的道體。」（見《程明道思想研究》，臺北：臺灣學生書局，民國75年3月初版，頁150）。

茲就天人問題探究人性與天命的內在繫聯，並論「中」與心、性、天道相貫
通之義。龜山曰：

> 性、命、道三者，一體而異名，初無二致也。故在天曰命，在人曰
> 性，率性而行曰道，特所從言之異耳。（卷十四，頁 684～685）

> 天命之謂性，人欲非性也。率性之謂道，離性非道也。性，天命也；
> 命，天理也。道則性命之理而已。（《禮記集說》，卷一二三，總頁 18211）

> 循天理而已，故曰天之命也。詩曰：「維天之命，於穆不已」，所謂
> 命者，亦誠而已矣。（《合訂刪補大易集義粹言》，卷二十九，頁 342）

> 人性上不可添一物，堯舜所以為萬世法，亦只是率性而已。所謂率
> 性，循天理是也。（卷十二，頁 589）

> 性即天命也，又豈二物哉？……性命初無二理，第所由之者異耳。（卷
> 十二，頁 602）

> 蓋天下只是一理。（卷十三，頁 649）

> 天理即所謂命。（卷十二，頁 618）

> 道一而已矣！人心之所同然，無二致也。（卷八，頁 409）

引文所言，性、命、道三者異名同實，皆屬於本體的範疇，因立言的角度不
同而異稱。「天命」、「天理」之「天」，兼具形而上的宇宙論意義與無所不在
的大公遍在特性。龜山云：「道一而已矣！」「蓋天下只是一理。」以「一」
言之，顯示「道」與「理」的普遍性。此遍在義，可從兩方面以觀：其一，
意指道體為超越的、絕對的存在，為妙運萬物生化發育的本源，也就是太極、
中體、道體。其理貫通天下，無物不該，即前文所謂「無處不在」、「當處太
極」之義，故曰「天下一理」；其二，是就人心同然而言，指人稟天賦之理而
為性，其性普遍於人，並無偏受，故曰「道一而已矣」。以「天」與理、命相
連，乃就理、命是形上實體之呈現發用、遍及天下而言，故「天」字實涵形
上實體與大公普遍二義。

「天命」之「命」，具賦予、命令義，是就道體的發用而言。龜山以「天
理」釋「命」，強調天所命於人者，是道德法則〔註11〕，涵價值意義，故「命」

〔註11〕 在龜山的思想體系中，「道」與「理」一體異稱，屬於同一層次。「理」有時
　　　　指生化之理，如稱太極為「自然之理」，有時指作為道體內涵的道德理則。當
　　　　「理」指道德理則時，他常以「理」、「道」並列論述的方式指陳之：「天下無

為理命。人依陰陽之氣而生，而天通過氣化下貫而賦其理於人〔註12〕，天理內在於個體而為人所稟具，則稱為性。天經氣化流行賦予個體道德法則，而成內在善性，則天理對吾人顯為天之所命。此「命」乃天在人之作用，決定吾人生命活動應有之定然方向，並命令吾人依順內在性理以踐履道德。此中，「性」與「命」的關係，是直接而無距離的。就天而言，理是其內容屬性；就人而言，性即是天理之所在。以天理規定性，是上溯人性的本源，以見其超越的形上意義與宇宙論意義。人性與天理的內容既一致，則性實為天理之別名，僅立於天與人的角度不同而已。因此，人性雖承自天命，但是天理在人內在顯現的道德命令，卻是性之自令自命，所成就的道德創造活動，也是性之自發自率，而不可認另有一別於性的超越天道主宰之。換言之，理命下貫於人，而人受之以為其性，此下貫是道德內容的直貫，而性的全幅內涵即是天理在於人者，是人生行為的當然之理，為能成就道德行為的內在根據。所以，性、命、道三者一體異名，在天是超越之本體，在人是道德主體，依道德自命（率性）而成之相續德行，便是天道創生不已的展現。故龜山曰：「故在天曰命，在人曰性，率性而行曰道，特所從言之異耳。」足見天之所命與內在之性，皆共此理，天道性命實貫通無二。

　　龜山除了貫通性、命、道，並將心與其相連，其言云：「知仁則知心，知心則知性，是三者，初無異也。」（卷十二，頁 626）此句是從道德實踐的角度立說。「知」是實踐地證知，知仁則知心，知心則知性，故仁、心、性三者內容相等。仁即心、即性，性、命、道又是一，則仁、心、性、命、道渾同

不可為之理，無不可見之道。」（卷二十七，頁 1086）「朝廷作事，若要上下、小大同德，須是道理明。蓋天下只是一理，故其所為必同。」（卷十三，頁 649）「聖人作處，唯求一箇是底道理。」（卷十二，頁 594）「君子作事，只是循一箇道理不成。」（卷十二，頁 596）考諸引文，凡道理合稱，「理」指的皆是道德法則，能經由道德實踐而加以表現。此外，龜山亦以「天理」一詞，單獨指稱道德法則，其言云：「聖人固知天理，……故至誠為之。」（卷十三，頁 643）「聖人」是道德修養臻至理想境界之人，「知」是印證、契合義，謂聖人經過道德修養而證知天理，故能依道德原則表現相應的德行。依文句脈絡，「天理」之道德義甚顯。據此考察龜山謂「命」即「天理」的說法，其既然等同性、命、道，又認為「所謂率性，循天理是也。」（卷十二，頁 589）可見天所命於人之「天理」，指的是道德法則，而非生化之理。

〔註12〕龜山云：「蓋一陰一陽之謂善，陰陽無不善，而人受之以生故也。然而善者其常也，亦有時而惡矣。猶人之生也，氣得其和，則為安樂人，及其有疾，以氣不和，則反常矣。其常者性也，此孟子以言性善也。」（卷十二，頁 614）

無二。依此貫通義，審視「中」在天人的地位，「中」所指目的既是天道，而天道又與心、性等同，故中體的內容，可謂與心、性一致。這是從中體的客觀面下貫於心性而言。至於中體的主觀面，龜山則從中與心的關係立論：

> 此心一念之間，毫髮有差，便是不正。要得常正，除非聖人始得。且如吾輩，還敢便道自己心得其正否？此須是於喜怒哀樂未發之際能體所謂「中」，於喜怒哀樂之後能得所謂「和」。致中和，則天地可位，萬物可育。（卷十二，頁 599）

> 學者當於喜怒哀樂未發之際以心體之，則中之義自見。（卷二十一，頁 898）

龜山將心與中體縐合並說，認為正心之道即以心體中。此義蘊涵以下幾個問題：所正之心、體中之心與天道性命貫通之心，三者意義何別？又有何關連？中體與心之正，義蘊是否相同？體中為何能正心？以下依序釐清這些問題，以顯中體實義。

「正心」一詞，首見於《大學》。《大學》提出正心的工夫在於誠意〔註13〕，而龜山則將正心的工夫落實在觀中工夫上。龜山對於「心正」的規定，延續《大學》之意〔註14〕，其言云：「然心有偏係，則不得其正。」（卷五，頁 301）「蓋心有所忿懥恐懼好樂憂患，一毫少差，即不得其正。」（卷十一，頁 567）「忿懥恐懼好樂憂患」是情感的表現，由龜山以喜怒哀樂已發未發論中和，足見情感與心正不僅不互相排斥，相反地，適切的情感正是中體、正心的發露〔註15〕。因此，情感的有無並非區分心正與否的標準，而心之所以不正，原因是「偏係」、「有所」、「一毫少差」。故使心復歸於正的關鍵，乃在於這三者的去除。易言之，「偏係」、「有所」、「一毫少差」，是龜山對「不正」之原因與定義的說明。「正」與「不正」相對，所以確定「不正」的意義，有助於

〔註13〕《大學》：「欲正其心者，先誠其意。」（臺北：學海書局，民國 80 年，四書集注本）

〔註14〕《大學》：「所謂修身在正其心者，身有所忿懥，則不得其正；有所恐懼，則不得其正；有所好樂，則不得其正；有所憂患，則不得其正。」

〔註15〕龜山云：「學者當於喜怒哀樂未發之際以心體之，則中之義自見，執而勿失，無人欲之私焉，發必中節矣。發而中節，中固未嘗亡也。孔子之慟，孟子之喜，因其可慟、可喜而已，於孔、孟何有哉？其慟也，其喜也，中固自若也。鑒之照物，因物而異形，而鑒之明，未嘗異也。……若聖人而無喜怒哀樂，則天下之達道廢矣。……故於四者，當論其中節不中節，不當論其有無也。」（卷二十一，頁 898～899）

我們對「心正」的理解。

憻、懼、憂、樂等情感存在與否，雖然不是正與不正的界限，但是與心正有直接的關係。龜山云：「有所倚，非正也。」（《合訂刪補大易集義粹言》卷二十，豫，頁 231）「倚」者，偏向、靠近也。與「心有所忿懥恐懼好樂憂患」合觀，顯見「有所倚」意指偏限陷溺於某種特定情感，即心之固滯於情。所謂倚陷，非謂特定情感的呈顯，而是表示心爲憻、懼、憂、樂等情所牽制，致使在面對特定情況與事物時，情感有過度或不及的不當理之表露。此過與不及之情的不合理，與極理之「中」，乃本質上的區別，而非程度的多寡之異。就價值說，二者是道德與非道德的差別〔註 16〕；就中和說，二者是中節與不中節的相迥。因此，雖細微如一毫之偏，表徵的卻是心正與否的殊異。而「偏係」與「有所」處，便意味心有所偏私，不能提起來自作主宰。心既受情制約，情感的勃動反爲主導。此時心乃處於私閉的狀態，私意、私欲隨之而起。基於對私己的過度顧慮、維護及心理堅持，巧詐、投機、計較等意念與行爲，在處處衡量己利的影響下，亦從而衍生〔註 17〕。如是，人我遂限隔對峙，既不能眞實相感，也無法將眞實的道德情感通達於外。這種偏倚不當理的狀態，謂之「不正」。不正之「心」，是經驗層的感性心，而非道德心，亦非由天所命、等同仁性道的「天地之心」〔註 18〕。因此，「正心」的工夫是對治不正之心所發，其所否定的並非情感的流露，而是針對私情的繫縛而起。則工夫目的在於化除情感的滯礙，將心自感性中超拔，返於自作主宰的本心。故「正心」乃去不正以歸於心之正，而回復心體、使本心發露的工夫。

「正心」工夫強調的是消極的導正方法，而龜山之所以認爲「正心」之要在於「體中」（體中之義，詳見本章第二節），是從心正處入手，直接在心上積極用功，故爲正面直截的工夫。「中」者，如前所言，是不偏不倚的至理。綰合而論，中體即心體、性體、道體、仁體。「體中」是直接契入本心所呈現的境界，透過對於不偏之至理的把握，在面對各種不同的人事時，而能循內

〔註16〕龜山云：「心得其正，然後知性之善。」（卷十二，頁589）正心而後知性善，是以善說正，可見龜山是以道德價值意義規定心正之「正」。故心之正與不正、中與不中，是道德與非道德的區別。

〔註17〕龜山云：「人各有勝心。……若懷其勝心，施之於事，必以一己之是非爲正，其間不能無窒礙處。又固執之不移，此機巧變詐之所由生也。」（卷十二，頁611～612）

〔註18〕龜山云：「要當以身體之，以心驗之，則天地之心日陳露於目前，而古人之大體已在我矣！」（卷二十七，頁1086）

在所發的道德判斷，表現合理的態度與情感。以此來看「體中」之「心」的意義，便可明顯看出，能體之「心」與「中體」必定屬於同一層次，始能體會、體證之。也就是說，體中之心與所正之心意指相異，後者爲經驗層的感性心，而前者指的是心的本義，即超越層的心體、道德本心、天地之心。由於龜山認爲心正即中體，所以我們可透過龜山對心體的正面陳述，更明確掌握中體之義蘊：

> 心之爲物，明白洞達，廣大靜一。（卷十二，頁 626）

> 正心到寂然不動處方是極致。以此感而遂通天下之故，其於平天下也何有？（卷十二，頁 576）

> 心無不該，不可以位言也。……寂然不動，心之體也。……傳曰：心靜，天地之鑑也，萬物之鏡也，而物至則無潛形焉，故能感而遂通天下之故。（《合訂刪補大易集義粹言》，卷三十五，咸，頁 5681～5682）

> 有心以感物，則其應必狹矣！唯忘心而待物之感，故能無所不應。（《合訂刪補大易集義粹言》卷三十五，咸，頁 5681～5682）

> 夫心猶鏡也，居其所，而物自以形來，則鑑者廣矣。若執鏡隨物以度其形，其照幾何？（《合訂刪補大易集義粹言》，卷三十五，咸，頁 5681～5682）

龜山以「明白洞達」、「廣大靜一」規定心。「明白」者，言無私意之參雜之公心，如鏡之光亮；「洞達」者，言心循天理，能對應各種情境，表現出適當的道德情感與行爲；「廣大」者，言心之感通無礙，遍潤萬物而無所遺；「靜一」者，言心體寂然不動、恆自貞定。其中，「明白」、「靜一」乃形容心體之體，「洞達」、「廣大」乃形容心體之用。簡言之，心體之體用，即「寂然不動」、「感而遂通」。寂感之說，源於《易‧繫辭傳》〔註19〕，是就形上實體而言，龜山則以之說明心體。「寂然不動」謂當心體寂然時，道德理則潛在渾具於心體中；「感而遂通」則謂當心體發用時，道德之理便能在物我相感中，通達于外，從而具體顯露吾人內在的眞實情感。此向外之通達，就廣度言，萬物皆在其感通的範圍內，毫無障隔、無所不感、無所不通，故曰「心無不該，不

〔註19〕《易‧繫辭傳》：「易無思也，無爲也，寂然不動，感而遂通天下之故，非天下之至神，其孰能與于此。」

可以位言也」。是義可與「當處太極」、「本無定位」、「中該萬物」互相參合，僅主客觀立說的角度不同而已，皆顯心體的形上意義、及通貫天道性命的特性。就道德實理的具體顯現而言，心能對應各種殊特的情形顯當理之應，而道德實理則隨感貫注於萬物萬事中，成就其道德價值，使之成為實物實事，所以龜山說：「惟能正己，物自然正」（卷十三，頁 669）。寂與感是就心體之體用說，而寂感非二，動靜一體〔註20〕，唯道德實理之所貫，故曰：「心無中外」（卷七，頁 367）。龜山以寂感指心，此心是心之本然，也就是心正、體中之心。他縮合心體與中體，則體中之「體」，便不是將中體視為外在對象，以觀察把握，而是心之正、心之當體的朗現。其實本心無所謂正與不正，謂其為正，是為了與不正之心對舉，以顯心之本義。與中和聯繫起來，心之寂感就是未發之中與已發之和。如是，中與和不過是中體的兩面觀，二者為體用關係。「中」是不偏的道德至理，「和」是對境應之以當理，使物我在道德實理的潤澤中，形成和諧的關係。故「和」即對境之「中」，而「中」實兼涵中和之義〔註21〕。

心之寂感義既明，不正之心與本心的差別，益趨顯豁。心與中既不二，因此我們可將龜山對於二者相異處的描述，視為其對中與非中的說明。龜山以鏡喻心，並以鏡之照物比擬心之感通。此中，他提出「有心」與「忘心」兩個概念，正足以作為正與不正、中與不中的區分。則「有心」不是對心體的肯定，而是指心之造作。造作之心與道德本心不同，是不正之心。龜山指出，「有心」如「執鏡隨物以度其形」，是謂心體並非刻意表現作用，而是自然感通普遍於萬物。如果著意於物，遷己從物以相感，反而是對自我（私我）的追逐而計較於某對象，遂成一己之私。私心既成，就會產生執著，從而放失本心、偏曲留滯於特定情感中。在這種情形下，既無法與物真實相感，也無法表現本然的情感。故情感偏滯的後果，是形成心體感通的障礙。「有心」是形容心之不得其正，而「忘心」則是指心正之境界。「忘心」之「忘」，其概念可溯源於《莊子》，龜山借之，運用在儒家的義理系統下，在此不是對心體的否定，而是作用上的忘。心體是心之本然，能感物以表現適當的情感，

〔註20〕龜山曰：「『莫見乎隱，莫顯乎微』，則顯隱一理也，非反隱以之顯也。『寂然不動，感而遂通天下之故』，則動靜一體也，非戾靜以之動也。」（卷七，頁 375～376）

〔註21〕朱熹《四書集注》云：「然中庸之中，實兼中和之義。」（北京：中華書局，四部備要本）其說甚為至當。

正如鏡之照物，鑑物形而有相應之照。鏡之照物，物來而形自映，物去而形自去，鑑形僅在照物之時，不會留滯於鏡中。此喻心體雖能應之以當情，但是在作用上，並不會造作地逐物以求相感應情〔註22〕，故曰「居其所，而物自以形來」。「居其所」表示心體之寂然不動，迨遇物自能與之感通，物過而復歸於寂，而不會被物牽動，以致在物過後仍執著於物、滯情不返，故能感通無礙、無所不應〔註23〕。「居所」乃顯心體的不遷物、不造作、不執著特性。「居」是自居其體，「所」非方所位置義，而是謂心體當身。「忘心」的提出，於本體意義上，乃指陳心體的境界與特性；於修養意義上，謂在導正其心後，不必刻意去表現心體之用，否則反而會失卻本心。因此，「忘心」可謂正心後的操存保守工夫。

以心之正邪對應中體來看，中與不中的界限乃在於滯累偏曲與否，也就是心體朗現與潛存的分別。中節的表現，是依物之境況而應以合宜之情，所以對應之情會隨物之萬殊相而改易。於理適宜應之以懼，即顯忿懥；於理適宜應之以懼，即顯畏懼；於理適宜應之以憂，即顯憂患；於理適宜應之以樂，即顯好樂。情雖不同，然皆不背道德之理，而為道德實理之所貫。及物之過，情亦隨化，中體復歸於未發之寂，而不會執滯於物與已發的情感，此是心體通貫中體的不造作、不執著義。因此，「中」的判準是建立在是否當理上，至於合於道德理則的特定情感與情感厚薄，則是中體的具體呈顯，與中體內涵不違。

中體與心、性、道相貫義與其特性，備述於上。蓋龜山雖然標舉不同的概念，但是他並不特別凸顯心、性……等名的分際，而是直就這些概念的內部貫通性圓融地論說。這種圓頓的表述方法乃上承明道，並影響羅豫章與李延平。羅、李二人，身為楊時高弟與再傳弟子，於師說多所承繼。然而，二人興趣乃在於修養工夫內容的細部開展，於宇宙論、心性論等命題，甚少言及。察《羅豫章先生文集》所載，幾無相關言談〔註24〕。延平雖無論著，然

〔註22〕龜山曰：「學至於聖人，則一物不留於胸次，乃其常也。」（卷十一，頁550）
〔註23〕龜山此說，乃上承明道「廓然大公，物來順應」「聖人之常，以其情順萬物而無情」（〈明道學案〉，《宋元學案》，頁319）義理。
〔註24〕據《羅豫章先生文集》，豫章先生並非全無提及「心」、「性」二詞，如：「若至心正，則天下正矣。」（《尊堯錄》，卷一，頁11）「若衎存心至公，而樂與人為善，不以必出於己為勝，其禹舜之徒！」（《尊堯錄》，卷六，頁67）「所謂定志，正心誠意，擇善而固執之者也。」（《遵堯錄》，卷七，頁87）「靜處觀心塵不染」（〈觀書有感〉，卷十，頁111）「性地栽培恐易蕪，是非理欲謹於

考其書信語錄，尚有部份語句涉及於此。以下僅就延平所遺相關陳述，進行析論。延平云：

> 太極動而生陽，至理之源，只是動靜闔闢，至於終萬物，始萬物，亦只是此理之一貫也。到得二氣交感化生萬物時，又就人物上推，亦只是此理。《中庸》以喜怒哀樂未發已發言之，又就人身上推尋，至於見得大本達道處，又衷同只是此理。……。在天地只是理也，今欲作兩節看，切恐差了……人與天理一也。（《李延平集》，卷二，頁24～25）

> 理與心為一。（《李延平集》，卷二，頁17）

> 仁，人心也。不是將心訓仁字。（《李延平集》，卷三，頁43）

> 惟聖人盡性，故能全盡此理。（《李延平集》，卷三，頁43）

延平承龜山說法，視太極為「至理之源」。太極之「動」，是就本體論的妙用而言〔註25〕。太極妙運陰陽二氣以化生萬物，同時也在創生活動中，呈現道德律則，故一切事相與存在皆為天理之所貫。而二氣交感生化萬物，即一理之流行，萬物之生生與變化，即太極之理相繼相續的呈顯〔註26〕。此理在《中

初。」（卷十，〈自警〉，頁111）「知行徯徑固非艱，每在操存養性間。」（卷十，〈示書生〉，頁111）「聖道由來自坦夷，休述佛學誤他歧；死灰槁木渾無用，緣置心官不肯思。」（卷十，〈勉李愿中五首〉其一，頁112）「人心但得空如水」（卷十，〈勉李愿中五首〉其四，頁112）綜觀羅豫章語涉心、性處，或著眼於修養工夫，以強調在性地用工夫的不間斷義；或單就正心、公心，闡釋正天下定志之要、與人為善之說。其對於心、性的內容既無清楚的展示，至於心性之間的關係，亦無相關的說明。又，豫章對於天道所論更少，蓋其興趣不在於此，如：「得天理之正，極人倫之至者，堯舜之道也。」（《遵堯錄》，卷七，頁86）僅能看出堯舜之道不異於天理，而於天理、天道的義涵，並無正面的指述。因此，羅豫章雖為道南學脈的代表人物之一，然在欠缺資料的情形下，於此僅能以龜山與延平二人的思想，涵蓋道南一系。

〔註25〕「太極動而生陽」一句，承自於周濂溪。〈太極圖說〉云：「無極而太極，太極動而生陽。」牟宗三先生依《通書》思理釋曰：「此種動而生陽或靜而生陰，其實義毋寧是本體論的妙用義，而不是直線的宇宙論的演生義。即或有宇宙論的演生義，亦應統攝于本體論的妙用中而體會之，如此方能相應儒家形上之智慧（「維天之命於穆不已」之智慧）而不迷失。其動而生陽實只是在其具體妙用中隨跡上之該動而顯動相，靜亦如之。非真是能由其自身直線地能動而生出陽或靜而生出陰也。」（見《心體與性體》第一冊，臺北：正中書局，民國88年8月臺初版第11次印行）

〔註26〕延平云：「蓋天地中所生物，本源則一。雖禽獸草木生理，亦無頃刻停息間斷者。」（《李延平集》，卷二，頁27）

庸》，是藉由「喜怒哀樂未發已發」表示。也就是說：「中和」是「天理」一詞的另一種表述方法，而天理乃出於太極，因此，中和可謂是太極、天理的別名。延平此說，不出龜山太極之論。不過，他有進於龜山，將太極與人直接繫連起來，以見天人共一理、相合無間之義。

　　《中庸》以「中和」表示天理，而天理體現於人則曰「性」。從本源說，是通於太極之性，爲太極天理的主觀面；從個體說，是成聖體道與道德實踐之所以可能的內在根據。緣此性理，吾人能從事道德修養，而修養之理想境界，便是性理的全體朗現。意即天與性的內容是一致的，天的全幅內容可透過人性的體現而把握，故「盡性」即「盡理」。性理本一事，「性」指道德主體，是實體詞，「理」是性的內容與作用，爲道德自命自律的直接顯示。依此詮解「見得大本達道處」，斯句似分能見與所見爲二，實則能見之「能」，乃性當體之自返，自返是性自身所起道德創造不已的作用，故返無返相，唯性自體之朗現而已；所見之「大本達道」，即性理、太極、中體。因此，能見與所見皆指向性理，前者是吾人服從性理所發的道德命令，而有之修養動力，後者是能起道德命令的內在本源。具體地說，「見得大本達道處」即性理之自命自現，故能所之別只是在進行修養時的暫分之相。就本體以觀，能所不二，俱是性理的呈顯，故延平謂「袞同只是此理」。

　　至於心與性的關係，延平亦透過「理」的概念加以串連。如前所述，延平肯定性即理（此「即」並非關連的即，而是概念斷定的陳述語），而他又說「理與心爲一」，所以「心」是形上義的心，心性本質相同。是則心等於性體，故亦曰「心體」。由此可知，心、性、理爲同一本體的異名，而本體的道德性，延平則以「仁」表示〔註27〕。延平云：「仁之一字，正如四德之元。」（《李延

〔註27〕延平此意，乃承自龜山。語錄「京師所聞」載云：「李似祖、曹令德問：『如何知仁？』曰：『孟子以惻隱之心爲仁之端，平居但以此體究，久久自見。』因問似祖、令德尋常如何說隱？似祖云：『如有隱憂、勤恤民隱，皆疾痛之謂也。』曰：『孺子將入於井，而人見之者必有惻隱之心。疾痛非在己也，而爲之疾痛，何也？』似祖曰：『出於自然，不可已也。』曰：『安得自然如此？若體究此理，知其所從來，則仁之道不遠矣。』二人退，余從容問曰：『萬物與我爲一，其仁之體乎？』曰：『然。』」（卷十一，頁537～538）龜山論仁，是循其師明道「仁者，渾然與物同體」（〈識仁篇〉）的義理而來。在這段對話中，龜山指示曹、李二人，要從兩條途徑識仁：一者，從仁心萌發處，肯認仁體之眞實；二者，從道德情感與活動中，逆覺道德命令的本源。其實，這兩種道德實踐的方向一致，皆是逆覺內在仁體的路數。所謂「仁之體」，即仁心自體，在龜山是以「萬物與我爲一」規定之，此是承其師明道〈識仁篇〉「仁

平集》，卷二，頁 28）「仁只是理」（《李延平集》，卷二，頁 24）「某嘗以謂仁字極難講說，只看天理統體便是。」（《李延平集》，卷二，頁 26～27）「四德」即元、亨、利、貞，〔註28〕表示的是始終萬物的過程。「元」是創造性原則，爲義理之性的肇發處〔註29〕。延平以「元」喻仁，強調的是仁之道德生生義。就天而言，仁是天理具體的說，言其爲道德創生不息的德性之源、道德實體，故亦可曰仁體。體現於人，仁是心的全幅內容。「心」是從人的內在性立說，「仁」是全德，指人心之至善與無窮不已的道德創造性。仁、心是一，不可分爲兩個概念，所以說「仁，人心也。不是將心訓仁字」。此是化除仁、心分立之名相，強調仁、心無隔無二。若再進一步圓融言之，天人亦無主客之別，種種異名俱泯，天地間渾然只是天理之流行，故曰「天理無所不備具，若合而言之，人與仁之名亡，則渾是道理也。」（《李延平集》，卷二，頁 27）故心、性、理、仁、中，自體上言是一，唯其名相異耳。

心、性、理、仁、中之貫通義，乃直承龜山。至於龜山以「體中」論「正心」的思想，延平繼之，但不出於龜山之說。如延平曾稱豫章之教：「先生令靜中看喜怒哀樂未發之謂中，未發時作何氣象。此意不惟於進學有力，兼亦是養心之要。」（《李延平集》，卷二，頁 18）將觀中視爲養心之要，是承自龜山中體、心體不二的思想。不同的是，龜山是從心之不正的反面處，論觀中爲正心之道，延平則不分心之正邪，直下從正面處，將觀中與養心合爲一脈

者渾然與物同體」之義。「一」是一體，指仁體。物我一體，是就仁心之感通覺潤無外無隔而言。延平亦有相同的說法：「仁只是理，初無彼己之辨。」（《李延平集》卷二，頁 24）是皆強調，仁體呈現時，無私己之重、物我之別，而能感通無礙。延平與龜山雖肯定仁、心不二，然則，龜山論「仁」，較側重於與物同體義，如：「仁之於人，無彼己之異。」（卷五，頁 286）「仁者與物無對。」（卷十一，頁 572）「一視而同仁，則天下歸仁矣。」（卷十四）延平論「仁」，則較龜山重視仁與天理的貫通義。這是二人相異之處。

〔註28〕 《易・乾・文言》曰：「元者，善之長也；亨者，嘉之會也；利者，義之和也；貞者，事之幹也。君子體仁足以長人，嘉會足以合禮，利物足以和義，貞固足以幹事。君子行此四德者，故曰：『乾，元、亨、利、貞。』」（同註3，頁 12）。

〔註29〕 牟宗三先生曰：「易傳講『元、亨、利、貞』的過程，就是『乾道變化，各正性命』的過程，這是個眉目，先把這個眉目了解清楚，透顯『動力因』和『目的因』。……肇發義理意義的性、命，是乾元，乾元代表創造性原則。義理意義的性、命就從乾元發。儒家講生生不息，講創生、講創造，『天行健，君子以自強不息。』這個意義的理，肇發就在『元亨』這兩個字表示。」（見《四因說演講錄》，臺北：鵝湖出版社，民國 86 年 3 月初版，頁 37～38）。

修養路數。至於心體之寂感義，延平僅以「心體通有無，貫幽明，無不包括」
（《李延平集》，卷二，頁 27）數句總括。以「無」、「幽」言心體之體，以「有」、
「明」言心體之用。而心之無私、無執義，延平以「無毫髮固滯」〔註30〕表
示，而達致無私無執之境的方法，則為「澄心」〔註31〕。「澄心」是平息情感
激盪奔馳的工夫，其目的並非去除情感，而是暫時回復到喜怒哀樂未發的心
理狀態，以便於觀識中體。相較於龜山，延平對於心體的意義並未多作發揮，
但心、中一體的義理架構，是一致的。

綜觀楊、李二人理路，在思想上，二人皆以「理」為核心，論證天人不
二之相貫義；在論述上，延平延續龜山圓融的表述方法，少有分解的說明。
延平重視心、性、理、仁、中在內容上的貫通，而貫通的關鍵在於「理」。以
「理」統攝天人，於龜山已顯。其論「理」，上指太極之生生與道德理則內容，
下貫於個體，體現為心、性，故「理」可謂天道性命相貫的樞紐。這並不是
說，天人之間有所割截，必須透過「理」以相聯繫。實則，天人契合無間，
之中並無任何轉折。謂「理」位居樞要，乃因龜山之宇宙論與心性論，無不
從「理」的觀點出發，而凸顯理能充塞天地、貫徹上下的賅遍特性。

楊時雖有「天下一理」之論，然而，其言天人無間，是先以理釋天命，
再就性命道一體的觀點，肯定理之相貫。這種思維方式雖可見「理」之核心
地位，但是未免有些曲折。又，以「理」與「中」的關係而言，龜山亦不直
就二者相釋，而是在性命道貫通的義理規模下，分別從「太極與中」、「中與
心」兩方面論述。前者言中體的客觀面，後者言中體的主觀面，再由「心性
道一體」以證成主客觀的合一。循此理路說明「中」既為天理實體又復為人
內在之性，雖見中體通徹天人之義，但是論說方式亦過於間接。及至延平，
他承龜山體系，以「理」為中心概念，縮合一切論說。他以「理」釋太極、
心、性、仁、中，並直陳「人與天理一」。諸名之所以立，不過是從各自分際
上言之，在內涵意義上，全會歸於「天理」之實。因此，相較於龜山，延平
於天理總攝一切，有更正面直截的展示，使天理無所不備的普遍義更為顯明。
故道南學脈可謂以「理」為基礎，用之來論證宇宙本體和心性的關係，建立

〔註30〕延平云：「某嘗以謂遇事若能無毫髮固滯，便是洒落，即此心廓然大公，無彼
己之偏倚。」（《李延平集》，卷二，頁 19）

〔註31〕延平云：「學問之道，不在多言，但默坐澄心，體認天理。」（〈與劉平甫書〉，
《李延平集》，卷一，頁 4）

天道性命相貫通的思想架構。至於中體的義蘊，就本體上說，與心、性、仁、理、道是一；就內容上說，是不偏不倚的道德至理；就中與非中的判準言，是由當理與否而別；就體用義言，謂之中和；就特性而言，具有不執著、不造作、不偏倚的特點。此義相共於楊李二人，是道南學脈對中體的共同論點。

二、未發之中

《中庸》：「喜怒哀樂之未發謂之中，發而皆中節謂之和。」龜山根據《中庸》的說法，發展「中」的概念，提出「體驗未發」的工夫路數。豫章、延平繼之，觀未發氣象遂成道南一系的修養指訣。

道南學脈在說明觀中的方法時，往往將「中」與「未發」聯繫，強調當於未發之際體驗中體。如龜山云：「喜怒哀樂未發謂之中，但於喜怒哀樂未發之時，以心驗之，時中之義自見。」（卷二十，頁856）「學者當於喜怒哀樂未發之際以心體之，則中之義自見。」（卷二十一，頁898）延平稱豫章：「先生令靜中看喜怒哀樂未發之謂中，未發時作何氣象。」（《李延平集》，卷二，頁18）延平云：「講誦之餘，危坐終日以驗夫喜怒哀樂未發之前氣象爲如何，而求所謂中者。」（〈李先生行狀〉，《李延平集》，卷四，頁57）此皆足見「中」與「未發」關係緊密，因此，釐清二者之間的分際與關連處，有助於顯發「中」之意指。對二者的辨明，可從三方面析解：其一，「未發」與「已發」的確義？其二，「未發」與「已發」的關係？其三，「未發」與「中」的關連處？以下依序論述之。

龜山師徒，對於「未發」、「已發」有兩種不同的表述。第一種表述方式，將「喜怒哀樂」與「未發」並說，則「發」是由「喜怒哀樂」規定。如是，「發」爲激起義，而「未發」是指情感尚未激起的平靜心理狀態，「已發」指情感的興作呈現。因此，「未發」與「已發」的區別標準，在於情感之激起呈露與否。若據此直線式地解釋「喜怒哀樂未發之謂中」〔註32〕，「中」乃情感未發義。

〔註32〕戴東原曾就「謂之」與「之謂」的語法結構，作如下說明：「古人言辭，『之謂』『謂之』有異，凡曰『之謂』，以上所稱解下……凡曰『謂之』，以下所稱之名辨上之實。」（《孟子字義疏證》卷中，〈天道篇〉，中華書局，1990年12月北京第3次印刷）如據其說，「喜怒哀樂未發之謂中」便等同於「中也者，喜怒哀樂未發是也」，其義遂與《中庸》相悖。古人的語法雖有時代普遍性，但是在運用上是否皆嚴守文法，實值得商榷。因此，吾人在求索文句蘊義時，除了將語法納入考慮，仍須以其義理方向爲主要判讀準據。關於此義，牟宗

第二種表述方式，是將「未發」、「已發」繫屬於本體。如「赤子之心，發而未離大本也。」（卷八，頁 412）延平云：「須是兼本體已發未發時看，合內外為可。」（《李延平集》，卷二，頁 30）「赤子之心」是取義語，乃借赤子真實無偽的情感，指陳本體之用。這是從本體發用與否解釋「未發」與「已發」。則「發」是發用義，「未發」是就體說，「已發」是就用說，而「中」指中體。在前一種意義上，「未發」、「已發」是情感遷流的關係，「未發」對於「已發」未必具有決定作用，這是從實然的觀點視之。在後一種意義上，「未發」與「已發」皆就本體而言，二者是內外體用的關係，「未發」對於「已發」具有決定作用。

這兩種意義，在意指上明顯不容。究竟何者為「未發之中」確義？我們可透過楊、李之說，進一步考定之。龜山云：

> 學者當於喜怒哀樂未發之際以心體之，則中之義自見，執而勿失，無人欲之私焉，發必中節矣。發而中節，中固未嘗亡也。孔子之慟，孟子之喜，因其可慟、可喜而已，於孔、孟何有哉？其慟也，其喜也，中固自若也。（卷二十一，頁 898）

延平云：

> 講誦之餘，危坐終日以驗夫喜怒哀樂未發之前氣象為如何，而求所謂中者。若是者蓋久之，而知天下之大本在乎是也。（〈李先生行狀〉，《李延平集》，卷四，頁 57）

這兩段引文，有三個重點：第一，龜山以「無人欲之私」指謂「中」；第二，「中」為天下大本，執中能致「發必中節」；第三，「中」與喜、慟等情可同在並存。若順直線式的思考，認「中」為情感未被激起的平靜心境，將會無法解釋以上三義。因為實然的心境雖然平和，但是此平和只是情感的暫時止息，並不具有道德意義，同時不函有對所發中節的保證，亦無法與情感並存。因此，「中」指的是無私無偏的道德主體，是價值之所從出，故為天下大本。透過對中體的保守操存工夫（執而勿失），能使喜怒哀樂本之而發，此時所發情感，皆道德理則的具體顯現，故曰「發而中節，中固未嘗亡也」。

三先生論之甚詳：「古人說『之謂』某某、或『謂之』某某之語句常不必是嚴格的定義之語句，而常是使吾人接近或把握某概念之線索或關捩點，又常是略辭，而不必盡陳于一語句中。吾人須看其意指之方向何在？以意指之方向定其意指之實。」（《心體與性體》第二冊，同註25，頁 368）。

　　「中」指中體，唯有體驗中體、執之不失，始能應物發用爲中節之和。因此，當「未發」、「已發」指中體之體用時，是以理想境界規定「已發」與「未發」的意義。易言之，道南一系論發與已發，主要是就中體本身立說，此義於龜山時已隱含，故以體中爲「發必中節」的前提，可見龜山將「發」規定爲中體的具體顯現，而非情感的激起。到了延平，直言「須是兼本體已發未發時看，合內外爲可」，明確將「已發」與「未發」繫屬於本體，並以內外區之。此非將中體隔截爲二，實則中體不可斷分，至於別爲發與未發，乃就寂然感通立說，則二者之別，乃中體及於現實具體呈顯與否。此中，吾人可進一步思索：既然「未發」意味道德理境，那麼道南一系爲何又要從喜怒哀樂說明未發，並屢屢強調體驗於未發「之前」、「之際」、「之時」？如果「未發」純粹表示中體之體，僅須直言「體驗未發」，而不必以「驗夫喜怒哀樂未發之前氣象」表述之。實則「未發」應有二義，而第二義即第一種表述法所說的「激起」，代表的是實然意義的未發。也就是說，要在喜怒哀樂尚未被激起時，運用觀識的工夫，超越體證自現自存的未發中體。「未發」二義既已辨明，「靜中喜怒哀樂未發之謂中」之義涵遂顯。「未發」是經驗層的實然心境，「中」是超越層的中體。以異層的未發謂中，不是視未發爲中的謂詞，而是以指點的方式表稱中體，故可謂爲指點語句。因此，吾人理解「靜中看喜怒哀樂未發之謂中」一句時，不能以直線思考的方式，將「中」定義爲情感未激發的中性心境。必須循義理方向，定義理之實。則靜中體認，乃先歸返經驗層的實然「未發」心境，進而異質肯認超越層的「未發」道德理境。而所體證「未發」是中體之體，是道德情感未發動的本然狀態，此時情感乃潛存於中體；「已發」是中體之用，是通貫至理之道德情感已發動的狀態，爲中理具體呈顯的現實活動。故「於喜怒哀樂未發之際以心體之」之「未發」，是就修養過程而言，而所看之「未發之中」，則是就修養境界而說。則境界意義的「未發」與「已發」，乃本質與現象的關係，而中體之體用義由之遂顯。

三、時中與權中

　　道南學脈除了從主客觀面與體用處闡釋「中體」，並強調「時中」、「權中」的概念。「權」與「時」的提出，處理的是中體如何應物發用，使所發不偏的問題。龜山云：

　　　夫所謂中者，豈執一之謂哉？亦貴乎時中也。時中者，當其可之謂

也。……後世昧執中之權，而不知時措之宜，故循名失實。（〈書義序〉，卷二十五，頁 1025）

《記》曰：「當其可謂之時。」孔子聖之時，一當其可之謂也。故曰「可以仕則仕，可以止則止，可以速則速，可以久則久。」是皆天下中道，非有甚高難行之事也。……然則所願學者，亦求所謂當其可已矣。（卷二十，頁 859～860）

「時中」一詞，首見於《中庸》。《中庸》云：「君子之中庸也，君子而時中」指君子無時不實現中庸之道。龜山承其意，認為執中所貴在時，而非執一不變。「執中」者，體證中體而守之不失也。「執」乃保守不斷，而非把中視為對象以掌持之。「執一」之「執」，與「執中」之「執」意義不同，是執持不放的意思。「執一」乃謂固執一端，指的是執定一種固定的方法與態度以應物。執中既非執一，意味中體之應物發用，並不特定表現為某種行為與情感。至於決定表現方式的關鍵，則在於「時」。龜山引用《禮記》，以「當其可」說明「時」。《禮記》云：「禁於未發之謂豫，當其可之謂時，不陵節而施之謂孫，相觀而善之謂摩。此四者，教之所由興也。」朱子曰：「當其可，謂適當其可告之時。」《禮記》之「時」義，是從八歲入小學、十五歲入大學的教育次第而言。但是龜山是將「中」繫屬於道德行為上說，印之於孔子可以仕、止、速、久的例證，「可」應解為「宜」，而不能釋為「可告之時」。如是，「當其可」即適當其宜，而「時中」則謂因應物之殊異（時地、環境、人事情況的不同），從而表現為適當適宜的言行與情感。在萬殊的道德行為裏，普遍的道德理則（中）亦涵於其中，藉之而有具體的呈顯。故「中」貫乎「時」，「時」蘊涵「中」，「時」即「中」也。換言之，道德理則是普遍絕對的常道，但是在施行上隨物相之變而呈現出各式行為。於行雖有殊別，所體現的道德理則是一致無二的。所以，稱「中」為不偏不倚，非謂不偏倚於兩端而折中，其實義是恆無偏向私欲私意，而能因時制宜，貫串道德理則於行為表現中。因此，孔子不會固守一行，強守仕、止、速、久之道。而決定仕、止、速、久之「可以」二字，即對應於當時情況而發的道德命令，故時措之宜、適當其宜始為中道的真實體現。

　　「時中」強調的是中體能應物而發用得宜，至於中體如何應物度事，而發用為正確的道德判斷，龜山則從「智」與「權」說明之。

　　在中體如何應物方面，龜山以「權」表示：

夫執中不可無權，執中無權，猶執一也。聖人所謂權者，猶權衡之權，量輕重而取中也。用之無銖兩之差，則物得其平矣。今物有首重而末輕者，執其中而不知權，則物失其平，非所以用中也。（卷二十，頁882）

唯輕重之知，而得其中矣。故權以中行，中因權立。《中庸》之書不言權，其曰「君子而時中」，蓋所謂權也。（卷十，頁470～471）

《書》云：「惟精惟一，允執厥中。」執中之道，精一是也。……但於喜怒哀樂未發之時，以心驗之，時中之義自見，非精一烏能執之？……權其分之輕重，無銖分之差，則精矣。（卷二十，頁856）

知中則知權。不知權，是不知中也。（卷十，頁4690）

「權」原意「錘」，俗云「秤」。錘的用途是秤物，隨物之輕重，左右移動錘的方位，由其平處衡斷出物的重量。龜山取其意，以「權衡」規定「權」的意義，指能權衡所遇之物的事勢、情況，而有合理適切的言行。此中，蘊涵三個問題：一者，是「權」的根源；二者，是「權」與「中」的關係；三者，如何能具備權衡之能。

關於「權」的根源問題，龜山指出：「世人以用智為知權，誤矣。」（卷二十，頁882）「若智以為權，則皆智之鑿，孟子之所惡也。」（卷二十，頁883）此所謂「智」，是指私智。私智是個體獨具的聰明才能，因個體殊異而有程度高低的差別。「用智為權」是憑藉個人對境況的認知，加以思考而得到的判斷。這種經由認知得到的權衡，所表現出來之行止，包含了對自我的顧慮與維護，所以是有條件的行動。且因人人私心不同，所為亦不相同〔註33〕。與之相對的道德之智，與中體連帶遍在於人，是人人原有本具、圓滿無缺的，而由智用生發的道德行為亦與私智之行不同，是絕對、無條件的，故曰「聖則具仁智矣。但此發明『中』處，乃智之事。」（卷十三，頁673）。二者既殊異有別，龜山又否定權由私智而發，所以權能與智用乃屬於同一層次，故「權衡」之能乃繫屬於中體，意即「權」的根源是「中體」。這就表示，中體具有權物之能，即衡量所遇人事與所處地位的道德判斷能力。易言之，當物現前時，中體隨之應以此能，從而發用與物相當的道德命令。所以，

〔註33〕龜山曰：「若用智謀，則人人出於私意，私意萬人萬樣，安得同？」（卷十三，頁649）其〈枕上〉詩亦云：「小智好自私」（卷三十八，頁1443）

中體之所以能隨物變而顯當理之行，全因其本質所具的權衡之能，故曰「中因權立」。

中體是權能的根源，而「權以中行」又作何解？「中因權立」之「權」，為權能之權，「權以中行」之「權」，指的則是權物後所發之行，即權行，亦即「時中」之「時」。就人際而言，吾人是處在社會的關係結構中，隨著關係地位的不同，對親屬、朋友、乃至萬物所應負的責任與義務亦隨之有別。就時空而言，隨著時間、地域的遷移改易，對應表現亦因之不同。權行的實施，即中體權衡關係與時地等差別因素的適當發用體現。然而，權行的殊異並不意味道德內涵的損益。相反地，行雖因權而有萬殊，但在萬殊中又蘊涵一致的至理實德，故曰「權以中行」。只要能體證中體全蘊，順權能而為，即使是不同的人處於相同的情境，所生發的情感與行為，必定是相同的。這是因為中體之發用，皆直貫道德內容，而德行之萬殊，是道德中理相應於物勢的必然表現〔註34〕。易言之，絕對的道德理則因個體事物不同，表現為萬殊的分理，雖然具體的分理有所差異，然皆為普遍的道德理則所通貫，故謂「理一」。然須辨明：理無所謂萬殊，所謂萬殊是順應物之萬殊而有，至若面對特定物，當理亦僅是一，無有分殊。故曰：「禹、稷、顏回，易地則皆然」〔註35〕。因此，同樣是鬥，於鄉人則知閉戶，於室中則知救；同樣是人，見父母則知孝，見兄弟則知悌，皆是經權衡關係時地後所發之權行。由此，「權」與「中」的關係便獲得釐清。

權既是中體的本質之能，那麼只要體證中體，就可具有權能，所以具備權的方法即觀中，故龜山云：「但於喜怒哀樂未發之時，以心驗之，時中之義自見。」於未發之際所體驗的中體，是全體的朗現，而智用權能等本質功能，皆在體證中全幅完具，所以他說「聖人之於智，見無全牛，萬理洞開」。「見無全牛」乃謂吾人不必一一去理解萬殊之理，因為萬理全具於中體，所以透過對中體的體證，自能把握萬理。因此，以觀中為得權之道，非謂吾人本不具備智用權能，須要通過認知學習方法去擁有它。實則中體連帶其本質之能，原本就圓具於吾人，僅因私欲的障蔽，使之潛存不顯。故須經觀識的道德修

〔註34〕　羅豫章云：「君子之所為，皆理之所必然。」（《羅豫章先生文集》，卷二）楊龜山云：「蓋天下只是一理，故其所為必同。」（卷十三，頁 649）

〔註35〕　龜山云：「執中而無權，猶執一也。鄉人有鬥而不知閉戶，室中有鬥而不知救，是亦猶執一耳。故孟子以為賊道。禹、稷、顏回，易地則皆然，以其有權也。權猶權衡之權，量輕重而取中也。」（卷八，頁 417～418）

養工夫，於未發時超越的逆覺中體，使中體俱其能完全顯現。所以龜山指出「知中則知權」，「知」是實踐的證知，由於權能乃由中體所發，因此證知中體即證知權能，不會有所遺漏。若不知權而謂知中，則非眞實的體證，故曰「不知權，是不知中也」。

體證中體並非短暫的證知，而保守的工夫則是「執中」。龜山引用《尚書·虞書·大禹謨》文句，從「惟精惟一，允執厥中」說明執中之道。這兩句話在《尚書》中，原意並不十分顯明。龜山從道德修養的角度去理解，認爲其指出守中不失的方法，使得此二句具有了明確的工夫意義。「允執厥中」的「中」，就是中體，而執中的具體工夫是精一。龜山以「權其分之輕重，無銖分之差」規定「精一」之「精」，是謂權能精詳準確地衡量物況，而不會有毫末少差。「一」是一本於中體，「精一」合稱，指權能乃繫屬於中。離開「惟一」的「惟精」就是私智的盛發，亦即「執一」。「執一」之「執」，等同於「執中無權」之「執」，此時的「執中」，僅是定執於固定的態度與舉止，以對不同之境。如是，其行與其境並不相應，而不能與物境有眞實的感通，故並非中體的眞實朗現。唯有由中體之權物而生發的權行，始是中體相續不斷的呈現，而爲眞正的「執中」。因此，「執中」與「精一」皆指向觀中的核心工夫，唯有體證中體，才能因應萬物而有權變之行，唯有中體的保守不失，不偏權行始能純亦不已，彰顯中體的具體現實性。

至於「智」與「中」的關係，龜山云：

> 聖則具仁智矣。但此發明「中」處，乃智之事。（卷十三，頁 673）

龜山指出，「智」與「仁」俱是道德理想人格的體現，而能使生發的道德行爲與情感皆合中道，是「智」的作用。就其所論，僅能看出「智」是指中體的發用，至於爲何以「智」言用及「智」與「仁」的區別？龜山並未作正面的闡釋。因此，吾人必須參合相關敘述，以考定「智」的意指。龜山云：

> 孔子之慟，孟子之喜，因其可慟、可喜而已，於孔、孟何有哉？其慟也，其喜也，中固自若也。鑒之照物，因物而異形，而鑒之明，未嘗異也。（卷二十一，頁 898）

> 孟子曰：「所惡於智者，爲其鑿也。」如智若禹之行水，則無惡於智也。蓋禹之行水，循固然之理，行其所無事而已。（卷二十，頁 882～883）

中體之所以能洞照萬物異形，發用爲適當的道德情感，關鍵在於明鑒的特質。

鑑照之說，是以鏡喻中體。鏡喻在龜山多用於指心，此則直喻中體，而心體與中體是一之義，已詳述於上，於此不復贅言。「鑑物」之「鑑」，是鏡的顯映之能，能照物而顯映其形，其之所以能照異形、不被形遷，在於「明」的特質。因此，「鑑」之於鏡，有二作用：一是聯繫鏡與物，物來映物形於鏡中；二是顯現「明」的特質，物來之時，鏡明自現其能，清楚明白地反映物形。或同映萬物，或迨物過之，再映他物，其「明」不異。「不異」與「物異」對舉，指陳鑑明雖能映物，但是「明」乃繫屬於「鏡」，不歸隸於物，故映形萬殊，其明同也。又，龜山以「循固然之理」說明智，故除了鑑物，智尚具有能循理的作用。以此來看「智」的意義，「智」作為連結中體與物的功能，有三特點：一是能鑑物形，二是循理而發，三是自鑑其明、不遷於物。

智的鑑他活動，可分從能鑑與發顯其鑑來看。就能鑑而言，指中體本質上具有權物度勢的功能。在此意義上，與前文所說的「權能」是一致的。就發映物形而言，指中體乃順物勢，發用為至當之行，此亦與前文之「權行」義等同。相較二者，龜山論「權」，唯不顯發鑑明義，至於循理義，已涵蘊於權行之說，唯不特標舉耳。因此，龜山論「智」與「權」，意義上縱有重疊之處，然「智」所涉及的內容涵蓋較廣，故吾人可將「權」視為「智」的補充。斯義既明，於二者同處，不再贅述，以下茲就鑑明與循理二義析論。

中體的發用，具體的說，是能自發無條件的道德命令，生發道德行為。道德命令發布的依據，在於權物後的結果。中體具有能權物的智用，雖權物，然不滯於物，不會受物牽動，此是中體的無滯無執性。故照映物形之異，是對應於物而有的道德行為。「鑑明不異」則形容權物之能的根源在於中體，不論對應何物，其能皆明朗無所蔽限，而無滯無著。

道德命令之所以能具體成行，在於「循理」的功能。「循」是依循，「循理」意指智的作用表現在依循固然之理上。中體發布道德命令，它即自知自證自己所給出的法則，此自知自證即中體自身的逆覺活動，乃逆覺中體發動命令的必然實現性〔註36〕。而智循即中體能依照所命，發用為中行。能依照所命，也就是能證知命令的發布，意即證知的同時，即循之表現於外。故智循即自知自循的活動。換言之，「固然之理」是經權衡物勢所下的道德判斷之內容，而智循是中體能依循道德命令不容已的具體顯現動力，由此不容已的

〔註36〕延平云：「蓋胸中有所蘊，亦欲發泄而見諸事爾，此為己之學也。」（《李延平集》，卷二，頁10）「欲發泄而見諸事」指出道德命令見諸行事的不容已動力。

動力，引發相續不斷不已的各種德行〔註37〕。這並不是說，中體應物須經「智」的轉折，實則「智」本身就是中體自發之能。特別凸顯「智」的地位，只是分析中體的發用情形，反顯應物之能的根源。

道德命令的發布是中體之能，也是中體的創造活動，而自明自循的智用亦是由中體所發的創造性。智循與道德命令並非兩線的活動，道德命令是由中體應物自發，於發布的同時，中體即自覺所命所令，而自覺的活動就是「智循」。所以智用之知循並無知循相，與所知循的道德命令，亦不可謂爲能所關係。故自知命令也就是自循自率見諸行事的踐履動力，使中體所發的道德命令具體呈現爲萬殊德行，所以智之自循也就是道德創造活動。故云「循」，循之即能知中體所發、自顯所發，故謂「循固然之理」。

智用既明，其與「仁」的分別便昭然顯見。言「仁」乃著重於惻隱、不忍、不安之感，而能生此感之內在本源，則曰「仁體」。由前文述知，仁體與中體本通貫無二，所以「仁」與「智」乃體用關係。此義豫章承之，其論智之知用云：

> 夫立人之道，曰仁與義。仁體也，義用也，行而宜之之謂也。所謂智者，知此二者而已。及其行之也，若禹治水然，行其所無事而已矣。（《羅豫章先生文集》，卷二，頁 25）

豫章指出「智」能知仁體義用，「知」是仁體（中體）自鑑鑑他的作用。謂其知仁體，是就自覺反知由體給出的道德命令之實現力量；謂其知義用，乃言智用即道德創造活動，其自知命令之不容已，即自循不容已而生發合宜合理的道德行爲。由於德行的表現，是直承道德命令而爲，所以能度順事勢，由智自然行之〔註38〕，而不夾雜任何勉強，故曰：「行其所無事而已」。

〔註37〕 牟宗三先生云：「明覺之活動不是逆覺體證本心仁體之自己，乃是逆覺其命令之不容已地要見諸行事。逆覺即是『內部的直覺』，此直覺不是別的，就只是那明覺活動自身之反照，因而也就等於是『自我之活動』，等于明覺這個自我自身之活動，因而它是純智的，而非被動的感性的。明覺活動（承體說者）不容已地要見諸行事，此是順本心仁體之創造性；而明覺活動這個自我自身反照其自己之不容已地發布命令，不容已地見諸行事，總之是反照其自身之不容已，此種反照之直覺既即等于明覺活動這個自我自身之活動，故此直覺亦是創造性的，它直覺此不容已，即實現此不容已中之雜多（諸德行），此不是被動地接受外來之雜多，如感觸直覺處那樣，而是此直覺自身即生發此雜多。」（見《智的直覺與中國哲學》，臺灣：商務印書館，民國89年6月初版第6次印刷，頁198）。

〔註38〕 龜山云：「用智，莫非所以言聖人。若曰『行其所無事』，則由智行，非行智

　　智用的自循即中體自身的明覺，由自照而引發的具體行爲，是由道德命令所令，故貫注至理實德，具有道德價值意義。智用既是中體之創造活動，而創生的道德行爲無不是對應於萬殊之物、由中體所發的恰當行爲與情感，恰似鏡之如實反映物形。於是道德活動呈現之際，同時也成就對應之物的道德價值意義，這是智「照物」的作用。故稱其「若禹之行水」，意指智之創造活動，無不是順應物勢而有的至當行爲。依此詮解「發明中處」一句，「發明」即謂智之權物自循所引發的道德活動，「中」則指不偏倚的中行。因此，智之自循即鑑物，自循是證知道德命令不容已的實現動力，使無形的道德命令實現爲現實具體的道德行爲；鑑物是應物形所鑑發出的不偏無差的德行，而在德行成就時，同時創生物的道德性，使物能眞實的呈現。

　　總言之，時中、權中、智用等概念的提出，無不是說明中體如何承體起用。「時中」乃針對所發能得其宜而說；「權中」之「權」有二義，一是指具於中體的權衡物勢之能，二是指得宜中行；「智」的作用有三：一是能鑑物形，二是循理而發，三是鑑明不異。三者的意義互有契合，「時中」等同於「權行」、「智行」（循理所發之行），「權衡之能」等同於「鑑物智用」。就內容涵蓋廣度而言，依序爲「智」、「權」、「時中」。由三者意義不完全密合來看，可知龜山在標舉其名時，並未自覺地分辨諸異概念，進而運用一個總概念囊括三者，以表徵中體之能與用。然而，仍可見龜山試圖從中體本質的功能，展示中體之未發至已發的過程，而中體應物發用的過程，由此得以顯見。

第二節　觀中工夫的觀法

　　體驗未發的工夫，最早由楊龜山提出，傳至羅豫章，再傳至李延平，成爲道南一系主要的修養方法。延平弟子朱熹嘗云：「李先生教人，大抵令於靜中體認大本未發時氣象分明。即處事應物，自然中節，此乃龜山門下相傳指訣。」〔註 39〕足見觀中工夫之於道南學脈的重要地位。此路工夫的目的，在於觀識未發之中，使未發至發，皆能依於中理。主要手段在於默坐體認，而能順利觀中與持中不失的關鍵要素，則是克己去私。以下就觀識要旨與默坐體認兩方面，論述「觀中」的工夫內涵。

　　　也。」（卷十三，頁 674）
〔註39〕同註 1，頁 73。

一、觀識要旨

「觀中」是對中體正面直截的把握，而默坐方法的運用，是爲了排除阻礙觀識的種種因素，使吾人能在情緒與思慮不紛起激盪的情況下，順利體認中體。因此，去除道德生活的障蔽，即觀識要旨，在道南學脈定爲「克己去私」。

龜山云：「學者當於喜怒哀樂未發之際以心體之，則中之義自見，執而勿失，無人欲之私焉，發必中節矣。」（卷二十一，頁 898）執中則無私欲，表示人欲與道德法則相衝突，是導致不中節之發的主要原因。羅、李二人，與其師秉持相同的觀點。豫章云：「此道悟來隨寓見，一毫物欲敢相關。」（〈示書生〉，《羅豫章先生文集》，卷十，頁 111）延平指出：「大抵學者多爲私欲所分，故用力不精，不見其效。」（《李延平集》，卷二，頁 28）〔註40〕此皆足見私欲的非道德性，與中體直接相違。故私欲的顯發，是中體體現的根本障礙。其礙表現在二方面：其一是使人陷溺於私欲，不思進德；其二是在道德實踐歷程中，原初立定的道德志向受到私欲的牽引，從而動搖擺盪，遂不再專心致力於德性修養，致使所用工夫，不見其效。所以，「觀中」固然是透過未發體中，在慾望發顯前先有一斷制工夫。但是，私欲的熾盛，實可能減弱修養動力與集中度，以致無法平緩情感與念慮，歸於未發。如是，身雖默坐，心卻奔馳於外，既不能完全投入修養狀態，更遑論進至對中體的體認。因此，吾人在觀中之前，必須先行泯除負面影響，於私欲之蔽有一定的對治，於觀中之後，亦應謹防私欲的復起。始能避免人欲之眈，對修養過程與後續持守的干擾。故去私克己乃貫徹於修養前後，爲進德的要旨與必然工夫〔註41〕。

〔註40〕道南學脈對於私欲的障蔽性與非道德性，多所論述。如龜山云：「私意去盡，然後可以應世。」（卷十，頁 472）「所謂德，非姑息之謂也，亦盡其道而不爲私焉耳。」（卷十一，頁 558）「勝心去盡，而惟天理之循，則機巧變詐不作。」（卷十二，頁 611～612）「外邊用計用數，假饒立得功業，只是人欲之私，與聖賢作處，天地懸隔。」（卷十二，頁 589）「世人之舞自私而其明不足以窺天人之蘊，故物我異觀，而肝膽之間楚越矣。又惡足與語天理哉？」（〈歸鴻閣記〉，卷二十四，頁 999）豫章云：「克私從義」（《羅豫章先生文集》，卷二，頁 21）「聖人無欲，君子寡欲，眾人多欲。」（《羅豫章先生文集》，卷九，頁 103）延平云：「仁只是理，初無彼己之辨，當理而無私心，即仁矣。」（《李延平集》，卷二，頁 24）

〔註41〕龜山云：「如顏子『克己復禮』，最學者之要。」（卷十一，頁 553）延平云：「克己工夫判立譚」（〈上舍辭歸羅豫章先生〉，《李延平集》，卷一，頁 6）足見克己工夫在修養論中的殊要地位。

私欲既是成就道德人格的阻隔，此即蘊涵三個問題：第一，何謂私欲？私欲爲何會妨礙觀中？第二，如何克己去私？第三，情感與欲望是否與中體互相排斥？關於這些問題，楊、羅、李師徒皆多闡發，以下依序析論之。

（一）私意的意義

龜山曰：

> 人各有勝心。……若懷其勝心，施之於事，必以一己之是非爲正，其間不能無窒礙處。又固執不移，此機巧變詐之所由生也。（卷十二，頁611～612）

> 若用智謀，則人人出於私意，私意萬人萬樣，安得同？（卷十三，頁649）

「勝心」之「勝」，是偏勝義，「勝心」即偏勝於一己之私意，如爭較、相比之勝人之心。當自我懷有勝心，即偏倚於私我，而眞實自我（本心、中體）遂蔽於私意，潛隱不顯。如是，言行處事，無不以滿足私欲爲要件。從而立基於個人立場判定是非，合於己利爲是，違於己利爲非。爲了趨是防非，便運用私智謀略，設置機括，表現爲虞詐之行，將情勢導引至利己之境地。在這種情況下，遇之於人，既不能對他人存在有眞實的肯定，也不能通達眞實情感於外，故不能有眞實的感通，而人我的道德價值意義遂雙泯俱失；遇之於物，由於對私意的執著，遂形成「窒礙」，此時對物的衡量，全然轉化爲用物利己的權謀，而非出於中體之權衡，物我遂對峙限隔；施之於事，則非順應物勢的當理之行，而是承私意起作的利己行爲，故時地雖同，人人行事萬樣。

龜山所言行準於己、智謀之用、機巧變詐等思維與行事，皆肇始於「勝心」。「勝心」與私欲異名同實，強調個體對於私意的執著。由此執著，「窒礙」、「固執」遂起，雖相遇於物，卻困於一己之執礙，僅能運以認知意義的感知，而不能眞有道德意義的實感，眞實情感因此無法通達於外。龜山對私欲的描述，影響豫章。豫章云：

> 夫嗜好者，人情所不能免也。方其淡然不使形見於外，則其違道不遠也。（《羅豫章先生文集》，卷二，頁20）

> 世俗之人，莫不喜人同乎己，而惡人異於己也。同於己而欲之，異於己而不欲者，以出乎眾爲心也。（《羅豫章先生文集》，卷六，頁67）

「喜人同己」、「惡人異己」的說法，實爲「以一己之是非爲正」的具體形容。當好惡純然以個人感受爲準則，吾人之心即陷蔽於私己。緣執我之心，一切

活動莫不以滿足個人欲望為開展，進而排斥悖逆己私的道德自我活動及他人活動。於是所作所為皆以承順己好為歸趨，而有違仁義禮智之惡。故反溯惡源，無非「出乎眾為心」。「出乎眾為心」，是指其心不公而有所偏執。所偏執者，為個人私意。於己過度偏向，於物則不及，有過與不及，內外便對待隔閡，接物而有麻木不仁、不相感的情況。足見私意影響之深遠，能導引情感與行為至不中節，亦能阻斷本心之遍覆萬物、感通無外。此時之心，非秉受於天的本然之心，而是不公之心、不正之心〔註42〕。謂其「不公」，並非否定慾望與好惡的存在，而是就其非出於天理，以致感通有礙而言。「公」是以天理為標準，而不是取消個人好惡之情，以眾人所欲為衡準。故豫章指出「夫嗜好者，人情所不能免也。」這就表示嗜好本身並非是惡，惡之所以生，實來自於個人對所好的執持而扭曲。由其所執，與各式欲望互相緣引，衍生欲好的無限發展，本心清明遂被遮蔽〔註43〕。所以，嗜好與利欲實無正不正的問題，不正者與蔽本心者，乃「私欲」之「私」，亦其執而已。故謂「去私」，不言去欲。唯其執之去，始能無所偏勝，而所發之行為與情感自然中節合理。

因此，豫章指出：嗜好雖為人情所必然，但是必須「淡然不使形見於外」。「不使形見於外」非謂刻意隱藏好惡，不現於形色，不令他人察覺。其實義為：嗜好的發展不應超出合理的範圍，當好欲過度擴張時，易引起吾人之心過度的投入傾注，而生私執。私執既成，益助長慾望的拓展。如是，行為與情感，無不順私欲而發動，無不以遂欲為目的，勢必成悖理不中節之惡。故「淡然嗜好」、

〔註42〕 豫章云：「以出乎眾為心，則以其不大故也。惟大為能有容，善者共說之，不善者共改之，宜無彼己之異。故舜曰大舜，禹曰大禹者，明乎此而已矣。若衍存心至公，而樂與人為善，不以必出於己為勝。」（《羅豫章先生文集》，卷六，頁67）豫章認為私心與公心的差異，在於小大之別。私心之不大，表現在以己為準的好惡上。此時之好惡，純粹限圍於認己為是的個人感受中，而非由正確的道德判斷引發的情感，故不能容納異己之見。聖人之公心則不然，其心不偏勝於私己，而能悅善改惡，故人我之間不存在對峙的情況。因此，私心之不大與公心之大，分際乃在於是否偏限一己。

〔註43〕 龜山嘗謂：「人之所以不明者，以其有利欲以昏之。如能不為利欲所昏，則未有不明也。明者，性之所有也。」（卷六，頁315）以「明」言性，是說道德主體本身不夾雜任何私欲，故曰：「人性上不可添一物」（卷十二，頁589）至若不明，非性本身之明有所損益，而是昏於利欲的關係。所謂「昏」，不是性的道德意義被利欲動搖，而喪失原初之清明。實則其明未失，只是暫蔽於欲，潛隱不顯。至於豫章，雖未直接指出私欲能遮蔽本心，然從「方其淡然不使形見於外，則其違道不遠也」的說法，可見其認為過度擴張的嗜好極易違道，已蘊涵欲好蔽道之義。

「不形於外」的提出，實已蘊涵工夫論的意義。意指吾人應時時警醒自覺，保持中體對於欲好及其活動的主宰地位，而不能深陷嗜好，一往不返。

延平對於「私欲」的意義，有進一步的規定。其言云：

> 若欲進此學，須是盡放棄平日習氣。（《李延平集》，卷二，頁 26）
>
> 心方實則物乘之，物乘之則動。心方動則氣乘之，氣乘之則惑，惑
> 斯不一矣，則喜怒哀樂皆不中節矣。（《李延平集》，卷三，頁 46）

較之楊、羅二人，他對於心物關係有詳盡的說明〔註44〕。延平認為面對萬物時，心若稍有滯累（實），隨即順客觀外物而遷移，喪失主宰作用。「物乘之」就是表示心對物的繫累更勝於本心的主宰性。心隨物遷，遷即心之動。於動心的同時，生命內部的活動力隨即因應其動、發顯於外，故曰「心方動則氣乘之」。此時所顯露的言行，皆是憑藉於心對物的執著而起，所發盡顯不中節之滯執，即心惑亂於物的具體呈現，故非一於道德至理。所以，延平強調須盡去習氣，始能於成德有所進。「習氣」是指心執著於物的情況下，所積累形成的慣常應物方式。若不思放棄固有的應物模式，則心終將陷蔽於惑物的習氣中，無法超拔提起，自作主宰。因此，成德的第一步，在於意圖改變遷物的習慣性，此是本心自我提起、朗現的開端。由之全力斷除過往習氣，於學始能有所進。對應於觀中工夫，「放棄習氣」即「澄心」的工夫，是進至默坐體認階段的前行工夫。然而，延平並非一味強調進學，他認為進德必須立基於善的基礎上，否則即為私意：

> 蓋聖人之心，必有其善，然後進之。若無所因，是私意也，豈聖人
> 之心哉！（《李延平集》，卷二，頁 12）
>
> 蓋須自見得病痛窒礙處，然後可進。（《李延平集》，卷二，頁 33）

善乃不善之反，不善是指惑亂於物、深陷習氣等悖理狀態，為阻斷中體與中行呈現的主因。其之於成德，猶如病痛之害於人身，故延平以「病痛窒礙」稱之〔註45〕。當吾人自覺不善，不甘受其主宰，而欲改變現狀以追求道德上

〔註44〕龜山云：「空也者，不以一物置其胸中也。」（卷十四，頁 678）龜山已有應物而不滯於物之義，然不似延平對於心滯物的過程有較細密的展示。

〔註45〕龜山嘗指導豫章云：「但更於心害上，一著猛省留意，則可以入道矣。」（《李延平集》，卷四，頁 55）「心害」即延平所謂「病痛窒礙」，指阻礙成德的不善私意。龜山認為入道之要，在於省覺留意道德艱困處，也就是正視問題所在，專務化除。斯意大抵與延平相同，所不同者，唯延平又特別標舉無因進之為私意耳。

的善，此時的省覺，乃源於本心的道德創造活動，故爲「善」。因此，「善」是指對於不善習氣，有深刻的自省，並自覺尋求道德自我的建立方法，循之而進。面對道德窒礙能自省覺察，顯示吾人不安於偏限、自求擴大無隔的道德意識。意識生發的同時，等於肯認所發的本源處，是爲「進」。（由之可開展出如何體認本源以絕不善的工夫，即默坐體認，關於此點，容下再述）若非眞感惑物習氣對於善之實現的窒礙，表面上似從事進德修養，實則可能出於博名的心態，而非本心眞實的自內躍起。換言之，進德必須緣於對一切不善的否定與求化之道德自覺，亦即以源於中體的善，超拔於不合理之惡，而進求復歸道德至理。如是，德性修養方爲可能。反之，若無這一層省察，表示對於受私欲習氣宰制的非道德自我與不合理活動，並無嚴肅正視而欲求化除的態度。此時的進德表現，僅流於形式上的工夫運用，實則仍安於不善，並不認之爲病痛、不視之爲道德問題，故爲私意。以私意進德，即固執偏倚之方，強求不偏倚之中體，這種背道而馳的作法，自不能起成德實效。

　　因善進德固爲修養之要，然而，習氣經長久積累而成，實難斷然化除。而在修養過程中，易挾餘勢顯現，推動吾人形成不中節之過。朱熹即曾遭遇此修養困難，其因平日事親時，不存恭謹之心，從而請學延平。延平覆曰：

> 罪己責躬固不可無，然過此以往，又將奈何？常留在胸中，卻是積下一團私意也。到此境界，須推求其所以愧悔不去，爲何而來？若來諭所謂似是於平日事親事長處，不曾存得恭順謹畏之心，即隨處發見之時，即於此處就本源處推究涵養之，令漸明，即此等固滯私意當漸化矣。（《李延平集》，卷二，頁 34）

雖存心不恭，猶能自省，可以見其對於惡念之罪責。罪責之感是對於不善者的愧悔，乃道德意識奮起、極欲擺脫習氣羈縛的表現。其之所從生，是本心從習氣中超拔復現而生的自我警醒，爲私意與本心交替主宰地位的關鍵，故曰「不可無」。罪責雖不可無，但是愧悔之情本身並非目的。意即：罪責已發惡念與過失的目的，在於正心，但是罪責並不能達此目的，而必須在罪責之後，運用進一層的工夫，方能使心復歸正位。罪己的表現，實即本心的活動。然若僅有愧悔之感，不知所感之本，將導致深陷於懊悔中，不能自己。乃至愧悔過後，旋又受習氣推動，復起不善。故罪責念慮發顯之際，應當下逆覺愧悔之所從來，而就本源處加以涵養。涵養既久，迨中體全體朗現，對習氣私意的固著，自然悉數化除。因此，罪己責躬僅爲對於不善的初步自省。唯

在本源處用功，方為更深入的省覺工夫。龜山亦云：「若夫為不善，非才之罪也。其所以為不善，乃其不善反爾。」（《周易繫辭精義》卷上），他雖未如延平，提出「就罪責發現處推究本源」的說法，但是從他將「不善」的原因，歸委於「不善反」的觀點，實已蘊涵返覺本源的思想。關於「善反」的方法，在龜山僅從靜中體驗未發規定其內容，而延平則進一步開展出善藉愧悔以推究、涵養本源的工夫。由此顯見，延平論及觀中工夫時，雖然強調「默坐」的手段，但是對中體的把握，並非僅止於靜坐一途。他並不反對察識已發、以還向未發之涵養工夫，至於對靜坐的主張，乃著眼排除妨礙觀中的因素，認為不受激盪情感的干擾，方是順利觀中的最佳狀態。

經上述知，罪責之際，尚須運用推究本源的工夫，始能從根本上化除固滯。若不知返溯其源，也就無法正面對治不善之本，則本心、中體僅止於暫時性的朗現。因此，延平強調罪責固然不可或缺，但是其僅是工夫的過程，而非終點，故不可長時停滯於懊悔羞愧的情緒中。若久留此情無法化除，便形成情感的特定偏向，亦即對愧情的固執。如是，中體的朗現復失，反而於原有過失外，又多了一層私意。針對這種情形，延平提出兩層對治之道：推求愧悔不去的原因與來源。愧悔之不去，乃對於過往不善的念慮與作為，有羞愧難當以致無法停止責備自我的定向。愧悔雖出於恥不善的道德動機，但是恆成定向之後，所形成的執著與偏倚，與所恥之不善，性質是一致的。延平教朱熹推求不去之源，就是指點他省察此處，進而化除之。既有省察，便進至第二層工夫，即推求愧悔「為何而來」。愧悔最初乃發自於對惡的覺察，此是其「為」；覺察為本心之自我躍起，是主宰作用的復現，此是其「來」。故推求「所為而來」，一方面能保持警覺，不再自陷於惡；一方面對顯善之源，從而歸於涵養本源的工夫進路。

總言之，道南學脈論私欲、私意，定義為勝心、無因之進德、不去之愧悔；表現為習氣、是非由己的態度；發顯為智謀、機巧變詐、嗜好過度等行為。至於私意之起，龜山師徒則從心之窒礙、固執解釋。不過，「窒礙」緣何生發？心性既無雜私欲，「私欲」又如何歸屬？心體、中體既具無滯性，為何又會在朗現之後，復失其明而遷物？關於這些問題，顯然在道南一系並未解決〔註46〕。然而，可確定的是：道南學脈視私欲為不合理、不中節，與中體

〔註46〕關於這些問題，明・王陽明有縝密之辨析。陽明「四句教」首句「無善無惡心之體」，一方開顯心體至善（超越的、絕對的）、超善惡相之義，一方亦揭

的道德至理內容，明顯相違。故觀中工夫的消極意義，就是要避免私欲之起；積極意義，則是體證中體，使所發不偏不倚、無不中節。因此，在觀中之前須先還於未發，並對私欲有一定的克治之功，所爲的就是止息不當理之欲念與情感，進能順利體中。

（二）克己工夫

人欲之私既與中體不相應，因此在進入在觀識修養前，必須先行排開，由此而開出去私克己的工夫。克己工夫，內容上大致可分爲定志、克己、空心三部分。定志是立定道德志向，藉由志向之引導，避免遷物從欲。龜山云：「君子以德爲輿，……以志爲御，……能不爲玩物喪志，則內外之樂全矣。」（〈樂全亭記〉，卷二十四，頁 989）以車子比喻德性，以志向比喻馭車前行者，顯示志向能決定進德方向與循之前進無息的動力。豫章亦指出：「所謂定志者，正心誠意，擇善而固執之者也。」（《羅豫章先生文集》，卷七，頁 87）定志的作用，是擇取善道、固守不移。「善」即心之正與意之誠。由志對善之擇定，足見「志」是從本源處推翻不善意念與行爲（不正之心與不誠之意）的道德意志，而具有推動吾人進德與相續實現善的作用。此義正與前文所說「放棄習氣」、「因善而進」的義理相通。由道德意志所生發的動力，乃根源於中體而有的道德創造，能使吾人遵循志向，以成進德實事，從而完具「內外之樂」。龜山以「不爲玩物喪志」規定「內外之樂」，所以「樂」是由志向所開展出的道德生活所引起的。中體賅備萬理，能對應情境發用當理中行，其所實現的道德價值，並非立基於物我關係上，乃根源於內在吾人的道德本體，故是自足無待於外的。在成德意志推進下，吾人進行道德修養以體證中體，由中體絕對之自足無缺，而能無所缺憾地自足自樂於德性，故「內樂」乃根

示心體之無滯性。照《傳習錄》錢德洪錄，陽明自釋「人心本體原是明瑩無滯的，原是個未發之中。」《年譜》詳釋之：「有只是你自有，良知本體原來無有，本體只是太虛，太虛之中，日月星辰、風雨露雷、陰霾曀氣，何物不有？而又何一物得爲太虛之障？人心本亦復如是，太虛無形，一過而化，亦何費纖毫氣力！」心體之無滯性一如太虛，本體不具七情意欲，故在作用上情感雖往來出沒，卻不滯不留、一過而化。然而，心之發動爲意念，往往牽連於感性軀體而分化，順之生發私意（心體受氣質欲念之阻隔，於發用時參雜私意），進而產生執著，導致某種情感滯留於內成爲內心的障礙糾結，而有過與不及的悖理表現。則執定情感的意向，非心體本具，而是關聯著感性軀殼所夾雜的私己習氣。故心體實不會爲物所遷，遷於物者，乃由私己引起的執著。陽明的說法，釐清心體之無滯性在情感作用上所呈現出的意義，而清楚展示了心體與私意的關係。

源於中體的顯現。由之發用的道德活動，一切喜好欲望皆合理中節，無有遷物的過度表現，此爲「外樂」。

志向已定，落實在具體的工夫上，則爲「克己」。龜山云：

> 因問：「顏子『克己』，欲正心邪？」曰：「然。」（卷十一，頁 568）

> 夫克己者，揚雄所謂勝己之私是也。反身而誠，則常體而足，無所克也。（卷十六，頁 751～752）

> 直則得其心正矣。……所謂直者，公天下好惡而不爲私焉。（卷十一，頁 557～558）

龜山將克己與正心聯繫並論，則克己爲正心的另一種表示。「克己」是「勝己之私」，「勝」乃克制、制服義，「克己」之「己」乃私己義，故「克己」是指克制私己、去除私意的工夫。「私」是偏倚、滯限於一己，由私己所產生的好惡與行動，乃出於感性層，是建立在個人利欲的滿足上。克除己私的目的，就是要化除滯累，透過對不中節之偏倚的制服，實現不偏不倚的無私之己。無私之己，在龜山以「正」、「中」、「直」、「誠」、「公」形容之，皆指向無私意間曲的道德主體。以道德主體爲基礎的好惡，乃出於理性層，是以道德爲標準。所以，由之發用的一切欲望、情感，莫不遵從於道德主體的主宰，而爲無過與不及的道德活動。故知，「克己」所克的對象，並非泛指一切好惡慾望，而是指偏離道德主體主宰的執己意向、與從私己產生的感性好欲。因此龜山說「常體而足」，道德主體不論有無私意之間，皆自存自在，故曰「常體」。其體全具無盡萬理，毫無私意之雜，因而「無所克」處。由於克己所朗現的無私之己乃內在於吾人，故克己的根本工夫，必然要求「反身而誠」。「誠」是道德主體的眞實無妄，「反身」是返求諸己，亦即逆覺道德主體的工夫，在道南一系是從觀中規定。由「反身而誠」言克己工夫，與前文所說的推究本源、定志擇善的進路相同，皆是將一切修養歸結到觀識中體上，具有明顯的內向性〔註47〕。

除了從本源處用功以去除己私，平日亦應運用警覺操存的工夫，避免私意的復起。龜山云：

> 古之學者，視聽言動無非禮，所以操心也。至於無故不徹琴瑟，行則聞佩玉，登車則聞和鸞，蓋皆欲收其放心，不使惰慢邪僻之氣得

〔註47〕龜山指出爲己之學不可外求：「夫爲己之學，正猶飢渴之於飲食，非有悅乎外也。」（〈與楊仲遠其二〉，卷十六，頁 748）

而入焉。（卷十一，頁 551）

循禮而行是操心之要，「操心」是操存心之正，避免入於不正。如前文所言，由於吾人長期為私意所奪，即使暫克己私，仍易受過往習氣影響，復失本心，起做不中節之行。因此，反身之外，須佐以收斂警覺的工夫，始能收克己實效。龜山從已發處言操存之道，他指出琴瑟之樂、佩玉之聲與和鸞之音，皆為平和中正的律調，可對吾人起提醒作用。於偏倚處能自我提起，使本心復其正位，於過與不及處能即時自覺，使行為歸於中節，以致視聽言動莫不循禮。從龜山「操心」之說，可知循禮並非以外在的節文規範己行，實則中節之發乃繫屬於中體之感通，故操心是使中體相續朗現的工夫。意即對中體的把握，不僅止於未發之觀識，而更及於已發。於已發處保守中體不失，使所發依於中體、與禮相符，即操心工夫的運用。因此，操心工夫的提出，是不離本源的積極工夫，而非對禮儀節度的消極遵行。豫章亦曰：「常人之情，方當有警時，不能隨事應酬，或至失措。」（《羅豫章先生文集》，卷五，頁54）他指出在情感發露處，應當保持警覺，避免隨事遷異，失去原有的中節表現。延平亦指出：「但常存此心，勿為他事所勝，即欲慮非僻之念，自不作矣。」（《李延平集》，卷二，頁 7）心之常存，即不偏勝於事物，則不中節之念慮自然不興作。豫章與延平雖未直言操心，但是在義理內容上，「操」、「存」「警」的意義是一致的，皆為防止習氣侵奪的工夫。從楊、羅二人於已發處，強調防範心放邪入的警醒之道，顯見情感與行為發動時，較易受惰慢邪僻習氣的牽動。所以，觀中之所以要在未發的狀態下進行，就是要先行收斂馳外走作之意念，於習氣未興發、負面影響較小的修養環境（指內在心理狀態，非外在客觀環境）中，超越的體證、涵養中體。由於進學之初，工夫尚不純熟，所以在觀中之後，於已發之際，須施以操存警覺的保守工夫。此工夫可謂為已發之涵養，是修養過程的必經階段。迨工夫精熟乃至成聖，自然能盡除習氣，不待勉強，發皆中節，故龜山指出「若學至聖人，則不必操而常存」（卷十一）。由此可知，「克己」乃貫徹於觀中工夫。於觀中前，必須對私意有深切的自覺，並定志務求革除；於觀中後，仍須操存警醒，守而不失。故「克己」之道，實蘊涵反身而誠與操存警醒兩層段落。

克己是化除對一己的固滯執著，又可以「空心」表示。龜山云：「空也者，不以一物置其胸中也。」（卷十四，頁 678）〔註48〕豫章嘗賦詩云：「人心但得

〔註48〕龜山亦云：「學至於聖人，則一物不留於胸次，乃其常也。回未至此，屢空而

空如水，與物自然無恩怨。」（〈勉李愿中五首〉其四，《羅豫章先生文集》，卷十，頁 112）「空」是作用意義的空，而非本體的空，是心之無滯性。「空心」意指吾人若能常保心之無滯無執，自然不會隨物牽動。延平承師說，以「虛一而靜」（《李延平集》，卷三，頁 46）〔註 49〕闡明此義。「虛」相對於「實」，謂心無所偏倚、不固限於物，由無物之充塞而曰「虛」。「一」是主於心之虛，由其所主，能遇物而不動搖、不由虛入實，故曰「靜」。「靜」是形容心不動於物，非謂心無活動義。「虛一而靜」即「空心」，在實踐意義上，與操存警醒意義相當，皆指向保守心之無滯性；在境界意義上，虛靜與空心則指克己之後、無私意夾雜的本體特質。表現在工夫過程中，又可從「不可能」言之。龜山云：

> 不可能，謂體道言之。蓋有能，則有爲之者。爲之，則與道二矣。（〈答學者其四〉，卷二十一，頁 904）

龜山以「爲之」規定「能」，則「能」是有爲義、造作義，「可」乃肯定義，

〔註 49〕已。謂之屢空，則有時乎不空。」（卷十一，頁 550～551）「空」是不留於物、無有專私，乃全復本體的聖境。他認爲顏回修養未臻聖人，故有時仍偏繫於物。又其書〈與俞彥修其一〉云：「所諭方寸之間，暗浪時時間作，此病豈獨公耶？蓋學者通患也。」（卷十七，頁 783）在未成聖前，習氣如暗浪，時復奪主宰地位，這是修養過程中必經的階段，也是極深切嚴肅的道德問題。龜山認爲顏回「有時不空」，即面臨此成德艱困。然回能屢空，亦非易事，已深顯修養深厚，故龜山又云：「恐『屢空』，學者亦未易到也。」（〈答學者其三〉，卷二十一，頁 904）唯學至聖人，始能永久實現心之無滯性，常空無物。

〔註 49〕延平云：「虛一而靜，心方實則物乘之，物乘之則動。心方動則氣乘之，氣乘之則惑，惑斯不一矣，則喜怒哀樂皆不中節矣。」（《李延平集》，卷三，頁 46）以虛靜言無滯於物，非延平首發。「虛壹而靜」一詞首出於《荀子・解蔽》，其言云：「何以知道？曰：心。心何以知？曰：虛壹而靜。」荀子受到道家思想的影響，以虛靜喻心，表示心對理的認知能力。然其所謂心是認知心，與孟子所言的良知本心不同。到了宋代，周濂溪曾有「無欲則靜虛動直」（《宋元學案》，卷十一，〈濂溪學案上〉，頁 288）之說，唐君毅先生釋曰：「人之欲，恆自限於特定之所向，即是偏邪。而濂溪所謂欲，亦即指此而言。故須無之。至於欲之合仁義中正者，固不可無也。然人有陷于特定偏向之欲，乃一事實。對此欲之存在，乃濂溪所視爲人所當自加正視，而于其幾之始動處，即當求知之轉之化之：然後人之動，乃得合于仁義中正。固不可不慎此動，而于動之先，有一無欲，以致靜虛之功。此靜虛即所以去邪暗之幾，同時使寂然不動之誠，得明通于外，而其動更無私曲，唯是明通公溥者。」（見《中國哲學原論・原教篇》，臺北：臺灣學生書局，民國 79 年 9 月全集校訂版，頁 66～67）延平之虛靜義，乃從心之虛能應物，不爲物乘而言。雖不似濂溪謂盛發虛靜的道德通化神用，但與濂溪從無欲言靜虛的義理相當，故可能是受到濂溪的影響。

而「不可能」即無有造作。他指出道之體現是不涵有任何造作的。道德創造活動乃本於中體之感通，是中體自然的體現，不待勉強、刻意作為。若德行是經特意表現的結果，則非順應中體之發用，而是依於凸顯自我的心理意向，由自私動機所引起，故非中體的真實體現。因此，龜山說「為之，則與道二矣」。「為之」乃本於私意的造作行動，私則有所偏曲，也就是其心不空。在修養意義上，顯示體驗中體後，僅須自然稱體而行，而不可為了彰顯己德，特意行道。否則經觀識證得的中體，勢必在私意隔限下，潛隱復失。

綜上所言，克己即對治私意的工夫，具體內容分為定志、克己、空心三部份。定志乃堅定成德意志，是對於過往習氣牽縛的擺脫，能使吾人循意志所開出成德方向行進，固執善道，漸復中體全體，以收成德實效。由道德意志的引領，一方面能反身觀中，一方面能於所發處，持續操存警醒的保守工夫，防止私意侵奪。保守之道指向的本體境界，即無滯無著的空心。「空」是無為義、自然義，乃不被私意充塞、異動之謂，故又稱虛靜。落實於具體發用上，強調行道必須順體而為，不能出於自私的動機，否則即成造作、刻意的行動，反與道二，復滯己私。成德意志的制定，緣於對私意的自覺，乃根源於本心；克己、空心工夫的運用，亦不離本源，而繫屬於觀中的內向修養與後續的操守警醒。因此，道南學脈論克己之道，無不匯歸於觀中工夫，從根本上化除偏私。故克己表現為觀中的前行工夫，乃本心之自我躍起，省覺習氣之偏倚不善，進以欲求中節善行，從而定立道德志向。從導於志向，放棄遷物滯物的習氣，並收歛激盪奔馳情感與念慮，由已發還於未發，以默坐的方式體驗中體。觀中工夫實為克己的正面直截工夫，亦即「反身而誠」，通過對中體的把握，對私己及物的固滯執著，自然化除，而能虛以應物。可見「克己」之「克」，非消極的壓抑，而是積極地體證不偏中理，使偏倚處隨之去除。觀中之後，「體道不能」與操存警醒的保守工夫，目的皆在於防備私意的復起，故仍為克己工夫的運用。因此，克己實通貫於觀中前後修養，為觀識工夫的要旨。

（三）情、欲與中體

道南學脈論克己去私，是就去除一己之固滯而言，而非斷除欲念與情感。此義已闡明於上，今再擇數條相關論述，顯發其義。龜山云：

> 《中庸》曰：「喜怒哀樂未發謂之中，發而皆中節謂之和。」四者一
> 本於中，則怒不可獨謂惡之使也。怒而中節，是謂達道。（〈與劉器

之〉，卷十九，頁829）

> 若聖人而無喜怒哀樂，則天下之達道廢矣。……故於是四者，當論
> 其中節不中節，不當論其有無也。夫聖人所謂「毋意」者，豈忽然
> 若木石哉？毋私意而已。誠意固不可毋也。（卷二十一，頁899）

對於情感與中體的關係，龜山指出喜怒哀樂「一本於中」。蓋克己所去的是心之執著，迨中體復居主宰地位，於未接物之時，情感潛具於中體，接物之際，情感即本於中體應物而發。由於所發乃順鑑物形，故情感皆對境而顯。物之當喜則喜，物之當怒則怒，物之當哀則哀，物之當樂則樂，而不會偏顯爲固定之情。情雖殊異，然皆依於中體，以道德理則爲標準，故無不合理中節。因此，善惡的判準不能由喜怒衡定，應從中節與否區隔。即使是憤怒之情，只要是恰當如理的發露，亦爲普遍的善道。由此顯見二義：一者，情感與中體並非相斥的關係；二者，中體的發用必須藉由情感顯現。二者皆指向情感之必有，故問題在於中節與否，也就是是否根源於中體。所以修養的關鍵在於私意的去留，而不應著眼於情感之有無，故龜山云：「若聖人而無喜怒哀樂，則天下之達道廢矣」。蓋情感雖可爲不善，然無情亦不能顯中體。情感之所以不中節，乃緣於私意。故觀中的面向，是對治私意、使所發中節，而不是趨於無情。意即：在道德理境中，情感的產生，乃本於中體，而喜怒哀樂之恰如其分，即所以顯中體，故情感與中體實爲相依的關係。是以，中體的發用必定具體表現爲喜怒哀樂，而情之發顯，皆眞實無妄的道德情感，故曰「誠意」。若執意去除情感，則與木石無異，反與成德方向背道而馳。因此，龜山所反對的是從私我出發的情感，並不否定情感的發用。

豫章繼承師說，指出「聖人無欲，君子寡欲，眾人多欲。」（《羅豫章先生文集》，卷九，頁103）他以欲之多、寡、無，言眾人（凡人）、君子、聖人三層修養階段，認爲境界的高低表現於欲之有無。在克己去私的義理模式下，多、寡、無顯然不是就慾望的存在而言，而是指私欲的克除。一般人習以私意應事，所欲莫不以滿足己私爲目的。所欲既成，私意越深，在交互牽引之下，一方面愈執著私意，一方面各種私欲日益叢生。及自覺不善，進而從事道德修養，在修養過程中，對私欲的固滯漸化。乃至成君子之德，雖未盡除習氣，乃至偶顯欲之私執，然較眾人又更進一層。及臻聖人境界，固滯全然化除，不待勉強，所發自然中節。此時欲望皆出於中體，爲合道德之理者。因此，「無欲」之「無」，是在作用上無有滯累、無有偏向，並不妨礙對合理慾望的肯定。這就表示，在

道德理則的標準下，適度的欲望是可以被發展的。唯中體之於欲望，是生而不滯，不會反遷於欲，故中體與欲望的關係實可相容。

由上述知，觀中工夫雖然是以觀識中體爲旨歸，實則是以去除私意習氣爲要義。迨中體朗現，固滯自化，此時所表現的情感與欲望，莫不依於中體，而無涵蘊任何造作、刻意的動機，具有如理、眞實的道德特性。

二、默坐體認

克己之道，繫屬於對道德本體的認取，而如何把握本體，遂成修養論的建構歸趨。此問題關涉有二：一是如何避免私意習氣的牽動惑亂，使修養能確收精效？一是如何體證中體，使大本至理之中，直行無曲，見外達中節之和？針對這兩個問題，道南學脈提出默坐體認、未發觀中的修養方法，作爲實現中體的核心工夫。朱熹云：「李先生教人，大抵令於靜中體認大本未發時氣象分明，即處事應物，自然中節，此乃龜山門下相傳指訣。」（《李延平集》，卷三，頁 51）延平稱豫章所傳心要：「先生令靜中看喜怒哀樂未發之謂中，未發時作何氣象，此意不惟於進學有力，兼亦是養心之要。」（《李延平集》，卷二，頁 18）龜山──豫章──延平在修養工夫的傳承上，是以靜坐觀未發之中爲主要方法，故稱「道南指訣」、「龜山心要」。即在念慮意欲未發之前，運用靜坐觀識的工夫，正面契入本源，使私滯化除，所發無不當理中節。觀中工夫的建立，乃著眼於如何使不合理之私欲根本不發，使所發皆中節合理。意即不在偏倚私意已發後才予以消極對治，而是在未發之先，斷制私欲，積極地直契至理之源，使吾人能無時不中。因此，「觀中」實爲未發工夫，而進入未發狀態的有效方式，則是靜坐。

早在道南之前，宋儒如張載、伊川、明道便承認靜坐有助於掌握心體。此無疑對道南靜坐之倡，有一定的影響作用。然而，他們雖對靜坐秉持正面的態度，但靜坐畢竟不是他們主張的核心工夫。至於在其著作與語錄中，他們也未曾詳細開展靜坐的方法、作用等工夫內涵。因此，靜坐工夫居於修養之要，乃始於道南一系。以下茲就道南師承順序，分別析論三人對觀中工夫的內容規定，以見未發工夫的開展與推進。

龜山嘗指導豫章「讀書之法」云：

> 以身體之，以心驗之，從容默會於幽閒靜一之中，超然自得於書言象意之表。（卷十二，頁 625～626）

這四句話乃龜山對觀中方法的主要表述，其後反覆提及類似說法，所用字詞或有出入，然內容大抵相同。「以身體之」乃就讀書之法而言，強調讀聖賢書不可僅圖記憶背誦之功，而要體會字句中所透顯的義理，貫乎於吾人生活中，力求躬身實踐。對照龜山在〈與陳傳道序〉中的表述：「要當精思之，力行之，超然默會於言意之表，則庶乎有得矣。」（卷二十五，頁 1020～1021）「精思之」、「力行之」兩句，分別與「以心驗之」、「以身體之」相對應，可推斷「以身體之」爲「力行」義。力行者，乃勉力成其內在主於身的觀中工夫，以體現與書中義理相合的道德行爲與生活。延平亦有類似的說法，可視爲龜山此意的補充。延平云：「讀書者，知其所言莫非吾事，而即吾身以求之，則凡聖賢所至而吾所未至，皆可勉而進矣。若植以文字求之，悅其詞義，以資誦說，其不爲玩物喪志者幾希。」（〈李先生行狀〉，《李延平集》，卷四，頁 58）他指出讀書之要，在於印合書中所言，即身求之，而非鑽研文字、理解詞義，並就其研辨，以誦讀說解的工夫。若偏重後者，反而耽溺於對自我思辨能力的滿足，雖誦讀聖賢書，實藉此逐一己私欲。如是，個人生命與書中文字，毫不相契，呈現以非德私意誦說道德義理內容的矛盾與落差。延平認爲這種讀書方式對吾人之進德實非但一無所助，且在逐研於一字一句間，反愈深陷私欲，無可自拔，故以「玩物喪志」稱之。龜山與延平的觀點，皆強調吾人應感知書中義理，乃源於聖賢道德生命的眞實踐履，而不是憑空建立的哲學體系。因此，吾人應正視生命內部的問題，志學聖賢，始能資書中所言，助成進德實事。

「以身體之」是讀書的根本態度，「以心驗之」則指出成德的關鍵。前文已備言中體與心體不二之義，而驗之以心即中體之自驗其自己。「驗」是體驗、體證義。以心去體驗，似是將中體視爲對象，推出去作爲客體。實則中體爲主體，不能分裂成主客二者，故體驗爲中體的自觀，是主體自身的朗現。「以心驗之」強調的是，成德不能外求，必須基於內聖修養工夫，才是相契書中義理的首要原則。身體心驗的說法，僅扼要說明成德方向，至於工夫的具體內容，則落實後兩句。

「從容默會」一句，龜山在他處又以「雍容自盡」表述〔註50〕。「從容」

〔註50〕龜山云：「夫至道之歸，固非筆舌能盡也，要以身體之，心驗之，雍容自盡於燕閒靜一之中，默而識之，兼忘於書言、意象之表，則庶乎其至矣。」（卷十七，頁 780）

與「雍容」，在此皆狀悠閒舒緩貌，意指進行修養時，應採取從容不迫的平和態度。這表示緊張急迫的態度，對默會是有妨礙的。龜山屢屢指陳，體中要在「喜怒哀樂未發之際」進行〔註51〕，「喜怒哀樂」是情緒的總稱，重點在於平復一切情感，以還向於未發。急切的態度易引出緊張的情緒，情緒既發，即偏限於其中。一方面無法回歸未發的心理狀態，一方面以偏倚之情求不偏中理，實屬不能。因此，龜山強調進行修養時，應抱持「從容」的態度，始不會害於體驗。「默會」乃靜默體會，亦即「默而識之」。「默」在此形容未發時言默、心默的表現。「識」與「驗」在龜山處，皆指超越中體的自我肯認、呈露、充盡〔註52〕。「默識」乃不順私欲私情激盪遷滾，而逆返於未發，自覺自識內在於吾人的不偏道德之理，故為逆覺體證的工夫。

「幽閑靜一」之「幽閑」，在龜山的運用上，與「從容」一詞，指涉意義相同，皆指體中應在無事紛擾、斂於未發的狀態下進行。「靜一」之「靜」，指中體寂然不動。至於「一」之義，龜山嘗云：「一也者，特道之有不可名言者耳，『中』亦非道也，道之寄而已。」（卷二十七，頁 1089）道不是具體可形的物質形象，亦非可以言語稱謂的概念。語言文字雖具有傳達表現道的功能，但並不等於道自身，而其所稱論也不能全盡道的內蘊。故以「一」暫名，唯在表明道之不可言傳性。「中」乃形容道不偏不倚的內容特性，非謂道可以「中」定名，實則道非言論所及，唯假其名狀稱而已。此義既明，可知「一」乃指中體、道心。因此，「從容默會於幽閑靜一之中」一句，意指：在情感未發、從容閑緩的心理狀態下，超越默識寂然不動之中體。

影響默會能成與否的關鍵有二：一者，精思無支；二者，「超然自得於書言象意之表」。龜山曾以精思力行代指心驗身體。「精思」即「驗之以心」、「默而識之」。他曾說：「要當精思之」（卷二十五，頁 1020）「思之宜深，無使心

〔註51〕龜山云：「學者當於喜怒哀樂未發之際以心體之，則中之義自見。」（卷二十一，頁 898）

〔註52〕唐君毅先生在《中國哲學原論・原性篇》指出：「此字之義，在宋儒自明道言識仁以降，蓋皆當順孔子默識之識去了解。孔子之默識，正當為一無言之自識，而自順理以生其心者，固非往識事一物、一對象、而涵把捉或捕捉意味之認識也。明道言識仁，明是謂于渾然與物同體之心境中，求識得此仁之理。今若吾人緣此義去看上蔡、龜山、五峰所謂識仁或識心之道之義，而循其本意，在教人識事之理與心之理，去作工夫，即皆使人直接超拔于氣稟物欲之雜，居于其上之一層次。」（臺北：臺灣學生書局，民國 80 年 6 月全集校訂，頁 618）。

支而易昏」（〈勸學〉，卷二十七，頁 1086）「思」即默會、默識義，「精思」乃強調心力不可旁支、分散、昏沈，而要高度集中自我意識，專注體驗中體澄然自現時所呈現的氣象，此其一也。超然言意乃對應於「以身體之」而言。如上所說，道不在所言與所傳，故《六經》雖然源自聖人，但中體的氣象、默識體證之得等，皆難以論謂，而須通過確實的修養工夫，始能有真實的體驗與識取。這表示：《六經》之載道，是指點吾人進德的方向與依歸。若拘泥執定其言，乃至偏重文字訓詁，反而停滯於表面文字，不能深體義理。故龜山指出「超然自得」的實踐態度，是極為重要的。然而，不執著偏限於書言象意，並非意味捨離《六經》不讀。實則《六經》對進德具有引導作用，使吾人能循之以進，致修養之功。因此，超然的作用，是以修養自得為歸趣，以從經進德、不滯言意為準據〔註53〕，此其二也。綜言之，「默識」所識者乃中體，工夫進路乃逆覺體證，而順利識取的要點是未發之斂、專注精思、超然言意。

　　楊龜山提出觀中的工夫入路後，其後羅豫章、李延平所承繼的道南學脈，便以此為思想核心，開展工夫內容。羅豫章著作不豐，吾人僅能從延平及史載對他的側述，窺測他對觀中工夫的推進。延平曾自述從學的經過：「某囊時從羅先生學問，終日相對靜坐，只說文字，未嘗及一雜語。先生極好靜坐，某時未有知，退入室中，亦只靜坐而已。」（《李延平集》，卷二，頁 18）《宋史》本傳載：「既而築室羅浮山中，絕意仕進，終日端坐，以體驗天地萬物之理。」《宋元學案》亦載羅豫章「入羅浮山靜坐」。豫章在運用未發工夫時，全然從靜坐入手，並藉由親身示範，專授學生觀中之心地工夫。與其師相較，龜山的體驗未發說，要義是在感性情感尚未激起時的平靜專注狀態，默識中體，並未明確主張觀中必須在靜坐的時候進行。因此，他對於觀中的修養方式，可謂僅強調要於未發時體驗，尚未規定到工夫的形式。豫章則進一步倡導靜坐之法，認為於靜坐時觀未發氣象，更能把握到中體。這種主張，實為

〔註53〕龜山於「超然自得」義，有甚多闡述：「惟道心之微，而驗之於喜怒哀樂未發之際，則其義自見，非言論所及也。」（卷十四，頁703）「然聖言之奧，蓋有言不能論，而意不能致者也。諸君其慎思之，超然默會於言意之表，則庶乎有得矣。」（〈書義序〉，卷二十五，頁1026）「《六經》雖聖人微言，而道之所存，蓋有言不能傳者。則經雖具，猶不能諭人之弗達也。然則聖之所以為聖，賢之所以為賢，其必有在矣。雖然，士之去聖遠矣，舍《六經》，亦何以求聖人哉？要當精思之，力行之，超然默會於言意之表，則庶乎有得矣。」（卷二十五，頁1020）

未發工夫所可能開出的方向。龜山雖未直接提出靜坐，但是他在敘述觀中工夫的入處時，屢屢強調靜默之要，而專注未發的修養，勢必在息止主體活動的狀態下進行，故已蘊涵趨靜的傾向。豫章承之，正面主張靜坐，不僅個人長期採用靜坐自修，即使授徒，也每每指點延平從靜坐入手，可謂目之為主要修養工夫。在這層意義上，豫章居於奠立觀中工夫形式的關鍵地位，同時也是首位正式以靜坐為根本工夫的宋儒。

李延平對於觀中工夫的路數，大體不脫楊時與羅豫章建構的基本規模。承豫章靜坐之說，延平亦主靜坐，並進一步開展靜坐工夫的內涵。其對觀中工夫的論述，大體可以「默坐澄心」、「體認天理」（〈與劉平甫書〉，《李延平集》，卷一，頁 4）概括。以下茲就默坐的意義、方法、目的，析論體認天理的方法。

延平云：

> 大抵學者多為私欲所分，故用力不精，不見其效。若欲於此進步，須把斷諸路頭，靜坐默識，使之泥滓漸漸消去方可。（《李延平集》，卷二，頁 28）

> 惟求靜於未始有動之先，而性之靜可見矣。求真於未始有偽之先，而性之真可見矣。求善於未始有惡之先，而性之善可見矣。（《李延平集》，卷三，頁 46）

在私欲障蔽牽繫下，吾人所發俱雜私執起行，進德動力受其紛擾，而不能專注修養實事。由私執之困，吾人遂不能直下緣未發中體之感通，發用為不偏不倚的中行。因此，于未發處必有一工夫，能隔斷私執的負面影響，進而肯認不偏不雜的中體，而能保其發皆中節、無過與不及。未發工夫的內容，在龜山是以從容默會規定，豫章推進師說，進一步主張靜坐，並以此教導延平。要達致不夾私欲之發，使明暗不定的中體全幅朗現，從擺脫己欲的干擾，直接內省逆覺未發之中體，原是最為直截的下手工夫。靜坐的直接目的，就是把斷一切外在活動對私欲的引發，以定心息念。則靜坐非一無所為的枯坐、兀坐，要領在於先收斂已發之情感意欲，還向情緒未被激起的中性心境。再者，集中意識於內在，超越地體認性體所呈現不偏不倚的境界，此即「中」。所以，靜坐的終極目的，不在於收斂身心，而是對於中體的體證。故延平指出，靜坐所求在於「性之靜」，此意味著靜坐的目的並非身心的靜默，而是心性的證會。則「靜」於此乃成為對性體的形容，非謂心性只存在而不活動，

而是專就其不雜私意、不遷於物而說。以此析解「求靜於未始有動之先」一句，便知性實無分動靜，正如性無分眞僞、無分善惡，此所謂「動」，是指雜染私意、爲私所動的心理狀態，非謂心性（斯時本然的心性已暫隱不顯）。所以延平以動靜對舉眞僞、善惡，即是將「靜」繫屬於心性，而賦予其本體與境界意義。所以他強調要在內心受到私意牽引（動）之前，證求未受私惑的原初心靈（靜），此方爲人內心眞、善、靜的眞實狀態。故只要順任本然心性，兼賅動靜，皆是「性之靜」、「性之善」。至於靜坐方法的運用，並不表示身形的靜默等同於心性的證知，若是如此，豈非以心性的顯隱決定於身形的動靜，實大謬矣！實則靜坐只是協助修養主體免除私擾、集中意識。藉由靜斂身心，收歸念慮紛陳、情緒盪搖之已發〔註54〕，使主體獲得專注、清晰的意識狀態，以便識理觀中。

由上述知，靜坐雖有助於體認天理，但是靜坐本身只是一種手段，若執泥靜坐形式，誤認靜坐爲目的，反而模糊了默坐的眞正意義。「靜坐」的「靜」，本是承龜山「默會」之義而來，是指從言語靜默的身形收斂，進入平靜的實然心理狀態。故「靜」在工夫過程中，具有止息走作念慮、排除外界事物擾

〔註54〕靜坐之首要，乃收斂已發。所謂收斂，必須掃除全部擾擾念慮，才能眞正回返未發。延平云：「人之念慮，若是於顯然過惡萌動，此卻易見易除。卻怕於匹似閒底事爆起來纏繞，思念將去，不能除尤害事。」（《李延平集》，卷三，頁42）「思索義理到紛亂窒塞處，須是一切掃去，放教胸中空蕩蕩地了，卻舉起一看，便自覺有下落處。」（《李延平集》，卷三，頁46）這兩段引文，蘊涵二義：一者，靜坐修養的最大困難，在於念慮纏繞紛亂，難以停息。對治之道則在於「一切掃去」，亦即從紛亂窒塞處提振起來，復起收斂工夫；二者，斂息已發，包括行爲、情感、念慮等身心活動。延平並不是否定思慮的發動，之所以認爲思慮纏繞害事，是因爲無息的念慮，將有礙於意識的集中，障阻對中體的把握。因此，掃蕩念慮的主張，是針對未發修養的過程而提出，其本身並非修養的目的。及至體認中體，所發念慮行爲皆依於中體，對於這種合理的念慮，延平自是抱持肯定的態度。他曾在說明儒佛之分時指出：「禪學者則不然，……卻只要絕念不採，以是爲息滅，殊非吾儒就事上各有條理也。」（《李延平集》，卷二，頁34）他認爲禪學以絕念爲歸趨，而儒者則非，所發無不是因應物勢而有之合理中行。此同時也爲清楚反映了他對念慮有無的態度。然吾人或可問，觀中之觀是否爲念慮？若「觀」爲念慮，而工夫又須在念慮未發時做，此即意味觀中工夫本身存在著修養的困難與矛盾。此問題實關涉到對於「默識」、「體認」、「未發」及念慮的定義，然楊、羅、李三人於此部份皆未有清楚的交待。解決之道，或可將「體認」與一般念慮相區隔，即視其爲內向的精神集中力，與一般紛雜的私念不同。如是，所謂「未發」，指的是對一般念慮的止息，在排除念慮干擾的狀態下，專注體證超越的中體。

亂的作用。此時的「靜」，是主體收斂身心後，暫時處於無思無欲、不接事物而有的平靜心境，以便能集中心力觀中。相對於修養意義的「靜」，境界的「靜」是經由靜坐，而達致中體不滯累、不遷物的特質。前者限於未發，與已發之動對顯，屬於經驗層的實然心；後者通貫於發與未發，是中體本身的特質，屬於超越層的循理之心。延平認為，境界的「靜」是以心性朗現為準則，故不限於相對的動靜相，只要依循中體、天理而發，皆可謂「靜」。這種說法，是從靜坐所致的觀中實功立論。靜坐是退斂已發，暫時止息私己的障蔽作用，其意義原是體認天理。若能自覺體中、循理而動，即使不待於靜坐，亦是靜坐目的的實現。延平此論，把「靜」的意義，從龜山的默會、豫章的靜坐等修養歸要、手段，進一步擴展到中體的朗現而言。則靜功之致，便不專指採取靜坐以體認中體的工夫途徑，只要是自覺呈現中體，皆是「靜」之成。

境界之靜是中體的另一種表示，而靜坐的目的，在於肯認中體的未發氣象。延平云：

> 學問之道，不在於多言，但默坐澄心，體認天理，若見，雖一毫私欲之發，亦自退聽矣。久久用力於此，庶幾漸明。（〈與劉平甫書〉，《李延平集》，卷一，頁 4）

> 人固有無喜怒哀樂未發之時，然謂之未發，則不可言無主也。（《李延平集》，卷三，頁 44）

> 李先生意只是要得學者靜中有箇主宰存養處。（《李延平集》，卷三，頁 51）

> 君子去仁，惡乎成名，是主宰處。（《李延平集》，卷三，頁 39）

> 李先生教學者靜中看喜怒哀樂未發之氣象為如何。（《李延平集》，卷三，頁 49）

延平對於實然的未發與中體的未發，辨之甚詳。他清楚指出，靜坐所要認取的並非情感未起的無主中性心境，而是未發之主宰處。主宰未發者，中體是也〔註55〕。從已發還向未發，為的是隔離私欲的牽引惑亂，即「澄心」的修養。此時收斂的未發心境，雖未含偏倚私情的造作，但僅為暫時的平靜情狀，

〔註55〕 朱熹〈李先生行狀〉稱延平之學：「講誦之餘，危坐終日，以驗夫喜怒哀樂未發之前氣象為何如，而求所謂中者。若是者蓋久之，而知天下之大本，真有在乎是也。天下之理，無不由是而出。」顯見延平危坐終日，目的不在收斂已發，而是體驗中體氣象。

迨應事接物，旋又徇私而動。故中性心理狀態雖狀似不偏，然不可謂中。此中關鍵，在於一己之執著尚未化除，中體仍居於潛隱不顯的狀態，因而所發乃依於個人好惡，天理遂被遮蔽障隔，而天理人欲亦從之而分。所以，歸向未發後，必須再運用「體認」的工夫，觀識吾人內在隱微的不偏不倚氣象，即性體呈現出的境界。體認是由實然未發上透本體之未發（本體之體），超越的體證中體，〔註 56〕使中體居於主宰地位。則發與未發皆依於中體之寂然與感通，而蘊涵道德價值意義。觀識之功，實則是中體的自證自明，乃靜中的存養之道。存養者，操存保養也。由於私執積習已久，為免習氣餘勢復興，必須續以綿密的存養工夫，使中體的主宰地位趨於穩固。因此，豫章、延平皆終日危坐，經由長期靜坐，對於中體的把握與體認，始能日益純熟，而「泥滓」亦隨之澄化。因此，延平強調要「久久用力於此」，工夫愈精熟，習氣勢力愈薄弱，這是天理人欲對立而有的必然作用，故曰「若見，雖一毫私欲之發，亦自退聽矣。」由上述知，實然的未發與已發是情緒遷流的關係，而中體的未發與已發，則是貫乎道德理則的中和體用關係。默坐所體認者，即未發之中體（大本之在乎人者），由此直截的體證〔註 57〕，而能使不偏倚的道德之理，通達於外，成就無過與不及的合理中行。

〔註 56〕 牟宗三先生云：「此步工夫函有一種『本體論的體證』，但卻是隔離的，超越的體證，即暫時隔離一下（默坐、危坐）去作超越的體證。其如此所體證的本體，就《中庸》『致中和』言，是『中』體。但中體是個形式字，其所指之實即是『性體』。性體，依『天命之謂性』言，須即是『天命流行之體』，此是據『維天之命於穆不已』而來。」（見《心體與性體》第三冊，同註 25，頁 4）唐君毅先生云：「吾意延平所謂觀未發氣象之工夫之所以立，蓋即因其欲求直接契入未發之性理之自身。此工夫之實際，蓋不外自收斂吾人之心之發，以還向于其所自來之未發，即觀其氣象：冀由通此一未發已發之隔，而開此未發之性理之呈現之幾；則可『呈現是理』，『卓然見其為一物，而不違乎心目之間』（宋元學案豫章學案附延平答問）而其後之發，自亦易自然中節矣。然在此工夫之實際上，人所為者，唯要在收斂或靜斂其心之發，以還向于未發，固亦不必有特定之物或理為所觀，此所觀者可只此渾然的未發氣象。然觀得此觀之之心，即無偏倚。而開得此性理之呈現之幾。並使發而中節之事，成為可能，而此亦確是一新工夫論也。」（同註 4，頁 580）。

〔註 57〕 延平云：「然亦須知顏子默曉聖人之言，便知親切道體處，非枝葉之助也。」（《李延平集》，卷二，頁 9）靜坐體認是把握道體的正面直截工夫，即「親切道體處」，故為去除人欲、通達中體的要道。因此，延平屢屢強調「大率有疑處，須靜坐體究，人倫必明，天理必察。」（〈又與劉平甫書〉，《李延平集》，卷一，頁 4）不論是進德之初或在修養過程中，默坐體中皆通貫修養前後，為根要不易的工夫。

　　自龜山體驗未發說出，即決定了道南學脈的根本走向。龜山對於天道論尚多構建，而豫章與延平則專承其默會靜一的工夫論，於天道思想，則鮮少言及。由此可知，道南學脈相傳之主線要軸，實爲觀中工夫〔註58〕。豫章致力於此，終日從事個人修養，並提出靜坐的工夫形式，以之指導延平。延平繼承其師，全心投入體認天理的工夫中，一切言談莫不以此爲中心開展。他發展了靜坐形式，除了對採取靜坐的原因與目的，有細密的解釋，並清楚展示澄心、收斂未發、體認靜中主宰等工夫段落，從而建立獨特的義理型態，使觀中的超越體認修養工夫，有更進一層的推進，形成整體工夫的內涵。

〔註58〕朱子云：「蓋李先生爲默坐澄心之學，持守得固。龜山之學，以身體之，以心驗之，從容自得於燕閒靜一之中，李先生之學，出於龜山，其源流是如此。」（《李延平集》卷三，頁49）

第五章　觀中工夫的輔助方法

　　道南一脈以觀中工夫爲道德實踐的本質關鍵，以未發默識爲體證中體的主要方法。從未發入手，是藉由暫離接物、止息激發之情，澄顯心之明覺以觀識中體。故在未發上用功只是體中的方便手段，實則道德實踐並非隔絕於現實生活的孤離默會，所以在中體始顯、端正實踐方向後，必由內通貫於外，以落實於生活行事爲根本歸趨。而如何延續靜中所體、如何具體呈現未發之中，乃至如何自然發用，皆成爲未發體驗後所必須解決的問題。針對這些問題，道南學脈在體驗未發的基礎上，提出了誠敬、格物致知、理會分殊等工夫，工夫面向雖各殊異，然皆以持守中體之明、具體落實倫常日用爲要旨，對於中體的具體眞實化深起輔助實效，實爲靜中見體後不可或缺的工夫。

第一節　合內外之道

一、誠敬工夫

　　中體與心、性是一，是吾人之所以能起道德實踐的內在根據。中體雖遍在於人，吾人卻時常不能行當然之義理，于此不能行處，恆見私意之蔽。則成德工夫中的根本問題，便在如何去一己之滯累固執。去除私己之道，在道南一脈乃著眼在偏倚私欲未起之際、對於中體的直截體證，故默坐體認是超拔私意混雜的首要工夫。觀中的方法，是藉由靜坐收斂身心，以還向未發，進而超越把握中體顯現的寂然氣象。則無論是工夫運用的方式，抑或所肯認的中體，皆偏於未發。這種未發工夫，固然能有效隔離私意的擾亂作用，使

中體澄然顯現。但是，觀中僅是致中和的初步工夫，如何使體認不僅止於暫得，而能在已發後永續中體的主宰地位，仍須接濟一段謹守不怠的工夫。在這方面，龜山提出誠敬的修養方法，作爲相續中體的保守之道，「誠」是由未發通貫已發的關鍵，「敬」是使中體朗現無間的要點，二者可謂爲觀中的後段工夫。關於誠敬工夫的運用，豫章與延平均鮮少論及，故此處以龜山論點爲主，進行析論。

（一）誠的工夫

誠是本體，亦是工夫。龜山論誠：

> 夫誠者，天之道，性之德也。（卷二十一，頁 906）

> 《中庸》曰：「誠者，天之道也。」又曰：「誠者物之終始。」蓋惟無息故爾。（卷七，頁 374）

以內在超越兩面說誠，是從天人內容貫通處呈顯誠的本體義。內在於吾人的道德之性，其超越的根源是形上的天道實體，以誠爲內容意義。誠乃眞實無妄，涵有無息義。無息者，相續無窮也。天道生化萬物，無窮不息，命之於人，貫注而成人性。天之誠道體現於人，爲相續相繼地自率其性，使本性在自盡下，得以不已地表現。而萬物在吾人循性而起的道德創造中，亦成就了道德價值，呈現其眞實性。道德踐履之眞實，即天道眞實無妄的生化。吾人所發露的道德情感、行爲，實天道直接表現于人的至誠之德。故當吾人自成其性、體現其德，即由人道上契天道，而人之道與天之道全幅內容一致，皆爲眞實無息的誠德。故就天人而言，誠德貫通天道與人性，可謂縱通上下；就個體成德而言，誠既是本體，亦是體現道德境界的工夫，成就一己誠德之際，一切存在也在誠的體現中，呈現眞實道德意義，故誠又是橫通主體成己成物之內外實事。

誠道通貫上下內外之大義既明，以下進一步析論誠工夫的內涵與運用方法。「誠」與「中」二者，皆形容本體的內容特性，前者狀道德本體的無妄無息，後者狀道德本體的不偏不倚，轉化爲名詞，可謂爲誠體與中體。誠體與中體同體異名，皆指吾人內在的道德主體。故靜坐所觀識的中體，實即誠體，二者並非割截的相對關係。從誠的本體義來看，能依循靜中所體證的中體，應物發用爲眞實的道德情感、行爲，即誠道眞實的表現。從誠的工夫義而言，「誠」的運用，能助成修養主體無間斷地專主於內，延續中體的朗現，並眞實化未發之中，使觀中不致成爲孤離狀態中的短暫體驗，故爲觀中後的必要工夫。

龜山云：

> 能不以外物累其心者，誠也。誠則於外物無所蔽；於物無所蔽，則明矣。（卷六，頁 315）

> 誠者，天之道也，非外物不能累其心者所能盡也。告子之不動心，豈利欲能昏之哉？然而未嘗知義也。未嘗知義，非明也。（卷六，頁 315～316）

> 無誠意以用禮，則所爲繁文末節者，僞而已。（卷十一，頁 571）

觀中是藉由與物暫時隔離、以超越默識中體的未發工夫。之所以用力於未發，乃暫時杜絕私意走作、萬物牽動的擾亂，使個體能在負面影響降至最低的狀態下，專注於內在的體證。然而，中體並非孤懸抽象的境界，其必通達於外，顯現爲具體的現實活動。個體於接物之際，於環境紛擾之中，極易受到萬物的惑引，使靜中把握的中體，在工夫尙不穩固的情形下，復被私欲習氣取代主宰地位。「無息」的綿密工夫，即著力於不偏不倚境界的保持，也就是謹守中體的眞實無妄。其目的在使觀識不限於未發，而能及於已發，使中體之朗現貫通內外。所謂偏倚、妄作，乃滯物執私之意。指偏離道德主體的作用，由私我出發，另起滿逐個人意欲的思維、情感、行爲等活動。由向於私意，稱其爲不中、爲偏倚；由偏離眞實自我，稱其爲妄作、不實。因此，「無息」的工夫，乃落實於無蔽於物上。「無蔽」、「無累」是「無息」的另一種表述，前者是從本體與物的關係而說，後者是從本體不間斷地朗現而言，僅立言角度不同爾。龜山以心無累物規定「誠」，即側重於中體發用時的保守之道。

　　個體於接物之際，依中體權物發用爲如理的道德活動，此時應物雖有萬殊德行，然皆從出於中體。反之，若在面對萬物時，受到外物的影響（心遷於物），以致動搖中體的主導作用，使個體的意識重心，由對於中體的內向專注，轉移至外物上，甚而偏著執定，則私意遂由之引生，而左右言行舉止。既有所遷逐，便有所偏倚，所發舉度自不中節。這種喪失對中體的專一、反被物遷的狀態，稱爲「累」、「蔽」。實則外物並不能遮障道德主體，累物、蔽物的關鍵，端在於個體自身。由於吾人已習於執私逐物的應物方式，而觀中雖能在未發時通過體證本體而起斷制私意之效，但是工夫若僅止於未發，不能在發用時相繼延續中體之明的工夫，則在已發的情形下，過往深固的習氣極易復起，而私意也隨之雜生。此一己之滯限，始爲動搖心之所向的主因。故所累所蔽者，唯在一己之妄，而防累戒蔽者，唯在一己之誠。則外物對私

意的作用，如同誘因，言其為蔽，是從外在引發因素，指出對私意的防範或陷落，實決定於個人。意即：避免中體復失之道，並非不與物接，而是無間斷地專主於中體〔註1〕。如是，默識中體就不限於未發，而能貫落於已發，使中體無論發與未發，皆能居於主宰，此即誠的表現。由內在吾人之中體，領導自身的行為，不受外物牽動，即中體朗現無蔽、自知自證其自己，即是明。

在此，龜山特別強調，「明」不可僅理解為不遷於物，必須進一步審視「明」的根源，才能確定其是否為道德主體的作用。此顯示出無所昏蔽的表現，除了把握道德主體以外，還可以透過其他途徑達致，如告子之不動心也。告子的不昏利欲，是藉由對客觀價值的認定，維持自我約束。道德原則之於告子，與個體間呈現主客的認識關係，而非從出於內。則其心乃認知心，只是定守外在義理，要求行為的遵行。如是雖能達到不蔽物的功效，但是與天道誠德實有明顯的距離。龜山指出「明」的作用，必須繫屬於「知義」。所謂「知」，非謂認識意義的理解活動，而是道德實踐的證知。「義」是普遍的道德原則，乃出於吾人內在的心性，故知義的方法是體證內在道德主體，使中體能相續自知自行，從而顯發無蔽之明。則義由內發，於特殊的客觀情形中，有種種適當的主觀表現，即義行。此表現就無所偏滯而言，乃無過與不及之中；就無所私意造作而言，是真實誠德；就無蔽於物而言，為道德主體呈顯之明。因此，明與不明，決定於依循本體與否的存心立意，不從行為結果上界定。即使舉止合禮適宜，但是主導舉度的根源若不在於道德主體，所表現的中行，亦是人為刻意的造作，不可謂為真實的道德善。所以龜山以為用禮無誠，不過是強制自身行守繁文縟節的禮儀內容，不可與心性的體證等同並視〔註2〕。此誠偽之辨，是從行為根源處，對道德價值的意義作根本的澄清。足見龜山鮮論外部行為規範，而屢言未發體驗的用意，就是著眼於根源（決定道德法

〔註1〕 龜山云：「『毋意』云者，謂無私意耳。若誠意，則不可無也。」（卷十一，頁550）「毋誠意，是偽也。」（卷二十一，頁899）龜山指出意識活動是必有的現象，故工夫的重點不在於去除念慮，而在於所發之意識、意念，皆不夾偏私意向，而為主於本體的真實情感。因此，「毋意」乃無去由私我所發的意識，若理解成蕩除一切思維，反而是偏入歧途，非正道歸趨。

〔註2〕 延平曾述豫章語：「某嘗聞羅先生曰：『祭如在，及見之者，祭神如神在，不及見之者，以至誠之意與鬼神交，庶幾享之，若誠心不至，於禮有失焉，則誠不享矣，雖祭也何為？』」（《李延平集》工夫卷二，頁15）豫章此意與龜山相仿，認為祭祀、禮儀等活動，必須以誠意為實質內容，否則必流於形式，反而喪失禮的真義。

則的根源）的直契。行之於誠道已發工夫，不可以無蔽於物爲滿足，必須自我視察其明是否決定於內，還是流於外在形式的持守。如是，在工夫運用上，才能收鞭辟之效，日趨純熟。

　　以「無蔽於物」言誠，是從不受制於物的消極意義，論已發中體的持守之道。從積極面而言，「誠」所起的作用，是貫落未發之不偏倚境界於已發，權物發用爲合理中行。此無時不依循中體的誠道表現，又稱爲「直」。龜山云：

　　　　行其眞情，乃所謂直。反情以爲直，則失其所以直矣。（卷十，頁474）

　　　　君子之治心養氣，接物應事，唯直而已。直則無所事矣。（卷十，頁532）

　　　　「人之生也直」，是以君子無所往而不用直。直則得其心正矣。……所謂直者，公天下好惡而不爲私焉耳。（卷十一，頁557～558）

　　　　夫盡其誠心而無僞焉，所謂直也。（卷十一，頁547～548）

　　　　蓋不直則道不見。（〈與吳國華別紙〉，卷十七，頁762）

龜山以「無私而公」與「盡誠無僞」規定「直」。「公天下好惡」意指好惡的標準在於普遍的道德法則，是由內在的道德主體所決定，而非出於個人自私的感性情緒。也就是說，好惡的意欲對象是道德之理，理的根源是道德心性（中體），由主觀內在心性之自成，發用爲應物殊特之德行。此德行義，不僅存於個體之主觀內在，而兼爲立乎天下、客觀普遍的道德法則，故曰「公天下」。則所好所惡皆爲中體之當機呈現，毫無些微私意的間曲，故曰「直」〔註3〕。「盡誠無僞」

〔註3〕楊龜山的養直說，是承繼孟子知言養氣章中「以直養而無害」一句而來。《孟子》原文云：「其爲氣也，至大至剛，以直養而無害，則塞於天地之間。」（〈公孫丑上2〉）關於「直」的義涵，趙岐注云：「言此至大至剛正直之氣也。……養之以義，不以邪事干害之，則可使滋蔓，塞滿天地之間，布施德教，無窮極也。」其解「直」爲「正直」，「直養」即「養之以義」，所以「正直」是從心之正邪對比而言，具體的說則是「義」。朱注則云：「惟其自反而縮，則得其所養，而又無所作爲以害之。」他以「自反而縮」釋「直」，即以「直」爲契合道德本心的義。此二說解「直」大抵相同，義理上也都指向養氣須主心。根據此章下文，孟子續言養氣之道：「其爲氣也，配義與道；無是，餒也。」養氣的要點在於「配義與道」，意即使生命之氣完全順著由眞實本心而裁決的道德理則而流動。以此印證上文，趙朱二人以義詮直，至爲適切。然此義在楊龜山卻有所轉化。他根據孔子「吾黨之直者」的說法詮釋孟子直養一句，進而定義「直」爲「行其眞情」，也就是順著本心以行，而不夾雜個人私欲造僞的成份。所謂「私」即是由對自我的過度關注與堅持、執定所形成特定的

的表述，亦是同義。「僞」是虛妄不實，言不依真實心性而有的造作意欲。反之，不混雜任何邪罔私心，而極其真實心性全體，則爲「盡誠」。盡誠無僞、無私而公、無蔽知義等陳述，是對於本體境界的形容，同時指向主於本體的工夫運用。其所強調的無非是順應道德主體而行，自能創造不偏、不僞、不邪的道德活動。因此，龜山盛言所往用直之意〔註4〕，闡明靜中默識的雖是未發之中，然只要直承中體起用、貫落於已發，便能暢達道德情感於外。故未發工夫只是入手處，所證之體實具有表現中節之行的潛能，對於發用並不會形成任何阻礙。如是，面對千差萬別的各式狀況、時地、人物，主體亦能適切回應物勢，循理實現爲具體的實際活動。由之見父母敬奉溫情孝養，見兄弟懷抱友恭情誼，依彼此的

偏向，這種執定與佛教我執義並不相同。佛教是從因緣法來說無我，而龜山是從情意不真以言私僞。換言之，當人心有所偏向時，內心的真實情狀便無法表現，即是偏私不中。所以「直」在他看來，就是無私無僞的真實本心的明通，故曰「行其真情」。在此，無私並非意味取消仁的差別性，而是指內心的純粹，其在內呈顯爲中體氣象，在外使吾人生命處處皆是道德情感的流露，應好則好，應怒則怒，只要順承本心即而行，即爲中和達道。至於去私曲的工夫，則落在觀中的本質工夫上。所以「直」一方形容中體呈現時的無私狀態，一方則指體證中體後的明通，也就是將靜中體證及於日用，具體地呈現出來，以使內外不二。因此，「直」可謂觀中修養的輔助工夫，是合所守與所行的關鍵。與孟子以義言直相較，龜山更側重於直的無私層面，並以之狀內心不偏曲的樣態與真實人情的表現。此說雖不悖孟子義理，但是龜山爲何不順承孟子原文脈絡以義闡直，而要扭轉「直」原意以形容本心之中呢？此或可從楊時語錄窺測緣由。楊時云：「君子之治心養氣，接事應物，唯直而已。直則無所事矣。……《維摩經》云：『直心是道場。』儒、佛至此，實無二理。」（卷十，頁532）龜山引維摩經語擬配直義，並且認爲儒佛於此，理無二致。「直心是道場」的「直」，展示心無滯執的面向，這樣的運用方式，與其以「直」形容無私的純粹內心，從順承本心本性的層面來看，或有暗合之處。但是如上文所述，儒家與禪宗所指的本心，實際上是大相逕庭。他從儒家的立場，試圖交融儒佛，然而其對於佛學內涵與儒佛差異，實未能清楚辨明。然則，我們能從此處發現龜山別釋「直」義的原因，可能是受到《維摩詰經》的影響。由此觀之，他強調「直」的工夫，內涵乃緣自孟子，而闡述方式則是受到《維摩詰經》的刺激。

〔註4〕 「直」與「誠」義同，「無所往不用直」即「無所往不以誠」（卷十，頁502～503），皆指承順本然心性而行。張永儁先生云：「（龜山）於是拈出一個『直』字，成爲龜山工夫門徑中的『一字訣』。直，就是『人之生也直』的直，也是孟子所說『乃若其情則可以爲善矣。』應事接物，一本純誠，至情所生，不假謀慮。在美學上看來，那是一個滌盡塵緣俗念的『無關心』；但是在道德哲學上看來，即是良心的自主自律，自我呈顯；更從本體上來看，即爲即事見性而直證心源。」（見《二程學管窺》，臺北：東大圖書公司，民國77年1月初版，頁215）。

相互關係、分際，發動當機的道德意識與行爲。所以，循中體發動的情感，始爲眞情的流露。若矯妄內在原初之情，牽強求合公共正義，以致刻意表現爲寬恕、糾舉等行徑〔註5〕，皆爲脫離德性的矯情作法，故龜山曰：「以怨報怨，以德報怨，皆非直也。」（卷十一，頁558）在在顯示直曲與否的標準，立於體現本然情感的有無，而非以迎合他人期待的特定行動爲依歸。

　　「直」、「誠」不二，皆指向持續中體朗現、發用當理中行。如前所言，誠工夫的根本原則，乃明無蔽物。而具體的修養方法，龜山則通過「養直」之說，提出無隱與不用意兩項要訣。龜山云：

　　學者必欲進德，則行己不可不直。蓋孔子之門人皆於其師無隱情者，
　　知直故也。（卷十，頁532）

　　古之於幼子，常示毋誑，所以養其直也。其養之也有素如此。（卷十
　　一，頁558）

　　宰我問三年之喪，非不知其爲薄也，只爲有疑，故不敢隱於孔子。
　　只此無隱，便是聖人作處。（卷十一，頁555）

「隱」是隱瞞、欺騙。隱蔽言行的發動，通常是爲了遮掩某事而起。爲了不外宣其密，所發無不源於藏密的考量意識，而非眞誠內在的直接表露。故隱必有臆，臆測何種舉止能避免他人察知隱情；隱必有詐，藉謊言訛行巧詐他人，以障護私密。有臆有詐〔註6〕，則心恆向於私己利害的造妄思維，是爲偏倚。偏倚則不中，在內間隔眞實情感的感通，在外表露爲不正當的邪行。故龜山認爲「無隱」是養直的訣竅，從而屢屢強調無隱的重要性。然而，前文曾以父子相隱爲直（見本章註5）的說法，與此處無隱爲直的觀點，似有出入。實則隱父攘羊乃迴護親人的純情流露，是在特殊情形下，依於本心的直接道

〔註5〕龜山云：「葉公以證父之攘羊爲直，而孔子以爲『吾黨之直者，父爲子隱，子爲父隱』。夫父子之眞情，豈欲相暴其惡哉？……乞醯之不得爲直，亦猶是也。」（卷十，頁474）「以乞醯證父爲直，不得其正者也。」（卷十一，頁558）龜山接引《論語》證父攘羊與《孟子》蹴爾予醯的例子，說明「直」的義涵。「直」是遵行道德意向、爲眞實心性懇切暢達的表現。體現於親子關係，本乎對父母的原始親情感通，明知其父攘羊，亦維護遮隱。體現於個人，基於人性尊嚴，對於謾蹴的不合理態度，必會加以反抗。故「直」的意義不以社會正義、感性生命爲判準，而是建立在對本然人情的肯定上，唯主乎本然情感，始爲眞情、誠意、直心。

〔註6〕龜山云：「不誠則矯誣妄作」（《經筵講義·尚書》，卷五，頁281）「君子一於誠而已。惟至誠爲可以前知，故不逆詐，不億不信。」（卷十四，頁686）

德判斷。而龜山於此所說的正直無隱，是就一般情形而言，從平日不妄不誑的習慣養成，訓練自我面對任何狀況，皆能本內在直覺發露真實情感。因此，「無隱」的持守，是以防止私意興作為目的，也就是培養吾人能不假思索、依照本心呈顯的最初反應而行。故直隱的區別，乃繫屬於道德直覺的發現。隱父攘罪，實為不牽就計量雜念的真情直顯，若不誑證父，反而是違背原始親情的不直表現。所以只要依準道德主體，在特殊客觀情況中，欺隱的作法反倒是適當合理的中行。如是，這兩種看似矛盾的說法，由特殊狀況（隱父攘罪）與尋常實踐（養無隱之習）的迥異立足點，獲得調和。

至於直心無隱的鍛鍊，有二可說。一者，是教子毋誑。龜山認為古人自幼訓子毋欺，是為了從幼小以至成年，經長期勉示，教養以直處事的態度。毋誑之教，雖似由外部條約規範孩童行為，實則是以誠正習氣的養成為最終歸向。此習氣與私意惡習不同，是屬於善習的培養。幼童對於毋誑的遵行，雖然未必出於本心的自覺，但是長久依從的結果，不欺不臆的習慣自會形成力量，降低間曲本心的可能性，進而推動其順應內在的真實思維而行。故善習的培育，一方面可抑制欺偽私念的叢生，減少道德實踐的阻礙；一方面可在內向修養之後，較易達到至誠無息的保守功效。二者，乃無隱於師。在進德過程中，要毫無保留地將內心所疑與修養狀況求教、告知其師。龜山舉宰我為例，認為宰我並非不知短喪為薄，然仍以之求問孔子，就是秉持據實相告的原則，不敢對師藏疑。「無隱」能助成進德的原因有二：一是行己以直、養己不妄，與毋誑的訓勉作用相同。二是方便指導。學者在運用工夫時，時常會面臨許多困難與疑惑。各種問題，往往細微無形，僅學者內心自知，而未必現形於外。因此學生若能主動表述修養狀況，老師便能根據個人踐履經驗，觀察學生所體是否確實無誤，並給予相應適當的指點。如孔子能從宰我之問，明白其對於仁心尚無真切實感，所以誤三年喪期為社會禮制的外在規定。從而由外迴內，以心安與否啟發宰我直視仁心的湧動，體察戀慕父母的內在真實情感。由此可知，直無隱體現在德性修養上，除了真誠不妄的化育，尚具有檢測自我工夫深度與得失的意義。則誠直之道，就不僅指向保守本體的方法，同時也是清晰掌握己德不足處，使生命境地層層推進的契機。

「養直」工夫的另一要訣，在於不用意。龜山云：

孟子固曰：「至大至剛，以直養而無害。」則雖未嘗忘，亦不助長。

（卷十一，頁 549）

善養氣者，無加損焉，勿暴之而已，乃所謂直也。用意以養之，皆握苗者也，曲孰甚焉？（卷二十，頁858）

直之爲義，如「必有事焉」之類，不相似。既曰未得夫直，則所養無本，則是以直爲氣本也。得夫直矣，養此可也，則養直而已。所謂「至大至剛」者，又何物也？「以直養而無害」，「以」之字又是何義？更深思之！（卷二十一，頁903）

龜山根據孟子養氣論，說明已發的保守之道。「養」者，涵養也。「氣」是生理形軀存在所含具的生命力。養氣的根本，在於養直；養直的要領，在於不作意。未發體中，是暫隔私意擾亂的手段，實則默會之中體，並非抽象不動的僵死境界，其接物必不容已地感通發用，形成無限剛強的力量，推動吾人行其所當行，使生命活動體現至理。「至大至剛」即狀由內湧現的道德力量，不可規限、無可撓阻。龜山要人深察「至大至剛」所指何物，就是指點吾人自覺這無形無相、卻又剛不可禦的力量之所從來。既體其來，則知養氣必繫屬於根源，亦即理氣綿密不斷的關鍵在於主於本體。「直」就是強調順應本體，並以之主宰感性生命，故曰「以直爲氣本」。至於避免直養之害的旨要，爲無加損、不用意。學者初思進德，皆緣於對己心受私意困縛的情形深感不安，從而致力於道德修養，以求善之實現。此欲擴大生命境界的向上奮起態度，固爲不可或缺的進德資具，然若表現過度，乃至急切躁進，甚至期待立即企及至高無限的境界，反而害於進德。此非謂生命境界不可頓現，實則境界乃一念逆反可現，觀中也僅是於未發之際體察渾然不偏的性體境界。避免躁動的提醒，乃著眼於由未發通貫已發時，必須保持不造作的自然態度。否則反會傷害對於本體的專一穩定性，以致執求一義、刻意表現己德。如是，又陷落著意有爲的私我意識，偏限殊特義行，與其他萬殊之理形成隔絕之勢，而虧於心性全體、間曲其發用，反損誠直、偏入歧途。故龜山一再指出爲學要不助長、勿暴之、不作意，即強調不妄求速成、懇實修養的根本態度。據此理解「以直養而無害」之「以」義，循龜山思路，則龜山要學者深思處（「『以』之字又是何義」），應該是就無助長、無妄求而言，那麼「以」於此便不可釋之爲「用」（「用」字有刻意造作義），而應訓爲「且」，表示以自然平穩的態度，涵養主於道德本體的眞實力量，方能積累實效，穩固本體的宰制地位，使生命之氣時時如理流動、廣博久遠。

　　在龜山的理解中，「直」與「誠」的概念相等。從工夫意義來看，「至誠無

息」是保守工夫的總綱，落實於具體實踐方法，其旨要從消極面說是無蔽於物，從積極面說是正直不曲。至於養直之道，又可深化爲無隱毋詆與不作意養氣兩項原則。誠直工夫的提出，目的是爲了通貫未發已發，使未發默識的中體，能無礙無隔地主導生命活動的發用，以積漸道德體驗，培養工夫的熟練度。故龜山每每從主體與物的應接，言誠直工夫的運用，即以誠直爲併合內外、不二發與未發的樞紐。此觀點在其「合內外之道」的說法，尤爲顯著：

> 知合內外之道，則顏子、禹、稷之所同可見。蓋自誠意、正心推之，至於可以平天下，此內外之道所以合也。（卷十，頁 527）

> 「敬」與「義」本無二。所主者敬，而義則自此出焉，故有內外之辨。（卷十一，頁 548）

> 然則所謂「合而言之者道也」，何也？曰：由仁義則行仁義，所謂合也。（卷十，頁 529）

> 蓋《大學》自正心誠意至治國平天下只一理，此《中庸》所謂「合內外之道也」。若內外之道不合，則所守與所行自判而爲二矣。（卷十一，頁 561～562）

> 某以謂誠者合內外之道，成己乃所以成物也。（卷十九，〈與劉器之〉，頁 829）

> 古之聖人，自誠意正心至於平天下，其理一而已，所以合內外之道也。（卷二十六，〈題蕭欲仁大學篇後〉，頁 1058）

內外之辨，在本體意義上，即未發已發之別；在道德實踐上，爲成己成物之分。成己工夫，在龜山是透過未發默會中體的路數，使中體在暫離私意激發等干擾下，澄然凸顯，自成其自己，實現一己成爲眞實的存在。靜時以敬主內，持守中體不失，動時接物感通於外，發用爲道德創造實事，潤物而成就萬物的道德價值。所謂「義」，是中體主宰感性生命、所成就的道德活動，爲未發之中的現實具體表現。義行之所從出，乃依於中體，故在工夫運用上，必須先有本體的體證，以及守而不失的內向專注意識（敬），始能隨時發用爲合宜的行爲。「物」也者，可釋爲行爲物或所接之物。釋爲行爲物，指體現中體的合理義行，由此不偏不倚的中節舉止，成就所接事物的眞實意義。道德活動的生發，是爲成己；及於一切存在以實現其理，是爲成物。故成己必引發成物，道德主體所至處，必不容已地感通於外，生起道德的創造。則發而

中節處，即是未發之中，二者僅是接物對境與否的區別。義行即中節之發，其之所以能如理不偏，端賴自敬主內的工夫，意即由主敬而能實現義行，由義行而能反顯敬功的作用，故曰「敬與義本無二」。

　　敬與誠的工夫內容，是相同一致的。「敬」、「誠」的表述，似是將中體推出去，視為對象以誠敬之。實則敬、誠於此僅是工夫的方便推闡，由本體觀之，皆為道德主體的自敬自誠。則合內外之道，並非先有內外之分，以求合一的問題，其實義為貫串敬誠工夫於發與未發。於未發之時，默識未發氣象，於接物之際，順承其體，發用為合理中行。而內外之辨，不過是中體是否具體顯現為現實活動的差別，推到底，無不是中體的朗現。言其為合，是從未發所守之中體能發顯為無過與不及的道德行為而言。故成己即成物，內外無所謂合，之所以分為內外，是從應物與否上說。因此，龜山以所守與所行不二，論內外之合，即是從中體寂然與感通之兩面立說。據此以觀「誠合內外」的論點，顯見「誠」之義蘊乃循內在真實本體，真誠與物相感，從而暢通真實情感於外，顯現為適當的外部言行。則於內於外，皆貫乎一理，無不是普遍絕對的道德法則的體現，所不同者，唯顯隱動靜狀態的改變而已〔註7〕。如是，「誠意」指通過「誠」的自我操存，而真實化未發之中的誠篤意識，亦即心之正。由此真誠懇切的道德情感，層層向外推擴，及於親屬、國人、乃至天地萬物，無不在吾人的感通中，呈現無限的價值意義〔註8〕。則成就一己道德實踐的同時，萬物亦在道德活動中，成為合理的存在，故成己必包含成物，而內外在吾人自覺踐履德性時，合一不二。唯龜山言合內外，是由次第工夫而致。必須先有未發體中的對內工夫，然後方有依體發用的合內外。就這點而言，與其師明道直下內外兩忘的工夫，是截然相異的。

（二）敬的工夫

　　龜山援引《易傳》「敬以直內，義以方外」，言主敬的工夫：

　　　《易》曰：「君子敬以直內，義以方外。」夫盡其誠心而無偽焉，所

〔註7〕龜山云：「『莫見乎隱，莫顯乎微』，則顯隱一理也，非反隱以之顯也。『寂然不動，感而遂通天下之故』，則動靜一體也，非戾靜以之動也。」（卷七，頁375～376）延平亦指出：「但合內外之道，使之體用一源，顯微無間，精麤不二，袞同盡是此理，則非聖人不能是也。」（《李延平集》，卷二，頁16）

〔註8〕龜山云：「自修身推而至於平天下，莫不有道焉，而皆以誠意為主。苟無誠意，雖有其道，不能行也。故《中庸》論天下國家有九經，而卒曰『所以行之者一也』。一者何？誠而已。」（卷二十一，頁900～901）「古人修身齊家治國平天下，本於誠吾意而已。」（卷十一，頁566）

謂直也。

若施之於事，則厚薄隆殺，一定而不可易，爲有方矣。「敬」與「義」本無二。所主者敬，而義則自此出焉，故有內外之辨。其實，義亦敬也。故孟子之言義，曰「行吾敬」而已。（卷十一，頁547～548）

敬足以直內而已，發之於外，則未能時措之宜也，故必有義以方外。

（〈答呂居仁其二〉，卷二十一，頁911）

「敬」的作用在於「直內」，「直」是盡誠無僞，即專主於內在的道德主體、不夾雜一絲造作私意。由敬直其內，以發於外在行爲，則一切舉措莫不受道德主體主宰，顯現爲應物之當然理行，此是謂「方」。顯見「義」在龜山並非理解爲限制吾人行爲的外部規範，而是根源於內的合宜中行，故曰「義自主敬出焉」。如是，「敬」是自持內在道德心性明朗不失的工夫，「義」是以內直外的現實作爲。「敬」「義」二者，乃無形的內在工夫與具體的外部活動，其別唯在形與無形及應事接物與否。因此，義行的顯現必然是通過主敬工夫、使中體具體呈現的結果。即外義乃源於內敬，由義行顯發主敬工夫的作用。故主敬能導致合理的道德情感與意識、舉度，直內敬功對於方外義行的成就具有決定性。則內外之辨不過是從內在與外在的活動區分，彼此呈現由內主外的體用關係。須注意的是，主敬工夫的運用不限於動，於不起動態活動之時，亦應相續不斷，方能起工夫實效。而「義」在此處主要是就主內生發的合宜現實行動而言，與貫通動靜的主敬工夫義，立說的角度相異。以此來看「敬足以直內而已」，可知該句是從內外之辨立論。主敬工夫的運用雖然無分於動靜，但是依據龜山辨分內外的標準來看，「敬」於此較強調持守心性的內在自我警醒，「義」則指主體對應物勢所表現的適宜言行。

「敬」是一貫集中於心性的道德意識，其所持所守無非是內在於吾人的道德主體，而非固定執持特定的道德之理。及應事接物，隨客觀情勢曲折不同，義所當循之理亦各相異，故施之於事，有厚薄隆殺不可易的主觀表現，是爲「時措之宜」。因此，言敬「發之於外，則未能時措之宜」，並不是說敬功不能因時制宜、具體表顯爲特殊德行，而是從敬內義外的判準，指出落實爲現實活動時，道德主體所含藏的萬理，必定不能悉數表現，而是順應物勢，發顯爲特殊之當理，始爲合義。故曰「必有義以方外」，行爲雖有厚薄之殊，然皆本於內在純然眞情，則方外合義之舉，反而彰顯以敬直內之功。由此可知，龜山敬發未能時措之說，表面上似違「敬義無二」的論點，實則是著重

於其盡誠的直內作用而言，故在「敬義不二」的表述後，卻又分說敬與義、內與外，皆是偏從敬功主內的角度論之。也就是說，「敬內義外」與「敬義無二」的立論角度不同，前者是就工夫而言，後者是就本體立說。就工夫來說，龜山將敬義辨分爲內外兩層，主要是強調工夫不能僅止於對本體的抽象體證，而必須貫落於日用間表現爲具體的分殊之行。故「義以方外」的提出，在龜山主要是就工夫必須及於現實而言，而這種將工夫分解爲內外的架構，隱然已含有通過日用練習以純熟中體發用的意思，從而影響了延平「理會分殊」工夫的成立。至於「敬義無二」則是從本體上言，「無二」正顯現了「敬」、「義」根源是一，則在道德實踐的映照下，內外並無相待對立相，純然是中體天理的流行而已。

　　然而，學者如梁巧燕卻秉持不同的看法，其云：

> 然而，再就其義理分析，第一段之『敬』是就事上、用上說，即從工夫義上言敬；第二段說『敬足以直內而已，發之於外，則未能時措之宜也，故必有義以方外』。言下之意，必須有『義』作爲外在的行爲規範（雖然義同時也是內在的自律道德）。如此說『敬』，自非本體實有之敬體。蓋若敬是先天實體，則發於外亦只是順此體而呈顯、流露，一切行爲莫不如理合道，怎會『未能時措之宜』？可知，其意指敬在內，義在外（如上所言，義同時也有屬內的一面），且敬須有義來加以扶持，才能如理得宜。〔註9〕

梁氏認爲兩段引文義理有所矛盾，以爲龜山「在『敬』字上的理解顯得糾結不能一貫」。然考其闡述，可知其謬有二：一者，根據龜山對「義以方外」的解釋，「方」是不可易之厚薄作爲，由順應物勢而有的當理施事則曰「義」。而梁氏卻視「義」爲「外在的行爲規範」，作用是「扶持敬」，顯然與龜山對「義以方外」的定義不合。又，其既認「義」爲外在規範行爲者，又謂之爲「內在自律道德」。則前者已將「義」推之於主體之外，視爲外部制度對主體之約束；後者又強拉「義」於主體之內，視爲由內從出之道德法則，二者詮解明顯相悖，此其一也。再者，梁氏認爲龜山引文之二所闡發的「敬在內，義在外」義理，與引文之一不貫。果如其言，龜山「內外之辨」又如何解釋？實則以內外辨敬義，並非否定敬之發外、義之屬內，而是從表現爲具體活動

〔註9〕見《楊龜山思想研究》，國立政治大學中國文學研究所碩士論文，民國83年6月，頁180。

與否區隔。據龜山「敬義無二」、「義自敬出」的說法，顯見義的根源爲敬，即本心本性的自明自持；敬的現實化爲義，即本心本性的發用。簡言之，義「屬內的一面」、「內在的自律道德」即是敬，敬發顯於外則是義，故曰「義亦敬也」。所以，梁氏「敬須有義來加以扶持，才能如理得宜」的觀點，乃強分敬義爲二，故忽而論義兼內外，忽而論敬須義持，始終無法明確釐清敬義的關係，此其二也。誠然，龜山「未能時措之宜」的表述，語意甚爲模糊不清，若不參核「敬內義外」、「義自敬出」的義理，極易引起敬義隔絕的誤解。但是，對照兩段引文，可知「未能時措之宜」的說法，乃著眼於道德活動是順應時勢、物境而有的至當表現，而非敬所主心性之含隱萬理的無別傾出，故要有方外，始能合義、合敬。由此可知，龜山對於「敬」的理解是一致的，就內在工夫曰「敬」，就事上、用上曰「義」，至於其所敬、所直，則爲內在的道德主體，故敬、直不過是內在保持警醒自覺的道德意識，使心性之明能持續不間，實可謂爲道德主體的自敬自直。

龜山除了從敬義之辨言主敬工夫，又以「守一無適」言工夫要點。其言云：

> 學者若不以敬爲事，便無用心處。致一之謂敬，無適之謂一。（卷十三，頁 661～66）

> 夫守一之謂敬，無適之謂一。（〈答呂居仁其二〉，卷二十一，頁 911）

「致一」即「守一」，「致」與「守」表示致力於持守。「一」意爲「無適」，「無適」即無所往，指心不奔馳走作。若僅從「致一無適」的論述，實難判定龜山之「敬」，究竟屬於心氣的凝聚，抑或另有專注處？然核契「盡誠無僞」、「義自敬出」的義理，可知其所謂「敬」並非以收歛心氣爲歸趨，而是以純一不已的工夫，使道德主體能不失其主宰地位。故「致」、「守」、「一」用字雖殊，實皆意指內心時時保持警醒的道德意識，不因接物而激發私意，而能專注集中於內在眞實心性，以相續無盡地呈現本心之明﹝註10﹞。致守之功，目的在於防範私

────────────

﹝註10﹞龜山以「守一無適」言「敬」，乃上承其師伊川之說。伊川云：「閑邪更著甚工夫？但惟是動容貌，整思慮，則自然生敬。敬只是主一。主一既不之東，又不之西，如是則只是中。既不之此，又不之彼，如是則只是內。存此，則自然天理明。」（《遺書》十五，頁 5～6）「所謂敬者，主一之謂敬；所謂一者，無適之謂一。……一者無他，只是整齊嚴肅，則心便一，一則自然無非僻。」（《遺書》十五，頁 7）伊川之「敬」，乃凝聚實然心，以達閑邪之效。而其「直內」則是通過後天整肅實然之心，使實然心不妄作邪僻，以漸至如理合道的狀態。其兄明道亦有「直內」之說，其言云：「『敬以直內，義以方外』，仁也。」（《遺書》十一，頁 1）明道之「敬」，不似伊川落在實然心氣上的後天整歛，

意之興起。由於吾人長久以來被私心侵奪，遂形成穩固習氣，因此於本心朗現之後，須再加以敬內的保守工夫，始能避免自私念慮紛如又作。然謂之主敬，並非另發一個敬守的意識，視本心爲對象，緊持把握。實則主敬的道德意識乃由本心所發，敬守無間的工夫，即本心相續之自操自存。故「敬」可謂即工夫即本體，從工夫而言曰主敬致一，從本體而言曰敬體。對應於觀中工夫，龜山嘗云：「學者當於喜怒哀樂未發之際以心體之，則中之義自見，執而勿失，無人欲之私焉，發必中節矣。」（卷二十一，頁 898）其中「執而勿失」的工夫，雖未言敬，然其義實與主敬誠直相合，爲誠敬之道的別述。

主敬工夫既強調執守勿失，則工夫運用時機，必不限於應事之際，於動於靜皆應用之，唯求念念不怠爾。故龜山又盛言愼獨，實主敬致一之要。其言云：

> 人之爲惡，多以人莫知之而密爲之，然終不能掩。密爲之者，其初心也，至於不能掩，蓋已無如之何耳，豈其所欲哉？此君子所以戒愼乎其所不睹，恐懼乎其所不聞也。（卷十一，頁 542）

> 仲素問：知微之顯，莫只是戒愼乎其所不睹，恐懼乎其所不聞否？曰：然。（卷十二，頁 617）

> 獨非交物之時，有動于中，其違未遠也。雖非視聽所及，而其幾固已瞭然心目之間矣！其爲顯見孰加焉？雖欲自蔽，吾誰欺？欺天乎？此君子必愼其獨也。蓋道無隱微之間，於獨而不謹，是可須臾離也。（《禮記集說》，卷一二四，《通志堂經解》第 32 冊，總頁 18320。）

戒愼恐懼之說，乃上承《中庸》。「不睹」、「不聞」者，人莫睹聞而己所獨知也。「獨」之義有二：一者爲於接物之際，在人所不見的隱密處；二者爲與物無接之時，內心深處的意念活動。「愼獨」工夫的旨要，乃務使本心時時自我提撕、醒覺，就算是短暫的須臾瞬間，亦不可背道而行，而非在人所見聞處，才謹愼言行。如是，在接物活動之時，不可因人莫知之，而稍有鬆懈，乃至惡念奪本心正位，發爲不中節之行，甚而密爲惡事。在尚未接觸外物之時，

而是根源於仁體所發之敬。故「直內」是本心自我提起，自直內部生命，使身形動靜莫不是仁體的流行。龜山「守一無適」之語，雖順承伊川文句，然詳考「盡誠無僞」、「義自敬出」、「敬義無二」的思路，可知其「敬」並非提振實然心氣，而是直通於道德心性。否則，敬如何能出義？如何能盡誠？此皆顯其「敬」即是本體，即是工夫，故「守一無適」的運用，是本心之自守自一，而方外義行乃稱體而發，並非以外在的敬刻意規範行爲舉措。因此，龜山雖承伊川語句釋敬，但其義理乃繼明道而來，與伊川實不相同。

於無所見聞、無所事爲間，更應在內心辨察意念的善惡，深自警覺。故戒愼恐懼的工夫乃貫通動靜，不僅用於外表行爲上，更要在惡念尚未具體成形之際，隨即遏止私意之萌，以護持本心之明。此戒愼的察照意識，乃本心中體之自覺，亦即誠敬工夫的防檢作用。而所謹守者，無非是本心、中體、敬體之明朗昭然。由謹守於內的自我警醒，默坐觀識之不偏不倚氣象，始能相續不斷地呈現，以免除私欲的干擾間曲，而眞正暢直吾人內部生命，成就眞實的道德生活。因此，工夫必須深運於內在至隱至微的意念初動處，誠實不自欺瞞，確切地省察意念之發微，去其不善，不使滋養壯大，存其如理之善，以至須臾隱顯之間，絲毫無違於理。〔註11〕

龜山主敬愼獨說影響豫章，其詩云：「心源寂靜映寒潭，每欲操存更養涵。」（〈再用韻送延平〉，《羅豫章先生文集》，卷十，頁 114）「心源」非謂心之外另有源頭，而是指從出道德行爲的根源，乃內在吾人之本心。「寂靜」是指靜坐識取的本心之寂然氣象。「操存更養涵」則強調要時時操存本心，並透過持續地自覺本心以滋養涵育之，使其能無息呈現。從詩句形容，可概觀豫章「操存養涵」的意指，然其並未詳細闡明「涵養」工夫的內容。延平繼之，盛言持守存養的重要性，並進一步發揮其意：

> 又云便是日月至焉氣象一段，某之意只謂能存養者，積久亦可至此。若比之不違氣象，又迥然別也。今之學者，雖能存養，知有此理，然旦晝之間，一有懈焉，遇事應接擧處，不覺打發機械，即離間而差矣。惟存養熟，理道明，習氣漸銷鑠，道理油然而生，然後可進，亦不易也。（《李延平集》，卷二，頁 21）

「日月至焉」語出《論語》。〈雍也〉云：「子曰：『回也，其心三月不違仁；其餘，則日月至焉而已矣。』」孔子讚美顏回能長久不違仁心，而謂其餘人等，僅一日或一月偶順仁心，難如回之日久行仁。延平引夫子言，指出欲致不離仁心之功，唯待存養。存養者，用力於本心之自主，以長養內在的道德力量，使之博厚深遠。存養之要，在於「積久」，即勤勉無息地運用工夫，乃至工夫純熟、本心主宰地位穩固不搖。「存養」的提出，與龜山主敬誠直的工夫意義

〔註11〕 牟宗三先生云：「愼獨是自覺地作道德實踐之本質的工夫，此是由曾子之守約戰兢而開出者。《中庸》之由愼獨到致中和只是形式地說更進一步而爲落實地說、具體地說而已，其義理間架是一也。故愼獨決非只是平時之涵養，決非涵養察識分屬中之空頭的涵養。龜山不失此意，延平亦不失此意。」（見《心體與性體》第三冊，頁 183）。

相同。默坐的方便途徑，雖有助於排除私欲干擾，但是識得不偏不倚氣象後，若不接續持守的後段工夫，迨私意復萌，中體不過成一時乍現，而靜中體驗亦成爲短暫的修養經驗，此即日月至焉。故存養之功，目的在於抗衡習氣的強大力量。延平指出，學者之弊，不在於不知或少缺存養，而在於工夫不夠深細綿密。所謂習氣，乃私我在長期偏滯一己的情形下，所形成的慣性力量。由於外在事物千繁萬殊，具有引誘牽引的作用，因此吾人在應事接物之際，心念極易受之擾亂，而影響道德意識的集中，乃至利己之意念，復於內心深處又逐漸活動，而工夫遂離間矣。簡言之，存養若用於本心的持護，自能達正面之功，反之，若用於私意培育，亦能壯大習氣的效力。在吾人自覺從事道德修養之前，實即時時滋養私意，故習氣根固難拔。而致力存養德性，就是要漸次削減習氣的力量，使習氣在長時間得不到支持下，日益薄弱。此顯示德性存養與習氣作用，彼此間是消長正反的關係。若不用心存養，工夫乃片斷支離，其力實微弱，不足以推反私意的主宰性；若存養不懈，工夫日趨精練純熟，生命境地乃能進昇，而道德力量便可由內積極地通達於外，不復受私意的憾動，故曰：「惟存養熟，理道明，習氣漸銷鑠」。

延平又藉孟子夜氣說論述涵養之道：

> 大凡人理義之心何嘗無？惟持守之即在爾。若於旦晝閒不至梏亡，則夜氣存矣。夜氣存則平旦之氣未與物接之時，湛然虛明氣象自可見。此孟子發此夜氣之說，於學者極有力。若欲涵養，須於此持守可爾。……由此持守之久，漸漸融釋，使之不見有制之於外，持敬之心，理與心爲一，庶幾洒落爾。（《李延平集》，卷二，頁 17）

《孟子・告子上》云：「其日夜之所息，平旦之氣，其好惡與人相近也者幾希；則其旦晝之所爲，有梏亡之矣。」良心出入無定，然如草木生長，日夜之間必有發見。特於夜間獨自靜處之時，無物外擾，私意不受引動暫獲平止，本然之道德心乃得生息。經長夜之養，清明氣質與仁義之心相若，此時好惡之情皆本於眞實心性，得人心之所同然也。迨晝與外物接舉，計較私心牽引復起，遂害夜之所息，使良心又失其養，梏亡放失。延平舉夜氣說，強調理義之心遍在吾人，得之不難，然失之甚易，故要專注於持守，始能無間地漸涵漸養。吾人之所以於夜間神氣較清明，其理已述於上，乃緣於暫時隔離萬物的誘引，私念之作能得暫緩。唯夜氣之清明畢竟是非自覺地消極生養，故道南特立觀中工夫，即取夜息無擾的優點，發展爲默坐澄心的修養內容，使本

心之息養不獨於夜間，亦能在白晝透過靜坐方式，澄治紛亂私欲，積極默識中體〔註12〕。

從本體上說，持守固然是本心之自持自立，然就工夫而言，因其熟練程度不同，著力要點亦隨之而異。修養之初，甫證本心，道德力量尚微弱不壯，習氣仍深蘊其勢，二者相較，習氣的慣性力度實遠勝本心的作用，此乃夜氣梏亡之因、學者遇事易「打發」、「離閒」之由。故工夫運行之初，吾人必能深切感受到兩股勢力的相勝牽扯，此時應無時不用其力，生息涵養道德力量〔註13〕。故龜山謂戒慎恐懼、豫章曰知微之顯、延平諄囑不可懈，皆此理也。即使惡念微露、頃刻失養，亦當隨即警惕自覺，去惡存善，以收「謹獨」之效。此皆工夫初期必當遭遇的修養艱難處，因此延平有「持守久」、「存養熟」以致「理道明」、「習氣銷」之說，即謂修養尚處生疏之際，勢必用力深運，始能長養本心、對抗習氣之害，乃至盡除，本心的作用全然透出，使吾人的行止無不是本心的發露流行。

回復真實心性，首在於拔除過往習氣，其要乃先識本心，後延續其明。為求順利體證，道南學脈提出默坐的方法，藉由收斂身心與暫時隔離外物牽誘，使吾人能專注體證中體澄然凸顯的不偏倚氣象，此為觀中的主要工夫途徑。然靜坐只是觀識中體的方便手段，其目的在於把握中體，而非趨靜不動，故中體朗現後，必須有一通貫動靜的工夫，以延續靜中體驗。此相續其明的

〔註12〕 延平云：「夜氣之說，所以於學者有力者，須是兼旦晝存養之功，不至梏亡，即夜氣清。」（《李延平集》，卷二，頁17）延平明白指出，孟子夜氣說所以利於學者，不在於敘述晝之所為有害夜氣的實情，而在於正面揭示「旦晝存養」之要。若能在白晝行止間，有意識地自覺本心之存在，本心便能自主而不受習氣擾亂，則隱微的道德力量，不再僅限於夜間表顯，而能在白晝念念不息的操存中，時時呈露。故學者必兼晝夜時時存養，始能長養道德力量，而復本心全體。

〔註13〕 延平云：「孟子有夜氣之說，更熟味之，當見涵養用力處也。於涵養處著力，正是學者之要，若不如此存養，終不為己物也。」（《李延平集》，卷二，頁7）延平強調學者之要在「於涵養處著力」，此正指出涵養持守工夫的重要。默坐體認雖是觀中的直截途徑，然若僅限於默坐時體驗氣象，迨離默坐，復至梏亡，則克反習氣宰制的道德力量，不過是一時的顯現，並不能真正恢復吾人內部真實的生命。因此，必須致力於存養工夫，通過日積月累地滋養道德力量，以長期支持本心之明。工夫愈精純，道德力量愈壯大，而習氣在久經截斷無養的情形下，也就會愈益衰息。由初時兩股勢力的牽扯，漸進至道德力量反凌於習氣之上，乃至習氣盡銷，本心全然自主，此時方為「己物」，不復梏失。

後段工夫，龜山謂之誠、直、敬、戒愼、護獨，延平則謂存養、持守，詞雖不同，工夫則一，皆通過內在不已不息、自我提撕警覺的道德意識，延續靜中所體、繼顯中體之明。因此，誠、敬、存養等工夫，在道南工夫論中雖未被視爲認取本心的根本入處，然其護守的功能，有助於日漸積累內在的道德力量，以穩固中體的主宰地位。故其之於觀中工夫，實深具輔助作用，乃觀中後一段不可或缺的緊要工夫。

二、格物致知

　　「格物」、「致知」首出於《大學》，然二者之實踐意義與實踐領域，於書中並無明確規定，故後世學者往往各依己學，定其義理方向〔註 14〕。道南學脈中，羅李二人於此鮮少闡發，然龜山卻特重格物致知說，其言云：「致知必先於格物，格物而後知至，知至斯止矣。此其序也。」（〈答學者其一〉，卷二十一，頁 900）「明善在致知，致知在格物。」（〈答李杭〉，卷十八，頁 799）他將進德之序定爲致知、格物、知至，並視爲明善之要，顯見其說的重要地位。然其與觀中工夫的同異爲何？則待本文依序梳理格物致知的實踐意義、功用、方法，並從二者之聯繫，顯發其與觀中工夫的關係。

　　龜山定義「致知」：

> 譬之適四方者未知所之，必問道所從出，所謂「致知」也。（〈答呂秀才〉，卷二十一，頁 907）

「適四方者未知所之」乃譬喻吾人身心，久爲私意繫縛，一切行動莫不由私己主導，皆過與不及。及深切自覺、欲革惡行善，卻又不知應事接物之際，應如何舉措行止，方爲合理中行。此時正如適四方者，茫然不知應往方向。龜山認爲解決之道，乃「必問道之所從出」。在龜山的思想體系中，道、性、命三者，一體異名。天在人之作用曰「命」，決定吾人生命活動應有之方向；

〔註 14〕牟宗三先生云：「那麼，我們看大學當該採取什麼態度呢？大學只是把實踐的綱領給你列出來，但是要如何實踐，實踐的那個領導原則是那個方向，大學裏面不清楚。因爲大學本身不明確，那麼到底要如何來實踐呢？這個道德實踐後面的基本原則到底是什麼呢？這個地方我們當該以論語、孟子、中庸、易傳來作標準，用它們來規範大學。我們不能反過來以大學爲標準來決定論語、孟子、中庸、易傳。至於大學本身的原意究竟是什麼，這是個很麻煩的問題。……因爲大學本身不明確，所以我們講儒家的時候並不太著重大學。」（見《中國哲學十九講》，臺北：臺灣學生書局，民國 88 年 9 月 8 刷，頁 83）。

人稟受天理以其為「性」，乃吾人之所以能成就道德行為的內在根據；性之自發自率曰「道」，為循性而成之德行，故曰「在天曰命，在人曰性，率性而行曰道」（詳見第四章第一節）。據之參合「問道從出」之義，可知「道」於此乃謂根源於人性之不已不息的道德活動。故龜山意在於：欲徹底改變不中節的行為表現而成為合理的狀態，必不能求之於外，而要逆覺德行從出之源，亦即道德心性。此自返工夫，是謂「致知」。則龜山雖未分釋「致」與「知」之意，然由此顯見「知」指德性之知，乃道德心的直接展現，「致」則確立道德工夫的基礎，在於對道德本性的自覺。此明確指出「致知」的實踐取向，乃內求的心地工夫，與觀中工夫的歸趨相較，實無二致。

由上述知，欲正其行，首當自覺本性，此乃德性修養的根本要途。故龜山又云：

> 古之欲明明德於天下者，必先於致知，致知所以明善也。（《經筵講義・尚書》，卷五，頁 282）

> 蓋致知乃能明善，不致其知而能明善，未之有也。（〈答呂居仁其一〉，卷二十一，頁 909～910）

> 雖有其質，不先於致知，則無自而入德矣。（卷十四，頁 701）

> 然而為是道者，必先明乎善，然後知所以為善也。明善在致知，致知在格物。（〈答李杭〉，卷十八，頁 799）

致知之功有三：一者入德，二者明善，三者明明德於天下。人雖稟天賦之理而為性，然時受私意遮蔽，長期處於潛隱不顯的狀態，即使偶然乍現，亦因未致力操存，旋又復失其明。因此，學者如實感私意之礙，對成德有真切要求，必不待心性於實際生活的偶然顯現，而勢要運用一種工夫，使明昧不定的德性，自覺地顯現出來。此入德工夫於此曰「致知」，於他處曰「靜中體驗」，所指向的工夫途徑是一致的，二者皆以體證道德主體為歸趨。藉由對德性的正面認取，吾人方能在心性自我肯定下，確立成德的基本方向，而後循工夫段落，日進其德。此顯示：欲成就道德生活，必先建立一己之道德人格，其要在於自覺吾人之本然心性實含具道德萬理，並專就此用功。若無根本自覺，反求諸外，無異於捨核心契要，務力外圍偏功。工夫既離精準，自難收實效。故知入德進德，皆當繫於德性自覺，所以曰「然而為是道者，必先明乎善」。龜山指出「未嘗知義，非明也。」（卷六，頁 316），其釋「明」為「知義」，「知」乃實踐之證

知，「知義」即證知道德法則實內具於吾人主觀心性中。「知義」、「明善」皆強調：修養首當在心性之自立自識，入手工夫在此，用功之處亦在此。由天賦光明德性的顯發，實現於具體活動中，行止方能在德性的主宰下，恰當得宜。依此層層向外推擴，家乃得齊，國乃得治，天下乃得平。要言之，立己立人之道，關鍵皆在於自覺其性、自明其德，亦即復現德性之明〔註15〕。

「致知」指出成德的根本方向，而擴充往盡的過程，必須通過「格物」。龜山對於「物」的規定，大致可分「形色」、「鳥獸草木」二種解釋。由詮解不同，所開出之工夫方法，別有殊要。以下即順其釋，依序析論。

龜山云：

> 學始於致知，終於知止而止焉。致知在格物，物不可勝窮也。反身而誠，則舉天下之物在我矣。《詩》曰：「天生蒸民，有物有則。」凡形色之具於吾身，無非物也，而各有則焉。目之於色，耳之於聲，口鼻之於臭味，接乎外而不得遁焉，其必有以也。知其體物而不可遺，則天下之理得矣。天下之理得，則物與吾一也，無有能亂吾之知思，而意其有不誠乎？由是而通天下之志，類萬物之情，贊天地之化，其則不遠矣。則其知可不謂之至矣乎？（〈題蕭欲仁大學篇後〉，卷二十六，頁1057～1058）

此段引文要點有三：其一，說明致知所以在格物的原因，乃「物不可勝窮」。其二，格物的方法，是反身而誠、盡物之則。其三，格物的目的在於「知至」。龜山指出物雖各具其則，然天下之物多至於萬，個人勢不可以有限生命，備及無限之物。又，若不明心理同一，即使能窮盡萬物之理則，則理之於人，亦不過是主客的認識關係，而非真實具在於內。故龜山反對外向逐物，認為格物的工夫在於「反身而誠」，這就將格物的方向由外在事物轉回主體自身。至於反身格物的理論基礎，則在於「舉天下之物在我」，也就是心備「天下之理」〔註16〕。

〔註15〕延平論及「致知」處，僅「致知事業同歸理。」（〈上舍辭歸羅豫章先生〉，《李延平集》卷一，頁6）一句。其又云「理與心為一」（《李延平集》工夫卷二，頁17）。他認為道德之理根源於心，而「致知」正是要在心性用工夫。此看法顯與龜山一致。

〔註16〕龜山云：「『致知格物』，蓋言致知當極盡物理也。理有不盡，則天下之物皆足以亂吾之知，思祈於意誠心正遠矣。」（〈答胡康侯其一〉，卷二十，頁855～856）龜山規定「致知」為「極盡物理」，所謂「物理」，非謂事物之形質結構，而是指物之所以存在之理。「極盡物理」即探究萬物所以然之故與其當然之則，以至其極。然萬物繁多難盡，實不可能逐一格之，故龜山又云：「號物之

一切存在皆有其所以存在之理，如父子之理爲仁、朋友之理爲信……等，理雖有萬殊，然皆函有統一的道德原則，而理本具於吾人之心性，故欲得其理，不必格求眾萬事物，根本之途實爲反身。「反身而誠」的工夫，與觀中的實踐意義是一致的。其要在於契入價值之源，使吾人面對萬物時，自然能順應物勢，對應分殊之理。而萬物亦在道德之理的具體呈現中，成爲眞實的存在。

然而，格物的實踐取向既與觀中相同，其與觀中工夫的內容是否亦無二無別？關於此點，我們可從「物」的定義，梳理格物與觀中的同異。龜山釋「物」爲「形色之具於吾身」，又曰：「所謂物者，凡受於吾親者是也。」（〈孝思堂記〉，卷二十四，頁 995）由表現字句觀之，「物」是指受生於父母之生理形軀。「物各有則」乃謂形軀之耳目口鼻等官能，皆有其存在之理。唯有道德心性的發用，始能實現其理。此中，龜山雖未明確說明「格」之意，但是從他對物之則的強調，足見「物」之實義爲個人行爲活動（非形軀之生理結構），而「格」是呈顯物則的工夫，目的在使形軀之用皆能得宜。則「格物」的意義即非全力發揮五官機能，而是如何善用之。換言之，「格物」意指通過體證道德心性的工夫，使一切形軀的動用，皆實現道德之理。如是，藉由勉強克制所表現的不放逸行爲，並不能稱爲物格，唯有在中體顯現的前提下，貫落道德意念於感性生命的實際活動，方爲格物工夫的眞實運用。則「格物」不專指默識中體的靜中工夫，更具有實行道德意識的作用。如是，格物的工夫內容遂兼含動靜，未接物之時，靜中默識中體，應事之際，仍持續保守中體之明，以發用爲如理中行。在龜山，雖是通過「反身而誠」的概念間接繫聯格物致知與觀中工夫，但是就工夫方向與義理內涵而言，二者相同一致。與前述工夫相較，「格物」所概括的範圍，實貫徹觀中與誠敬之前後工夫段落。在此之所以定「物」爲形軀動用，就是要特別標舉格物工夫的現實化的傾向，比之於觀中工夫，正顯發在未發上用功，僅是爲了方便觀中，而不可偏靜反動，乃至停滯於抽象懸絕的光景中。實則中體必得具體呈現於人倫日用中，

多至於萬，則物蓋有不可勝窮者。反身而誠，則舉天下之物在我矣。……反而求之，則天下之理得矣。」（〈答李杭〉，卷十八，頁 799）萬物與吾人之間，實非對立隔絕的關係，其理實皆含具於吾人心性之中。故極盡物理之要道，乃在於反身自覺本性，迨性體朗現、自作主宰，人物關係自得改變。此時，萬物之於吾人，便不成引發私欲的誘因，反而在心所具之萬理、具體呈現於行事中，萬物得以呈顯其眞實意義。則人乃成萬物之理的實現者，而得參贊天地之化。

而形軀之種種官能與活動，正足以成爲中體顯現的資具。通過中體對感性生命的主宰，視聽言動方有所向，應收斂即收斂，是爲無過，應發動即發動，是爲無不及，則啓口容聲莫不是不偏不倚之中行〔註17〕。因此，致知必先於格物，乃因如理的生命活動，必須預認中體的朗現。由中體之主宰，其所含具之道德理則，始能發而貫於行事，則一切行爲方能端正中節，而人物關係亦得和諧不隔。

　　格物的實踐活動，實即擴充其知的過程。由把握原本潛隱的中體，繼以相續不息地保守工夫，乃至中體成爲絕對主宰、不復遷移，是爲「知止」。故龜山云「學始於致知，終於知止而止焉」，其意非謂道德實踐至此可終，而是指道德意識的充分實現，方爲圓滿至善的境界〔註18〕。由中體的彰顯，其所發之道德力量，便能有效阻斷私意的興起，止滅物欲的追逐，使德性充量顯發於生命之中，而無有可惑亂心靈者。故龜山又說：「若夫格物而知至，則目無全牛，游刃自有餘地矣，不待『忍』而後能也。『忍』而不爲，恐物或誘之，有不可忍者，更切勉之！」（〈答胡處梅〉，卷二十一，頁 915～916）「忍」是在未致知的狀態下，對違理之意識行爲的興作，極力克制的表現。此時私欲明露，在吾人生命不斷地作用著，及與平日好樂之物相接，必難強止邪念惡行的發動。故龜山強調，唯有確實踐履格物的工夫，欲念方得在道德人格的宰制下，獲得適度的調節與合理的排遣。則不待窮盡萬物，亦不須獨兀故忍，道德之理自能體現於人倫日用中，令身心行止莫不如理無偏。因此，格物工

〔註17〕龜山云：「流僻滌濫之音，奇邪慢細戲之物，日褻於耳目，而視聽言動，一失其則焉，皆過乎物也。」（〈孝思堂記〉，卷二十四，頁994～995）凡失則之視聽言動，皆過乎物也。所謂過者，於此指耳聞流僻之音，目玩奇邪之物。是皆形骸官能的過度縱馳，以致道德心性潛隱，而耳目口鼻之所以存在之理，遂不得實現。則於物爲過，於理又不及，而格物正是要導正天賦材質不善用的情形，以歸於道德之善。

〔註18〕龜山云：「知其所之，則『知止』矣。語『至』則未也，知止而至之，在學者力行而已，非教者之及也。」（〈答呂秀才〉，卷二十一，頁907）「知其所之」是意向行爲皆依於中體，而獲得道德性。中體既穩固其主宰地位，道德實踐便由之不已地呈現，未有停滯終止之時，故曰「語『至』則未也」。至於「知止而至之」一句之「至」意，與前句之「至」不同。龜山云：「所謂止者，乃其至處也。」（〈答學者其一〉，卷二十一，頁900～901）後句之「至」，乃形容「知止」之「止」，爲充擴德性之知以至其極，並維持其境不失，故爲「達到至善境界」的意思，乃強調欲達到「知至」的境界，唯在全心投入於道德修養中，而非經由知識的教導授受可得。

夫至極的作用，乃在於道德生命的全面顯現，使道德生活獲致根源的保證，此方爲知之至也。

龜山對「物」的第二個解釋是「鳥獸草木」：

> 《六經》之微言，天下之至賾存焉。古人多識鳥獸草木之名，豈徒識其名哉？深探而力求之，皆「格物」之道也。（〈答呂居仁其三〉，卷二十一，頁 912）

「物」雖指鳥獸草木，然所格者並非物類異稱，而要在表面名號之外，進一步施以「深探力求」的工夫。由「豈徒識其名哉」的歎問與「至賾」的指稱，可知所謂「深探力求」，非指外部事物的研究學習。「至」者，極也；「賾」者，隱微難知也。若所探所求者爲動、植物學，即使其學淵廣，至多繁瑣難憶，豈又隱微難得？故「深探力求」的取向，必非求取知識的進路。則所探求者既非生物知識、形質相狀，依龜山的思想體系，應指實現一切存在之所以然之理，即生化萬物的天道。天道創生天地萬物，爲萬物超越之性，而萬物莫不依循此自然理則而行，故天地萬物的存在與活動，皆可謂爲天道的具體顯現。從工夫意義而言，當吾人感受自然無限之生機，進而深探推動四時運行、萬物生成的力量，便能察知天道不已地作用。由萬物盎然生生、變化無息，顯現天道含蓄不盡之發育，此爲無不及；由節候生長收藏、交替不迨，呈露天道無窮又能適當節制的妙運，此爲無過（由冬盡春來，見其不過度生化）。故觀中工夫若從主體著力，可由靜坐體驗天命之性所呈現不偏不倚的氣象；若由形上的客觀實體入手，亦可體會天道無過與不及的作用。前者即上述的格物工夫，乃實現物則的內向修養；後者即格物工夫的第二種運用，乃對實現鳥獸草木等自然萬物存在之天道的把握。

這兩種格物工夫路向雖有不同，然並不相違。在龜山天道性命相貫通的思想下（詳見第四章第一節），天道實體乃人性的根源，人性的道德內容與宇宙的運行規律，是相同無二的。則反身默識中體，是認取天命於我之內在道德本性；探求鳥獸草木，是證知天命物性之活動法則。前者由人性入，後者由物性入，實則人、物之性並無二致〔註 19〕。所不同者，在於物只能依循自然規律行動，而不能自覺體現其性，人則能逆覺本性根源，呈現天道。而呈

〔註19〕龜山云：「萬物皆備於我，則數雖多，反而求之吾身可也。故曰盡己之性，則能盡人之性，盡人之性，則能盡物之性。以己與人、物，性無二故也。」（〈答練質夫〉，卷二十一，頁 916～917）

現的方式，即前述之格物（形色）。迨物格知致，吾人在自覺行道德實踐的同時，必可悟知中體（性體）對合理中節之行純一不已的引發，如天道妙運萬物般，是生生不息、深遠無盡的。由此而深刻體會：成立道德行爲的根據（性體），與生化天地、使萬物得以存在的超越天道，實相通不二。故道德活動即天道在人的具體顯現，而吾人之道德創造，即相等宇宙的生化活動，使鳥獸草木在本心的感格中，皆能實現其存在之理，呈現無限的價值意義。故格之方式雖異，然所歸者一。唯龜山之修養論，主要著眼於前者，至於此處格物工夫的提出，乃指點吾人不可誤認考索名物爲工夫目的，而要深入探求其所以然之理，以感證天道中正不偏的氣象。

「深探力求」揭示格物工夫的路向，同時也顯現經典學習與德性培壅之間的關係。龜山嘗指出「讀書之法」在於「以身體之，以心驗之」，此處又云見天下至賾在探求《六經》微言。此皆顯示龜山所重雖在內向修養，然並不因而否定典籍的研究〔註20〕。相反地，他對經典研究之於德性涵養的助成之功，秉持肯定的態度。道德價值的根源雖不在於經典，但是典籍備載實現德性的方法，足以啓迪吾人逆覺內在的價值本源，故龜山云「《六經》之微言，天下之至賾存焉」。至於讀經的原則，龜山則以「以心驗之」、「深探力求」兩句說明之。典籍雖提供修養要點，然吾人若徒然窮索名物、考訓字句，實不異於逐文字之末、捨義理之本。「深探力求」即強調對經典的理解與詮釋，必須不滯於表面末功，而要深入體會義理微言，如此始能掌握其基本意向。龜山將經典學習定位爲開啓道德實踐之途，使認知活動得以容納於德性修養的原則下，不致於因心性工夫的凸顯，而失落其地位。

同樣的態度，也反映在龜山對典章文物的看法上。其言云：

> 《大學》所謂誠意、正心、修身，治天下國家之道，其原乃在於物
> 格，推之而已。若謂意誠便足以平天下，則先王之典章文物皆虛器
> 也。故明道嘗謂有〈關雎〉、〈麟趾〉之意，然後可以行〈周官〉之
> 法度，正謂此耳。（〈答學者其一〉，卷二十一，頁 900～901）

〔註20〕龜山云：「欲致其知，非學不能，故傅說之告其君『念終始，典于學』以此。」（《經筵講義・尚書》，卷五，頁 282）又云：「舍《六經》，亦何以求聖人？」（〈與陳傳道序〉，卷二十五，頁 1020）「多識前言往行，非徒資見聞而已，蓋將以畜德也。」（〈跋曾伯智孝行類要〉，卷二十六，頁 1066）此皆顯見龜山對經典學習的重視，認爲經典所載皆聖人微言、道之所存，指示道德修養途徑與過程要點，有助於德性的培壅。

「物格」乃耳目口鼻等存在之理的實現，即通過德性自覺而引發的種種道德活動，此是個體與社會、群眾間獲得和諧關係的基礎。依德性爲根本，與親人處，與朋友交，乃至治國平天下之道，皆由之層層向外推擴，一切所及之物莫不在道德心的感通涵潤中，成就其價值意義。龜山此說是特別標舉道德修養的重要性，並不意味其否定制度法令對治國的規範輔助作用。他指出「若謂意誠便足以平天下，則先王之典章文物皆虛器也」，理想政治的根源雖在於德性心，然外王事業的開展實須奠基於法令規則等體制，以立體撐開國家上下架構，而便於統領管治。故先王遺留之典章文物並非無用的虛器，只要依準於道德本心，即能貫注道德意義，成爲德化藉以實現的具體運作形式。龜山又舉其師明道之語，以證其說。其言云「有〈關雎〉、〈麟趾〉之意，然後可以行〈周官〉之法度」，〈關雎〉、〈麟趾〉（〈麟之趾〉）皆《詩・周南》之篇名，明道乃取其德性美好、性情仁厚之詩義，言德性之要。〈周官〉乃出自《尚書・周書》，藉指周家設官分職用人之法。這句話意指：法度必須建立在價值基準之上，始能獲得良善的執行，成爲仁政成就的利器。

　　龜山援引明道說法，無非是強調典章法度之不可廢。此中有二義可說：其一，法度的執行運作必須服從價值原則。無論是脩身抑或治國，德性涵養皆居其要。即使在開發德治理想，以致必須通過法度爲實現的資具，仍必須歸結到道德根本精神。換言之，德性培養的統帥地位與優先性，是不可撼動的。法度雖不可棄，但執行者若以之爲主，而忽視德性的領導意義，則法制亦終將流於僵滯虛文，失去德化作用。其二，知識學習對道德實現有輔助之功。如前所述，價值根源雖不在書冊，然研讀《六經》對德性自覺，實具啓迪之功。而典章文物既可成爲體現德性的具體藉具，則對其之學習便不應排斥。如是，知識學習雖非成德的必要條件，然其與道德實踐之間，亦非呈現緊張的對立關係。由文物之習，得執相應之禮，由法度之學，得行分掌之職，故知識的學習是不可被否定的。然其亦須依止於德性的培育，並基於體現價值的目的，其意義始受承認。

　　綜上所述，致知乃德性自覺的工夫，乃觀中工夫的另一種表示。致知在於格物，而格物方法又分爲二：其一是反身體證德性，並依之主宰形軀五官，發用爲合理的道德活動；其二是把握天下萬物之所以存在之理，由格物性匯歸人性，體會人物之性根源是一。致知先於格物，是先肯認天賦於我的眞實心性，以確立修養的根本方向；物格而後知至，是藉由通貫動靜的德性涵養，

充量顯現性體之明，以維持其主宰地位的穩固性。龜山的格物致知論，基本上是採取內向修養途徑，但是他並不因此排斥知識學習活動與制度層面的建立。德性自覺固然是體現德性的前提，然道德實踐必然藉由有形之物如形軀活動等，始得成就。因此，文物典章雖非成聖的本質條件，卻是聖功實現憑藉的重要資具。龜山即從達致價值目的的作用，規定認知活動與制度建構的意義。如是，其便居於成就德行的通道地位，容納於德性修養之下，輔助德性之具體現實表現。

　　龜山格物致知義既明，則吾人可進一步反溯二程格物致知說對他的影響與異同。二程皆重視格物致知，然各依不同的義理型態，詮解亦相異。相較之下，明道對於格物致知較少闡發，今可見者，僅有兩段語錄涉及於此，分別為：「致知在格物。格，至也；或以格物為止物，是二本也。」〔註21〕「致知在格物。物來則知起；物各付物，不役其知，則意誠不動；意誠自定，則心正。始學之事也。」〔註22〕明道並未明確定義「格物」、「致知」的義涵，而是通過「物各付物，不役其知」說明之。所謂「物各付物，不役其知」，即以本心之天理應物，由道德心之貞定，吾人能不受物之牽引，而隨順物勢表現為合宜之行。故「致知」之「知」，在明道是從本心之感應而言，在本心感應下，一切皆天理之流行，而成就萬物之價值意義，是曰「格物」。伊川與其兄不同，於格物致知說甚多闡發。其言云：「格，至也。言窮至物理也。」〔註23〕又說：「物不必謂事物然後謂之物也，自一身之中，至萬物之理，但理會得多，相次自然豁然有覺處。」「致知在格物。格物之理，不若察之於身，其得尤切。」〔註24〕伊川認為物物皆有理，格物致知就是要即物窮理以推致心知。與明道心性理是一的義理規模不同，伊川之心乃經驗層的心氣，而其格物致知說正是建立在心之明理作用的基礎上所開展出的修養論，則格物致知的重心便落在窮格物理以彰顯心知之明。由上述知，二程格物致知說並不相同，而龜山將致知繫屬於道德本心的說法，顯然是承明道而來。又，龜山對「物」的解釋，則是受到伊川的影響。根據伊川，「物」的意義甚廣，舉凡一切具體存在、行為、身形等，皆涵蓋於「物」的範圍中。龜山順承伊川對「物」的定義，以物為「形色」、「鳥獸草木」，此其

〔註21〕　《遺書》，卷十一，明道先生語一。
〔註22〕　《遺書》，卷六，二先生語。
〔註23〕　《遺書》，卷二十二，伊川先生語八。
〔註24〕　《遺書》，卷十七，伊川先生語三。

繼承伊川處。所不同者，龜山的格物致知論是在肯定道德心的前提下而開展的工夫，故其「知」為德性之知，而其言「格物」亦扣緊「反身而誠」的內向修養途徑而說，與伊川的順取之途顯然相異。則其對格物致知的闡釋，雖處處可見伊川說法的痕跡，然僅止於文字表面上的相合，而非義理的承繼。故二程格物致知說於龜山處雖有合流之跡，然此合流非謂二程義理的相融相涉，而是承伊川之文字，以明道義理實之。

第二節　兼看已發

　　道南學脈主張於靜中默識未發氣象，乃著眼於暫時停息私欲的興發，以便超越體證澄然凸顯的中體。此非意味中體僅能於未發處顯現，實則默坐只是觀中的手段，其目的乃在於未發之中與已發之和的體現。而兼看已發的工夫，即用於中體發用之際，使未發所得，能具體落實於日用間，以實現分殊之理。本節順此分為「檢驗已發」與「理會分殊」兩部份，首論已發工夫之必要，次就工夫內容，進行析論。

一、檢驗已發

　　觀中工夫以默識中體為目的，以落實踐履為根本取向。龜山云：

> 孟子曰「堯舜之道，孝悌而已矣」，其為孝悌乃在乎行止疾徐之間，非有甚高難行之事，皆夫婦之愚所與知者，雖舜顏不能離此而為聖賢也。百姓特日用而不知耳。（卷十四，頁 696～697）

> 然聖人所謂性與天道者，亦豈離夫洒掃應對之間哉？其始也，即此而為學，其卒也，非離此以為道。（〈與翁子靜〉，卷十八，頁 800）

中體並非抽象虛懸的境界，其作為道德行為的根源，一切道德之理莫不由此而生，而具體體現處，則在於尋常日用間。故聖人所為實無異於常人，其異處乃在聖人應事接物皆依於德性，而能表現為如理的道德活動。常人則不然，其本心雖與聖人無別，然並不自覺本有德性，故見父母不能竭力侍奉，以致孝之理不顯；遇兄弟不能友恭親從，以致悌之理不現；交朋友不能遵守言諾，以致信之理不明。因此，道雖不離人倫常事而有，然一般人在私意牽制下，行事往往過與不及，不能即事呈現當然之理。故「道在日用」非謂眾人所行之日常活動皆具有道德性，其要端在於個體之主導意識與所發行為，是否如

理無偏。如是，雖為夫婦之愚，行事亦具道德意義；如否，強作難行之事，亦非真實生命的生發。

因此，之所以收斂身心觀中，並非認定道德實體脫離日用行事、超然獨立於生命活動之外，實則靜坐只是作為契入使情感、意識、言行等皆能中節表現的本體的手段。迨默識中體，並施以念念不忘的持守之功，則靜中所體氣象，必由未發延續至已發，於接物之際，刻不容已地求見於行事〔註25〕。龜山傳後的道南指訣，即明確指出中體自我要求現實踐履的特質。指訣中，「以心驗之」揭示肯認中體的逆覺途徑，「以身體之」表示道德法則必藉身軀活動為實現手段，顯見中體境界非惟呈顯於靜默之際，而兼求意識與行為兩方面的合理化。故性體自身實含蘊具體落實的能力與要求，並不會因從未發工夫入，而妨礙中體的發用。及待人接物，隨目下境況與關係遠近，中體自然會給出適當的道德命令，通過四體舉措，表現為親疏厚薄的態度與應對，從而體現對應事物之當然之理。則所行雖有萬殊，然皆為道德理則之所貫，具有無限的價值。易言之，未發工夫是方便手段，其最終目的仍是要即於現實生活，行真實具體的倫理活動。由於天道與人性相通貫，故心性的發用，同時也體證天道之生生。因此龜山曰「然聖人所謂性與天道者，亦豈離大灑掃應對之間哉？」，天理乃即於經驗世界呈顯，只要循性發用，視聽言動莫不是天道的流行，即使是普通平常的日用行為，亦自具有超越的無限意義。故聖賢所為實不外於五倫常行，而道德修養的用功處、生命境地的高低擴展，亦皆不離平日切近的生活〔註26〕。

豫章承龜山之說，曰：「得天理之正，極人倫之至者，堯舜之道也。」（《羅豫章先生文集》，卷七，頁 86）成聖之道，不僅在於把握天理，同時也要藉由

〔註25〕延平云：「蓋胸中有所蘊，亦欲發泄而見諸事爾，此為己之學也。然求之有道，苟未見所以求之之道，一萌意則外馳矣。」（《李延平集》，卷二，頁 10）

〔註26〕龜山相似之意甚多，如「『聖人，人倫之至也。』於君臣、父子、夫婦、兄弟、朋友之間，各盡其道，所謂至也。至於其身為天下用，豈為功名爵祿哉？蓋君臣者，人倫之大，為臣義當如此也。故三代之學，皆所以明人倫。人倫明於上，則人知自盡。」（卷六，頁 335）「今夫所謂道者，無適而非也，況君臣、父子、夫婦乎？故即君臣而有君臣之義，即父子而有父子之仁，即夫婦而有夫婦之別，此吾聖人所以無適而非道也。離此而即彼，則取捨之心多矣，以取捨之心求道，則其分於道也，不已遠乎？彼其君臣、父子、夫婦且不能容之，則其為道也，不已隘乎？」（〈與陸思仲〉，卷十八，頁 788～789）「舜於人倫無所不盡也。以為父子盡父子之道，以為君臣盡君臣之道，以為夫盡夫之道，以為兄盡兄之道。……人能以舜為心，其學不患不進。」（卷十，頁 499）

視聽言動的發用，具體體現於人倫活動中，始爲盡道的表現。延平深受楊羅二人的影響，其言云：「道之所可貴，亦不過君臣父子夫婦長幼朋友之閒，行之以仁義忠信而已耳。」（〈初見羅豫章先生書〉，《李延平集》，卷一，頁2）其論承師說，認爲倫理實踐乃天理的具體呈顯。然他有進其師，將道重日用的思想工夫化，並與觀中工夫結合，提出工夫精熟之道與檢驗所體眞假的方法：

> 此道理全在日用處熟，若靜處有而動處無，即非矣。（〈與羅博文書〉，
> 《李延平集》，卷一，頁4）

如前所述，中體含具萬理，落實於現實生活，能權衡個人情形與環境狀況，表現爲適當的應對舉止。但是觀中工夫所觀者乃中體未發之體，初學者實難在思慮未萌的情形下，確定所體證的境界，是否即是中體的澄然氣象。因此，在靜中似若有得之後，必須再加以驗證，以確認所體無誤。若體驗爲是，自可循此篤實用功，若體驗爲非，則可立即反省問題所在，施以對治之功。由於踐德成聖須經長期努力，若缺乏這道查證程序，便不能了知自我工夫之虛實、方向之偏正，而起革弊歸正之效。如是，缺少自覺的徒務修養，宛若瞎撞盲從、莫知其嚮，或錯認光景，久致歧功，或一意踐行，卻不知當前居位，此皆足以妨礙生命境地的提昇。因此吾人必須清晰明察目下所處境地，始能精準有效地對治缺失，以專致善功。故勘察工夫運用之得失，雖非工夫主軸，卻有助於吾人掌握自身修養狀況，實深具必要性。換言之，未發工夫是通過收斂身心，促使學者暫離盛作私欲、進入專注穩定的狀態，進而從實然的中性心理，體驗內在不偏不倚的氣象，從而肯認顯現氣象之根源，以上透超越的中體。然而，學者在不具備默識經驗的情況下，往往無法清楚分辨收束斂聚的實然心境與道德境界的差異，故極易誤認平靜的內心情狀爲境界的圓成。而檢測的良方，就是實際置身於人事往來中，自我審視無形意識與有形行爲，是否復受私意私欲的主導。

此中，或可問：若靜中非有眞實體驗，如何於動中視察身心是否合理？實則從事德性修養的學者，必不甘身心受私欲主導，而視去惡向善爲切身至要的問題。這種不安於惡的意識，體現於道德踐履，則引起心安自適的感受，反之，在行爲不合理之際，必然會伴生愧疚不安的道德感受（此自覺警醒意識，實本心之自我奮起）。所以，朱熹嘗因事親不恭而罪己，並以之求教延平。故無論是實踐過程中，因保守不周而私欲復起，或靜中體驗不實，乃至動處悖理如昔，學者除了基於過往經驗，感知私欲牽引的作用，同時可藉由罪責

感受的生起，警醒自覺，進而反省個人工夫運用的問題與疏失。此是罪責愧悔之由，亦是本心在迷失後，學者又能屢次超拔的基礎。也就是說，從修養前後行為的一致不變，與不安之道德感的觸動，察知修養未致善功，從而審視工夫困窘之所在。故學者實可藉由勘驗身心內外的改變與否，反省自身工夫運用之得失（本心的作用雖能由內透顯、突破私欲的蒙蔽，然此僅是一時的乍現，若不確實從事嚴密的修養，本心的呈現永遠只能停留於偶發階段，不能真正自居主宰，導正吾人的生命活動）。

省察的工夫之所以要在動中進行，是因為成形的念慮與言行，善惡較明顯易察。此由已發之動用、反證未發工夫確實與否的觀點，蘊涵兩層意義：其一，兼及意識與行為的合理，始為真實的道德踐履。中體本身既具有實現的能力，則觀中工夫的實效，除了端正意識以致合理，必能在行為上正確體現道德理則。意即：道德性不能僅止於動機的純正無妄，必得落實到具體活動，始為善的完成。故道德意向之於實踐活動，實具有決定的作用，使行為在意識的主導下，能表現得宜。而倫理行為之於道德自覺，則具有實現的意義，通過視聽言動的表現，善的動機才得以現實化。由此可知，二者之間的關係是緊密相連的，若道德性不能兼及於意識與行為兩方面，則靜中所體，必非中體境界。

其二，未發之中蘊涵決定發用內容的無窮潛能。觀中工夫所要體驗的未發境界，是道德情感尚未發動的本然狀態，然中體並非永遠停滯於未發，其蘊涵發動道德活動的能力，於接物之際，能權物況發用為中節之和。故未發之中與已發之和，彼此為體用的關係。只要對未發之中有正確的把握，即能由中致和，起端正言行的作用。然而，觀中是體驗不偏不倚的未發氣象，而吾人在修養經驗不足的情形下，實難察知寂然氣象所屬的層次。因此，驗證未發工夫精當與否，須從發用上判斷。由於中體能決定意識內容與情感形式，故已發若能對應物勢，呈現當然之理，便可逆推靜中默識無誤；反之，若修養有所偏差，以致認虛為實，則念慮情緒的發動，必仍本於根固的習氣，任意作為。則動靜之間，並非以體用相關聯，乃僅止於時間前後、情緒遷流之別而已。故境界意義的未發之中，必然含具發用合理行止的潛能，而已發之和，則為中體具體實現的結果。二者之間，存在著內外體用的關係，不可截然斷分。由此可知，道南一系之所以著重未發工夫，乃方便契入能發用中節行為的本體。由本源的直接導正，以獲得無所不中的保證。而道南所提出的

已發工夫如誠、敬、戒慎恐懼等，莫不以體驗未發爲主要根基，分別解決實際活動所可能引發的種種問題（如私欲的復起、工夫的懈怠等），而以保守中體之明爲目的、以動中默識中體不息爲歸趨（不間斷地進行意識的道德修養，並落實於倫理實踐中），進而深化長養道德意識的影響力，故可謂是未發工夫的延續。

二、理會分殊

觀中工夫的實踐取向既在於現實生活的實際踐履，然默坐觀識主要是作爲體驗未發之中的手段，至於如何在面對複雜物情之時，仍穩定存續道德意識，使中體能順利發用，體現爲對應種種曲折物勢的當然之理，則非未發工夫可盡涵。故除了未發涵養的基礎外，須於已發之際，施以兼看之功，始能熟悉發用氣象，以致內外相合。易言之，中體如何始顯，是觀中工夫的重心，其途徑爲默坐體認，屬於未發工夫。然由未發入手，只是方便手段，最終仍要發用於日用，因此如何在於動中持守中體之明、涵養道德力量、體現物則等，皆成爲未發體驗後所必須解決的問題。上述誠、直、敬、戒慎、格物等輔助工夫，實皆著眼於已發，各個工夫的段落與殊要點雖有不同，然皆圍繞觀中的工夫主脈而開展，並通貫念念不息、顯現中體的基本原則。「理會分殊」的提出，亦是在默坐的基礎上，所開出的已發工夫。就理論而言，發與未發既是體用關係，則肯認中體，即能承體起用，發皆中節。然而，在實際運用情形中，由於吾人長期爲私己左右，在修養之初，並不習於本於中體而行，故須親身面對萬殊物勢，以熟練中體之發。此正如初學步的幼兒，雖已具備站立的能力，但行走之初，必姿態蹣跚，唯久經練習，始能步履穩健。「理會分殊」的工夫，正是通過外在經驗的磨練，使學者對於中體的把握與現實運用，漸趨純熟，從而全面發揮道德踐履的能力，當境呈現分殊之理。

「理會分殊」的工夫，首見於李延平。道南一脈，從楊龜山確立靜中默會的內心體驗方向後，其高弟羅豫章與再傳弟子李延平，皆繼承未發指訣，成爲道南正傳的根本工夫途徑。然而，龜山所重在於如何有效地超拔私欲，以掌握中節行爲的本源，豫章承其說，除了另發展出靜坐的工夫形式外，思想規模仍不出於龜山，於內容大體上並無顯著的開拓。延平繼之，以觀中工夫爲思想重心，除了針對未發工夫的內容，進行細部的說明與補充，並根據龜山道重日用的觀點，進一步就中體落實於現實活動的過程，延伸出純熟發

用的方法——理會分殊。其言云：「然要見一視同仁氣象卻不難，須是理會分殊，雖毫髮不可失，方是儒者氣象。」（《李延平集》，卷二，頁 20）他認為於靜中體認萬物一體的境界，雖是修養的基礎，然並不如「理會分殊」的工夫，來得困難與重要。唯有在動靜間，於內保持專注中體的穩定狀態、於外能毫髮不偏的發用，方為確實體現儒家精神的儒者。就這點而言，延平顯然較楊羅二師，更重視學者在修養初期、於中體發用之際的生疏、不自然感，並試圖提出完善的解決方法，使未發境界在已發工夫的輔助下，更能順當地具體呈現。以下即分就「理會分殊」的理論基礎、工夫旨要與歸趨，說明其實踐內涵及對觀中工夫的輔助層面。

「理會分殊」工夫的施行，必須奠基於體證中體的修養上。所謂「理會分殊」，實即親身面對現實存在的種種曲折之勢，練習依據靜中肯認的內在中體，表現為如理合度的言行舉止。因此，對分殊的理會，勢必在德性自覺的前提下，方能致工夫之效，否則內無所據，行亦無所從。故就工夫運用先後而言，必須先在靜中有真實體認，同時繼以誠敬等持守涵養，才能進入理會分殊的階段。然此是從工夫階段依序論之，非謂各個工夫必須分別單一進行。實則在心無所覺的情況下，理會分殊勢必成為窮考事理的認識活動，因此誠之、敬之、理會之的工夫運用，首要具備清楚掌握中體的先決條件，否則不過流於空頭的涵養而已。故所有輔助工夫的運用時機，皆取決於何時自覺其性。迨未發有真實體驗後，各個工夫即可隨應而上、同時並進。及此階段，未發、已發工夫即應兼行並用，如此始能分從道德實踐的各種面向，涵養中體。延平指出：

> 龜山云：「知其理一，所以為仁；知其分殊，所以為義。」蓋全在知字上用著力也。……若不於此下工夫令透徹，即何緣見得本源毫髮之分殊哉？若不於此了了，即體用不能兼舉矣。（《李延平集》，卷二，頁 27）

> 近日涵養必見應事脫然處否，須就是兼體用下工夫，久久純熟，漸可見渾然氣象。（《李延平集》，卷二，頁 33）

> 道理須是日中理會，夜裏卻去靜處，坐地思量，方始有得。（《李延平集》，卷三，頁 42）

> 大率有疑處，須靜坐體究，人倫必明，天理必察，於日用處著力，

可見端緒。(〈又與劉平甫書〉,《李延平集》,卷一,頁 4)

延平論龜山理一分殊義,認爲重點在於「知」〔註27〕。「知」者,非謂認識意義的理解活動,而是實踐、證知義。「理一」是內在絕對的性理,證知之道在於默坐體認;「分殊」是就物勢、物情而說的相對之理,體現方法在於據性理而動。「理一」與「分殊」分屬於中體的體用層面,必須二者兼舉,始爲道德的眞實呈顯。此中有二義可說:一者,分殊之用乃建立在理一之知上。雖然觀中的實踐取向在於經驗世界的德行表現,但是中不在日用事爲,而取決於意志的主觀動機。即使外在行事循禮而動,內心卻充斥私欲,只能說行爲適當,並不具有道德意義。如救入井孺子,乃所以納交孺子之父母,則其行固然無失,卻非本心的自然流露。意即:作爲道德性的中理,決定於內在意識。由意向的純正不偏,所發顯的合理行爲,才是具有道德價值的分殊之理的眞實體現。故孟子曰「由仁義行,非行仁義者也」,龜山謂入德必在於致知,皆是強調唯有對本心所發的道德法則的自我服從、所產生的中節行爲,始能眞實體現萬物的存在之理。因此,道雖重日用,然工夫仍須回歸提供道德法則的主體自身,而非在徒考外於主體的萬殊事理。故「理會分殊」的工夫,必依準於內在的德性自覺,然後方在接物應事之際,細察分殊事理,根據呈現於內心之理,表現爲恰當的作法。經過長期的理會實踐,吾人自會熟悉中體的主宰作用,而內在的道德力量亦在通貫動靜的涵養中,逐步培育壯大。故延平云「見得本源毫髮之分殊」,由於分殊萬理皆含具於性體中,因此體證內在性體,便可隨分殊之物勢顯爲眾理。則一切工夫的要點皆指向本源(中體)的涵養,誠敬工夫亦然,理會分殊亦然,唯隨工夫段落不同,施行方式各有殊別。所以延平雖強調「體用兼舉」,但是他也指出察明天理人倫之道乃繫屬於靜坐體究,由靜中工夫的氣象體驗,再並行日用實踐,始爲透徹之道。

二者,默坐體認的目的,爲發與未發皆主於中體。道南學脈雖然採取默坐的修養形式,但是靜坐只是一種手段,若運用得當,並不會導致喜靜傾向的長養。延平強調要「體用兼舉」,即明確指出靜中肯認的未發之體,須通過「用」表現出來、實現其自己,而非耽溺於抽象的未發境界,或缺乏體證本體的妄用〔註28〕。若對於中體的體證僅止於靜坐時,迨離靜坐復受萬物牽引

〔註27〕關於龜山「理一分殊」的思想,詳論於第五章。
〔註28〕朱子稱延平之教:「李先生不要人強行,須有見得處方行。」(《李延平集》,卷三,頁48)「強行」與孟子「行仁義」之義同,指缺乏德性自覺的勉強求合。

又歸於茫然，則所得者遂成短暫的體驗，而不能起道德實踐之大用。所以除了把握未發之中，同時也要在日用間理會分殊，而不可偏落於單面的實踐。當然，「用」的實現，建立在對於本體的清晰把握上。故延平云「大率有疑處，須靜坐體究」，不論是個人在修養過程中遭逢艱困，抑或對於行為表現方式的疑慮，皆要復還德性的根本修養。透過靜坐實功的基礎，再兼及體用兩面的並進涵養，始能促長工夫的深厚熟練，以深化中體的作用力度。如是，吾人便能於未接物的意識暫息狀態，戒慎恐懼地自持中體，於應事接物、意念活躍之際，同時也能維護中體的朗現。故道南學脈雖視默識未發為主要修養，然此乃基於默坐有助於顯現中體的考慮，實則體中工夫是通貫動靜的。夜間獨處則體驗未發，日間接物則分殊循理，通過不間不已的德性培育，私欲在久無支持的情況下，自然日趨薄弱，而中體生發的道德力量才能日復渾厚。故未發工夫的極致運用，實為無分動靜的循理不息，則理會分殊的已發工夫，可謂是未發工夫的另一種方式，二者修養精神相同，皆以呈顯中體、實踐德行為旨要。

所謂「中體」，是從無過與不及的行為之所以可能的內在根據而名，其作用在於主導意識、情感、形軀活動等，合於道德性。實則中體即性體，乃吾人之所以為人的真實本性。道南學脈將一切修養匯歸於體證中體上，認為心具萬理，唯有主體內在的道德自覺，方為直契萬理本源、實現分殊之理的根本方法。「理會分殊」的修養，即連結內心道德判斷與外部行止的工夫。延平云：

> 但合內外之道，使之體用一源，顯微無間，精麤不二，袞同盡是此理，則非聖人不能是也。(《李延平集》，卷二，頁16)

> 來諭乃體認出來，學者正要如此，但未知用時如何？吻合渾然，體用無間乃是。(《李延平集》，卷二，頁20～21)

> 須是兼本體已發未發時看，合內外為可。(《李延平集》，卷二，頁30)

> 自非大段涵養深潛，定不能如此遇事輒發矣。(《李延平集》，卷二，頁33)

延平清楚指出「理會分殊」是合內外之道，殊要處在於「體用一源」、「顯微

延平反對這種刻意表現的表象如理行為，認為道德實踐的根本途徑，不在於外部行為的勉力遵守，而是契入德行的本源，依本心自訂的道德法則顯現中行，此方為「有見得處」、自然流露的道德言行。

無間」〔註 29〕。「體用一源」是指內在本質（本體）與現象（發用），俱是道德主體的呈顯。「顯微無間」意指道德之理能隨個體動靜、自然無礙地隱微潛在或具體顯現。由「體用一源」可知：外在行為必須繫屬於內心的道德標準。就體用而言，工夫區分為未發已發兩種。未發工夫主要是指默坐體認，已發工夫則包含誠敬、戒懼、理會分殊等。誠敬戒懼的工夫，乃著眼於本性的操存，強調學者在動中亦應保持專注於內的道德意識，使中體之明能賅貫動靜。則「理會」之「理」，即天理，即未發之中；「會」者，合也，與「合內外」之「合」義同。「理會分殊」即貫落天理於現實生活中，而及於不同分際顯發當理。故「理會分殊」著重的是中體的具體呈現，通過接遇諸事、練習具體表現心中顯現之理，以臻純熟之境。已發工夫的施行重心雖各殊異，然皆以未發體驗為本。未發工夫是為了樹立道德原則（此原則是人的天賦本性，非後天觀念的建立），已發工夫是為了深化修養，使原則能完全支配意識、情感活動與言行舉止。而「體用一源」正顯示用必須奠基於體的把握上，則「用」並非盲從瞎用，而是服從道德判斷決定的方向，履行內心呈現之理。從道德踐履而言，體用並重，故須兼舉並行；就工夫運用而言，由於體能決定發用的方式，而道南又從未發入手體證本體，故修養以未發工夫為主，以已發工夫為輔，以助成內外之合。

　　「體用一源」是從本體立說，「顯微無間」則是形容工夫的純熟境界。「微」乃狀理之潛在價值，「顯」則狀理之具體呈現。「無間」乃謂中體發用自然順當，以臻天理流行之境。「間」者，隔距不合也，於此是指發用勉強生疏，似與本體相隔。實則體用只是本心於內外之自我呈現，所別唯在發用與否而已。之所以有間，是由於不熟悉感性生命被中體主宰，以致內心的道德原則在人的現實生活中無法自然的表現〔註 30〕。而解決之道則在於「兼本體已發未發

〔註29〕 程伊川在《周易傳序》云：「至微者，理也；至著者，象也。體用一源，顯微無間。」（《二程全書》冊二，臺灣：中華書局，頁 3）延平在此引伊川語，說明「理會分殊」的歸趨。

〔註30〕 延平云：「須從原頭體認來……初講學時，頗為道理所縛，今漸能融釋，於日用處一意下工夫。若於此漸熟，體用合矣。」（〈與羅博文書〉，《李延平集》卷一，頁 4）延平之講學，並非基於思維理解，泛泛講解文義。其講解乃本於自身的道德實踐、感受而發，是當下心境的真實反映。故「頗為道理所縛」，表示延平自覺道德實踐猶有勉強之勢，而「融釋」顯見在專意已發工夫下，工夫漸趨純熟，而能自然發用。由此亦可見，延平並非空頭建構一套修養論，而是承依道南指訣，並根據個人確實躬身力行的修養經驗，以擴充觀中工夫

時看」，亦即「體用兼舉」。體證未發之本體，是道南正傳的根本修養。然而，若滯執未發默識，不能貫諸日用，則僅僅是脫離實踐的內在體驗，對於行為並無導正之功。因此，迨靜中有得之後，必配以兼看已發的工夫，始能逐步精熟發與未發的不同狀態。所謂「兼看已發」，在此指理會分殊的工夫，運用重心在於實際嘗試彰顯內心之理。當個體與外界事物接觸的時候，中體對現實意識發生作用，道德之理由潛在的狀態變為確定明白的是非判準，促使個體自覺本體的決定，並不容已地據之行動，此即具體實現中體的過程。從實踐主體而言，「理會」就是要鍛鍊自我順應本質的固有傾向，及於不同分際，實踐倫理活動。簡言之，「理會分殊」即練習循理而行，使個體日漸熟悉道德裁決與道德活動等發用程序。而累積循理動用的踐履體驗，亦即嘗試在已發中仍保持對內的高度自覺，藉由貫徹動靜的默識，無間斷地漸涵漸養，使工夫日趨純熟。故延平指出「遇事輒發」的理想境界，必須經過「大段涵養深潛」。唯有長期兼顧體用兩面的用功，本性才能徹底地主宰感性活動，使生命完全道德化。無論發與未發，皆依於中體，不待絲毫勉強，純粹是天理之流行。

　　由上述知，「理會分殊」工夫的運用，須奠立於未發體驗上，就工夫段落而言，乃屬於後段的階段。依此析解其工夫內容，其旨要即清楚顯現。朱熹曾詳述其師延平的教法：

> 昔聞延平先生之教，以為為學之初，且當常存此心，勿為他事所勝。
> 凡遇一事，即當且就此事反復推尋，以究其理，待此一事融釋脫落，
> 然後循序少進，而別窮一事。如此既久，積累之多，胸中自當有灑
> 然處，非言語文字之所及也。（《李延平集》，卷三，頁 47）

從朱子的敘述中，顯見「理會分殊」的要點有三：其一，常存此心；其二，推尋事理；其三，循序積累。由「勿為他事所勝」，可知所謂「存心」，是指念念操存理義之心〔註31〕，以防備私己復受萬物牽誘而興，再度取代中體的主宰地位。故運用「理會分殊」的工夫，必先具備自覺德性的基礎。若本心復失，即使曾有體驗未發的經驗，亦無法致理會之功。由此可知，「理會分殊」

的細部義理程序。

〔註31〕延平云：「大凡人理義之心未嘗無？惟持守之即在爾。」（《.李延平集》，卷二，頁 17）「今之學者，雖能存養，知有此理，然旦晝之閒，一有懈焉，遇事應接舉處，不覺打發機械，即離閒而差矣。」（《李延平集》，卷二，頁 21）

除了立基於默坐實功，尚須同步施以警醒自覺的保守工夫，顯見各個工夫之間的關係，實緊密相連，由彼此的相輔相成，建構爲綿密的修養過程。由於道南是以未發工夫爲主要修養，因此如何將靜中默識延續至已發，使中體得以自然地當機呈現，而非僅在孤離狀態中單顯中體之自體，即成道南一脈所必要解決的問題，遂成「理會分殊」的獨有工夫。

　　所謂「理會」，即反復推尋所遇事物的分理。對於「推尋」的定義，延平並未具體說明。但是我們可從他對持守存心的強調，得知其所採取的進路，並非通過對萬事萬理的逐步認識，積累貫通以進至把握普遍的天理。與之相反，延平是先從體證道德原理從出的本源，下貫表現爲應物之中行。則「理會」的提出，非謂中體含具之理有缺，而須另窮個別事理以補足。其實義是指對具體事物的狀況、情勢、特質與個人所處的關係地位等，有全面的了解，從而權衡應事之宜，作出適當判斷，再依據內心呈現之理，具體實現對應分殊之物的道德理則。在體察現實生活種種不同分際的基礎上，中體自能給出對應特殊機緣的道德法則，並生發實踐的動力。迨道德活動具體形成，分殊之理遂能眞實的體現，而中節之和也在分殊發用中得以完成。故分殊之理實內於本體，而非與主體呈現對立的關係。簡言之，所理會者，乃個別事物曲折之勢，而理會之施，實即中體權物功能的展現。經由理會經驗的積累，實踐主體對於權物之能的發揮方法與過程，日益純熟，則生疏勉強相亦隨之剝落，延平稱此爲「融釋」。故「理會」涵有細察事理與循理發用兩層意義。至於延平強調要「就此事反復推尋」，是在德性自覺的基點上，反復觀察物勢，以明確掌握事物的當然之則，作爲道德判斷的參考，而後作出符合當然之則的言行活動。之所以言「反復」，一方面凸顯詳細察知、分毫不失，一方面乃就熟練發用而言。故曰「究其理」，「究」有推求、窮盡二義。若釋爲推求，與龜山「權衡取中」的意思相當〔註32〕，據於中體權衡境況時勢，仔細察知個別事物的分殊之理，並發用與物相當的道德命令。若釋爲窮盡，謂將內在道德判斷付諸行動，盡顯分殊之理。依延平「應事脫然」、「體用兼舉」的論點，此處「推尋究理」的說法，兼涵推求權衡事理、窮盡呈顯分殊之理的意義。而此反復推尋實即熟練工夫的過程。

　　在肯認超越中體後，還要接續理會工夫的原因有二：其一，由於道南主

〔註32〕龜山云：「聖人所謂權者，猶權衡之權，量輕重而取中也。」（卷二十，頁882）
　　　　權中之義，詳見第三章第一節。

要從未發入手，雖有未發體認，卻缺乏承體發用的實際經驗。其二，學者長期受私欲牽擾，久立恆向己私的思維模式（習氣），故雖有初步的未發體驗，仍生疏循理活動的應物方式，以致在發用之際呈顯不自然相。故「理會分殊」的歸趨，在於工夫的純熟，使發用自然、體用無間。其始也，要能及於現實生活具體呈顯中體，難免有勉強處，故須就事推尋究理，練習全面發揮本性具備的道德原則〔註33〕。經過反覆理會，從而熟悉中體權衡物勢與發用殊理的過程，道德踐履始能漸趨精熟，不待絲毫勉強，而能徹底表現本性。延平形容此理想境界爲「灑然」、「脫然」，形容發用之自然無拘，又稱之爲「融釋」，以狀體用從有間以至圓融無隔。欲達致灑然境界，要點在於待一事融釋後，再循序別窮他事。之所以要依次推尋，乃因若遇事理會未透，又棄而理會他事，如是反覆，終難有得。因此每遇一事，便要細察其理，在自覺實行道德之理中，對物勢的權衡與所下的道德判斷，也就日益熟練準確。實則專意理會諸事，即在已發中涵養中體，從而逐步擴展道德意識，排除私欲習氣對內心的種種不良影響。在日久積累下，吾人便能更深刻地把握中體，而漸除生疏之態，終至自然順適地循理力行。

　　總言之，「理會分殊」是以默坐體認爲基點，以「反復推尋」、「循序少進」爲內容，以灑然融釋爲目的。其要點在於及於現實生活，藉由實際應事接物，於不同的分際中具體顯現潛在之理，以熟練中體之發用，並貫徹德性的培壅於已發之際。故「理會」的提出，除了著眼於縝密衡量物情、察知個別事理，更強調個體對於實現道德境界的逐步熟悉。由無事時的默識未發，及至接物時的理會分殊，身心涵養可謂貫徹體用動靜、相續無息，從而生起加深道德修養的作用，而吾人的生命境地，亦在漸養漸熟中，循序擴展昇進。

〔註33〕牟宗三先生指出：「須知超越體證只是一關。若停滯于此，則中體只停在抽象狀態中，此即後來所謂『光景』，尚不是具體而眞實的道體。停于此而耿耿於此，亦是『未有洒然冰解凍釋』也。故必須再進一步漸證漸養以期于自然與純熟。其始也，中體之呈現于具體生活中總不免有勉強處，強力持守總不是純熟，『苟免顯然尤悔而已』。到洒然自得處，才眞是所謂『天理流行』，而中體之爲體才是具體而眞實的體，不是隔離地投置于抽象狀態中之體也。此是超越體證所必函的義理程序，眞正的道德行爲固應如此也。」（《心體與性體》第三冊，頁6）。

第六章　觀中工夫的理想境界

第一節　理一分殊

　　「理一分殊」是宋明理學史上備受重視的哲學命題，其名首見於伊川答覆楊時論〈西銘〉書中。然伊川僅用以詮釋〈西銘〉，並未多作發揮。楊時順其語，從道德踐履的角度，於覆信中進一步論述「理一分殊」的內涵。羅豫章承之，再傳至李延平，更進於龜山，提出「理會分殊」的工夫，使「理一分殊」兼涵踐履與體察兩面意義。其後更影響朱熹，朱子據其理路詳細闡發之，使「理一分殊」成為其思想體系中重要的概念。

　　從龜山至延平，對「理一分殊」的闡釋皆著重於倫理實踐的層面。對應於觀中，理一與分殊的關係，即未發之中與已發之和（時中）的區別，僅前者由道德理境立說，後者從工夫修養言。則默坐體認是證知理一的方法，理會分殊是精熟分殊之用的要道，而時中、權中則是描述體現分殊之理的過程。故「理一分殊」的內涵（楊、李二人於此多有闡發，至於豫章則鮮言之，故於此不論），實顯發觀中工夫的理據、具體實現的境界。以下即就「理一分殊」的提出經過、內容要義、工夫意義，依序論述。

　　「理一分殊」一詞的提出，首見於楊龜山與其師程伊川的往來書信中。二程均極尊張載〈西銘〉，並取之教授弟子〔註 1〕，故程門師生無不熟之。然張載於其中提出「民吾同胞，物吾與也」與「尊高年，所以長其長；慈孤弱，

〔註 1〕朱子曰：「程門專以《西銘》開示學者。」（〈橫渠學案上〉，《宋元學案》，卷十七，頁 384）

所以幼其幼。聖其合德，賢其秀也。凡天下疲癃殘疾、惸獨鰥寡，皆吾兄弟之顛連而無告者也。」的觀點，龜山疑其有類墨子兼愛思想，從而去信求教伊川。其言云：

> 孟子曰：仁，人心也；義，人路也。言仁之盡、最親無如此者。然本體用兼舉兩言之，未聞如〈西銘〉之說也。……〈西銘〉之書，發明聖人微意至深，然而言體而不及用，恐其流遂至於兼愛，則後世有聖賢者出，推本而論之，未免歸罪於橫渠也。（〈寄伊川先生〉，卷十六，頁 399～400）

龜山認為〈西銘〉一書，雖從仁心感通遍潤言體物不遺義，但是單面強調體性的結果，恐忽略道德行為實際發用的分殊表現。則其末流勢必取消仁的差別性，而傾向於墨子兼愛無別的思想。龜山對〈西銘〉的誤解，可能在於錯認「民胞物與」為一視同愛，從而產生與兼愛同流的疑慮。姑且不論龜山對橫渠的詮釋謬處，然從他對〈西銘〉的批評，實可看出其對親親之殺的重視。龜山將仁義與體用相聯繫，認為體用不可偏舉。「體」是心性本然的狀態，「用」是依於本體的行為發動。體與用是不可分離的關係，用必須根據體，始能發動如理的道德行為，體必須即於用，始能具體的呈現。若僅凸顯德行的內在根據，而不觸及實際的倫理表現，實無異於將本體超絕隔離化，更遑論如何充分實現心性的全幅內容。故龜山強調要「體用兼舉」，此亦是道南學脈一貫的思想。

比之橫渠的說法，「民胞物與」、「尊高慈弱」實已關涉「用」的層面，只是橫渠並未特別標舉親疏厚薄等態度，使得龜山懷疑其泯除了差等原則，由之產生「言體而不及用」的疑慮。「言體而不及用」的評論，表面上似乎是說：橫渠過度著重抽象的本體，而忽視了日用的道德實踐。事實上，從文意來看（兼愛之評），龜山的真正意指應為：〈西銘〉極言「仁之體」，而沒有照顧到「仁之用」的闡述，如此恐將引起不善解者忽略仁愛在體現時呈現的殊別相。由此顯見，龜山對〈西銘〉的質疑，乃針對橫渠的說解方式而發，而非不滿〈西銘〉的義理內容。

伊川覆信，以「理一分殊」概括〈西銘〉，並指出橫渠並非削減分立差等的實踐原則，其「老幼及人」的說法，正是「使人推而行之」〔註2〕，與墨氏

〔註2〕 〈伊川答論西銘〉：「〈西銘〉明理一而分殊，墨氏則二本而無分。老幼及人，理一也；愛無差等，本二也。分殊之弊，私勝而失仁；無分之罪，兼愛而無

兼愛有別。雖然伊川亦同意龜山兼舉體用的觀點，並以之解釋「理一」與「分殊」的關係，然他同時也認為龜山的批評，則不免太過矣。龜山則以為，伊川認為他比同張載與墨氏，是誤會其評之用心，遂又去信再次說明他的本意：

> 前書所論，謂〈西銘〉之書，以民為同胞，長其長，幼其幼，以鰥寡孤獨為兄弟無告者，所謂明「理一」也。然其蔽，無親親之殺，非明者默識於言意之表，烏知所謂「理一而分殊」哉？故竊恐其流遂至於兼愛，非謂〈西銘〉之書為兼愛而發與墨氏同也。（〈答伊川先生〉，卷十六，頁401）

龜山澄清他的觀點，以為〈西銘〉確實表達了體物無遺的理念，但是僅側重感通無礙的性理本質，而不說明落實具體道德實踐時的殊別現象，恐造成後學的曲解，甚至形成誤一體之仁為兼愛的末流。足見龜山對橫渠的疑慮，主要在於〈西銘〉的說解方式，而非謂〈西銘〉與墨氏之說相同。他認為言體必及於用、明理一必兼舉分殊，才能明確界分儒墨的分際。值得注意的是，龜山指出其說之弊時，認為後世一旦因而混漫儒墨，唯待「明者默識於言意之表」，始能證知「理一分殊」，復起儒學實義。這就自覺地將「理一分殊」與靜中默識的工夫聯繫起來，視「理一分殊」為理想境界，而以靜中默識為臻至「理一分殊」的方法。其接續闡述「理一分殊」的內涵：

> 古之人所以大過人者無他，善推其所為而已。「老吾老，以及人之老，幼吾幼，以及人之幼」，所謂推之也。孔子曰「老者安之，少者懷之」，則無事乎推矣。無事乎推者，理一故也。理一而分殊，故聖人稱物而平施之，茲所以為仁之至，義之盡也。何謂稱物？親疏遠近各當其分，所謂稱也。何謂平施？所以施之，其心一焉，所謂平也。（〈答伊川先生〉，卷十六，頁745～746）

義。分立而推理一，以止私勝之流，仁之方也。無別而迷兼愛，至於無父之極，義之賊也。子比而同之，過矣。且謂言體而不及用，彼則使人推而行之，本為用也。反謂不及，不亦異乎。」〈卷十六，頁400〉在覆信中，伊川並未詳細闡述「理一」之義。然根據其思想，「理」是對應萬物之存在之然的超越之所以然，由於「理」只存有不活動，故尊老慈幼為心氣認知靜攝性理，表現為如理、順理的行為。伊川對舉「理一」與「本二」，以言性理是一，故有分殊之別。「分立而推理一」是從存在之然而推其所以然，此是伊川獨特的工夫進路。藉由對性理的認知，可防偏私之弊，故他以體用言理一分殊。然其用之於體，是關聯繫屬的呈現，而非性理自身實踐的發用活動，此乃異於龜山處。

此封覆信要旨在重申原初評斷，故行文重心除了置於對批評意指的伸述，同時也說明了他對分殊之用的重視，以強化其論點。「理」即道德法則，於此繫於本體而說，謂能自發法則之道德本性。「一」指理的普遍絕對性。「分」爲分際義，「殊」乃差別義，「分殊」指個體及於不同分際，自覺相應道德本性而有的殊異事爲（理雖一，然落實於倫理實踐之分際而必有所分殊）。龜山從道德實踐言理一與分殊的關係，著重於性理在踐履意義上的運用情形，並從「稱物」、「平」、「推」三方面，分別闡述理的特質、具體實現的狀態、實際的表現。

「稱」者，俗作秤，衡量輕重也。此謂仔細察知目下情勢與物我分際，其義與「權中」之「權」相同。個體之所以能行善，在於本然具有體現萬物之理的能力，以具於內在個體中而爲其體言之，即理體。性理作爲道德行爲的內在根源，然隨所居之位的迥異，體現方式亦有別，如爲父須慈、爲子須孝、爲友須信。稱物就是要觀察萬殊之勢，明確掌握自身所處的關係地位與不同事物的存在之理，然後方能應之表現中節的行止。「稱物」是道德主體具有的本質之能，亦是吾人之所以能實現分殊之理的必要條件。龜山言之，乃強調萬物一體的抽象境界，具體貫落於現實生活中，必根據不同對象呈現的分際關係，決定情感、態度、行爲的輕重厚薄，由此而別於墨氏無差等之兼愛思想。

「平施」之「平」，意指理的價值意義並不會因分殊之理的實現而減殺，由其皆爲性理的直接顯用，而曰「平」。「平」的標舉，乃處理一理與萬物之間的關係。依龜山，理即心性自發的道德法則，由心性理是一，故以「其心一焉」言「理一」。性理是德行表現的根據，爲絕對普遍的極至之理。所謂「理一」，並非分殊萬理的總和集體，而是就萬理根源而言，所呈現的天理之一相。其之於分殊，乃同一天理本體對應於個別存在，而顯現的種種殊別的表現，即所謂「分殊萬理」〔註3〕。故萬理只是應機而顯的理之多相，就其本源，實皆統於一理。所謂「理」，即性體、道體、中體之實。道南一脈，凡言「理」處，無不扣緊性體而說，而非在性體外另有一理。性理是吾人內在道德本性，是道德行爲不已的內在根據，能起道德創造之大用。在應接現實種種事物下，

〔註3〕 龜山主要是在本體論上講「理一分殊」，著重於道德實踐的意義。然基於其天道性命相貫通的思想，其亦云「天下之物，理一而分殊」（〈答胡康侯其一〉，卷二十，頁857）。即理一是一切存在超越的所以然，萬物皆以之爲同一根源，而其全體亦普遍存在於一切事物之中，至於分殊萬相，則由氣化之限制而有。如是，「理一分殊」亦具有宇宙論的涵義。

如在兄弟處、在朋友處等，天理便呈現於內心，並不容已地生發於外，見諸行事而對應爲當境的分理。在事長即表現爲敬，在扶幼即表現爲慈，由敬長慈幼的態度行止，理便通貫於現實生活，使事事物物各得其理、各居其所。故分殊乃依於理一之活動所顯發之相，理一則可創生道德活動以實現分殊之理。之所以有分殊眾理，並非割截天理爲萬殊，而是相應受限的氣化萬物所呈顯的侷限相。意即對應於不同的物勢情境，性理即全體彰用，並使之有多樣的顯現，對親而創生孝之理，對友而創生信之理，而孝、悌、信等名之立，不過是就理之侷限相而有的權說，非謂由理一分化爲各式殊別之理，故理相雖殊，然皆爲天理對應個別存在而有的具體呈顯，所體現之價值意義並未因分殊相而減損。因此龜山以「稱物而平施之」言「理一分殊」，說明行事之施必根據稱物所下的道德判斷，即分殊之理的實現乃繫屬於性理的稱物之能。雖所施有別，然皆體現道德法則，故曰「平」，以表一切施事皆貫徹仁心天理。「平施」二字，簡要概括了理一分殊的意指，「平」揭示了理的普遍性，「施」則呈顯天理具體實現中的差別表現，則分殊中可見理一（分殊之理相雖迥異，然皆全備於性理中，而爲一理之當機顯發，則由其根源不二視之，分殊萬理實具有同一性，由分殊現象視之，其理乃道德實踐地具體彰顯天理，故分殊中可見理一），理一則含具分殊（含具非謂萬殊眾理總合集存於理一中，而是指性理能稱物當機發用爲分殊之理）。故理一與分殊，在龜山是以具體現實化與否爲分野，理一是分殊之理實現的根據，分殊則爲理一的具體顯用。

「推」者，推擴也，是理的實踐原則，亦代表仁之差等性的實現方式。理落實於現實生活中，依血源類屬的遠近，決定實現的優先順序及情感的表現程度，故謂之「推」。在龜山看來，仁愛（理一）作爲普遍的道德原則，從感通無礙的角度固然可言萬物一體的理想境界，然而在具體實現的實際發用中，實踐主體根據不同對象、情勢、關係等，表現方式亦有差異，故有分殊之別。也就是說，性理之施用本具有推己及人的現實差等性，由推施之用的生發，方能完成道德人格，而爲仁愛的眞實表現。由此，人面對父母兄弟的態度與感情，必深厚於他人之父母兄弟，對疏遠友人的關懷，必薄弱於知交密友，則萬物一體在親疏厚薄的分殊實踐下，就與墨子的兼愛思想產生極大的差異。此外，龜山又以「無事」言推施之用〔註4〕。「無事」典出《孟子·

〔註4〕龜山云：「爲仁與體仁者異矣。體仁則無本末之別矣。孔子曰『老者安之，朋友信之，少者懷之』，此無待乎推之也。孟子曰『老吾老以及人之老，幼吾幼

離婁下》，於此謂個體順性理決定的方向與形式活動，自然而不待勉強，是道德實踐的最高境界。故曰「無事乎推者，理一故也」，表示性理本然具有層層向外推擴的現實差等條理，則個體只要訴諸內在真實情感，不必刻意施用，事爲態度自然對應物勢呈現不同程度的差異，而「無事」即用以形容循理自然從容的理想境界〔註5〕。

綜上所述，稱物、平施、推用三方面的析論，無不從倫理實踐的角度出發，則「理一分殊」在龜山的思想體系中，所重實在理一如何發顯分殊之用，即理的具體現實化。相應於「理一分殊」在實際發用情形上的意義，靜中體驗則是龜山提出掌握本體（理一）的方法。就工夫而言，體驗未發是修養的關鍵；就踐履而言，理一與分殊兼舉，方爲仁愛精神的完成。龜山雖屢屢強調「理一」與「分殊」的並重義，然延續他對〈西銘〉「言體而不及用」的憂慮，其又特別側重於「分殊」的闡發。其態度影響延平，使延平在論及「理一分殊」時，沿著龜山的思路繼續發展，進一步開展理會分殊的工夫，以輔助中體（理一）的實現，使觀中工夫的內容漸益細密完備。

除了在〈答伊川先生〉中闡述「理一分殊」的內涵，龜山亦於他處以「仁義」、「體用」繫連「理一」與「分殊」的關係。其言云：

> 故仁之過，其蔽無分，無分則妨義。義之過，其流自私，自私則害仁。（〈答伊川先生〉，卷十六，頁745～746）

> 知其「理一」，所以爲仁；知其「分殊」，所以爲義。所謂「分殊」，猶孟子言「親親而仁民，仁民而愛物」。其分不同，故所施不能無差

以及人之幼』此推之也，推之所謂爲仁。」（卷十，頁477～478）「仁」代表的是價值取向與完滿的道德境界。所謂「體仁」，乃對仁體的體證，意指在道德實踐的過程中，產生與物無隔、覺潤無方的道德感受，而見仁之真實義。然此是從渾然與物同體體會仁心，在萬物一體的境界中，呈現的是感通無礙的仁體特質，故無潤物先後的本末區別。但是在仁的具體實施中，內心秉持的仁愛精神雖然一致，卻依親疏遠近，體現爲不同的態度與事爲，故云「推之所謂爲仁」。「爲」是實現義。「爲仁」是仁的實際運用，而「推」則是實踐原則。「推」是儒家一貫的義理，從孔子對老者、朋友、少者表現安、信、懷等不同的關懷方式，與孟子自親而及人的親愛等別，無不顯露「仁」貫落現實的推擴原則。而「無待」即龜山對爲仁踐履的境界描述，與「無事」的形容相同，皆指自然從容的實踐最高理境。

〔註5〕龜山常以「無事」言道德理境，如：「若曰『行其所無事』，則由智行，非行智也。」（卷十三，頁674）「如智若禹之行水，則無惡於智矣。蓋禹之行水，循固然之理，行其所無事而已。」（卷二十，頁882～883）

等。（卷十一，頁 554）

龜山在覆信中即曾以「仁至義盡」言「理一分殊」，爾後又直接以「仁」、「義」比之「理一」與「分殊」。「仁」乃仁愛，是吾人內在的道德性，亦是求正當合宜的本然意向。「義」是正當合理的道德行為，乃對境而有的當機表現。「知其理一」即證知決定仁愛道德法則的道德主體，「知其分殊」為落實仁愛在實際應用上的差等性。由德性的主導，行為方向無不遵從所裁決之理，使意識活動與情感態度，不致流於私我的宰制。由差等原則的實現，性理的內容得以在不同倫理分際中，由殊別的體現方式，而別於墨氏之兼愛。故龜山盛言「仁之過」、「義之過」，實則真實的仁義無蔽無過，所過者為單方面的偏舉，致使仁愛在具體化的過程中喪失厚薄的殊異表現、義行在分殊動用中落失性理的根據，則仁為虛仁、義為虛義，雖似有萬物一體的感受，但不過是光景虛境，雖有分殊相的呈現，然缺乏仁愛的貞定方向，而不成道德實事、不具價值意義。因此真實的仁愛必定貫穿一切意識、情感、行為，及於萬物顯用厚薄的差異活動，而真實的義行必為實現仁愛的具體方式，成為貫諸實理之實事。由之亦見，道德本心本具有實踐動力，故不論是標舉中體、理一抑或仁愛，龜山往往同時凸顯時中、分殊、義行的重要性，以提醒學者靜中默識只是工夫手段，所重仍在倫常日用的道德踐履。又，行為輕重與情感程度的掌控，必須基於道德本心的自覺，則為學之本質關鍵乃落在道德主體的體證上，因此龜山揭示體驗未發的道德修養，作為肯認並明徹超越實體（道德法則的內在根源）的方法。簡言之，龜山認為兼舉二者方是道德境界的圓成，故除了著重契入決定道德實踐的性理外，同時並重「分殊」之知，以免入於兼愛之流。

「理一」與「分殊」的關係，又可以從體用說明。龜山云：

用未嘗離體也。且以一身觀之，四體百骸皆具，所謂體也。至其用處，則履不可加之於首，冠不可納之於足，則即體而言，分在其中矣。（卷十一，頁 554）〔註6〕

龜山以四體百骸喻體，以冠履穿戴喻用。由加納不離於身、言用不離於體，與鞋帽隨形骸相狀而各有穿著位所，言其用有殊。體用之說，乃強調理一與分殊緊密的關係。所謂「體」，理一是也。性理乃道德創生的實體，由體自身

〔註6〕此段論述，乃承續前段引文「知其理一，所以為仁；知其分殊，所以為義……」而來，故其體用之說，乃針對「理一分殊」而發。

的妙用，直貫於實事中，成就分殊之理，則一切分殊行為的呈現，皆反顯本體的存在與作用。正如加納之舉乃形體自身的發動，由萬殊之用即見體之無所不在，故曰「用未嘗離體也」。又如冠之戴、履之著，動作雖然各不相同，但各式行止皆顯發四體之啟作，一舉一動，無不是形軀全體的運用。憑藉體的正確主導，加納不致顛錯、一切施用無所偏離。比之「理一分殊」，顯示普遍的道德之理乃通過多樣的行事而實現。由本體稱物所給出的道德判斷，決定無形意識、情感與有形舉措的呈顯方式，而個別的分殊動用，則是全體之顯發。故「分在體中」一則揭示理具有創生分理的潛能，一則指出分殊事相在實理的貫注下，能適切的對應物勢，具體彰顯內心潛藏之理。從理一觀之，性理本體擁有決定行為方向的能力，並兼具擇定後推動行為實現的道德力量，而分殊施用即本體功用發揮的結果。從分殊觀之，吾人自覺的殊別表現，皆從出於自發自律的道德本體，故一切分殊運用莫不體現普遍的道德之理，而攝歸於理一。意即普遍的理一寓於分殊中（體以成用），而分殊的差異呈用則決定於理一（用以從體）。由理一之貞定，分殊發用不致有所偏倚；由分殊的具體表現，理一不致抽象渾淪。而統一與萬殊的矛盾性，亦在理一分殊的架構中，獲得妥善的處理。

在龜山，「理一分殊」主要著重於倫理實踐的意義，而達至其境的工夫進路，則是觀中工夫。龜山在〈答伊川先生〉中指出「非明者默識於言意之表，烏知所謂『理一而分殊』哉？」，他認為證知理一分殊的方法，在於消解對書言象意的滯執拘定，並透過靜默身心的方式，排除內外的擾攘浮動，以專注自識性體澄然凸顯的不偏不倚境界，亦即渾然未發之理體、中體。〈龜山並非排斥書言之傳，而是否定偏限文字研究的讀書方式，故以「默識」二字言其所重，表示唯有深刻體會言意所蘊涵的義理，方是學習的正確態度〉故所謂默識，乃超越體證寂然的天理本體，亦即「理一」。龜山將體證「理一」與「分殊」之道，皆繫屬於此，並未另舉分殊工夫。此是從「分在體中」的觀點，認為性理本身即具有現實差等的條理，能及於現實情勢具體呈現為分殊事理，故本質工夫不必劃分為二，只要於理一有清晰明確的體察，即具有稱體而發的必然性〔註7〕。延平承龜山之說，以體認未發為內聖修養的關鍵。然其

〔註 7〕 由默識而知理一分殊的說法，顯見龜山認為於理一有真實的體驗，即可自然地創發分殊事理。如是，似與其批評〈西銘〉不及分殊的論點相違。實則龜山並不否定張載民胞物與的思想，反之，他對〈西銘〉乃秉持正面的肯定態

有進於龜山，注意到在實現分殊之用時，可能因不精熟而產生體用有間的生疏情形，故於觀中外，另舉理會分殊的工夫，以爲融釋之道（之所以另立分殊工夫，是爲了解決發用時的勉強相，所以理會分殊的運用，必須以體察天理本體的本質工夫爲前提）。其言云：

> 龜山云：「知其理一，所以爲仁；知其分殊，所以爲義。」蓋全在知字上著力也。（《李延平集》，卷二，頁 27）

> 然要見一視同仁氣象卻不難，須是理會分殊，雖毫髮不可失，方是儒者氣象。（《李延平集》，卷二，頁 20）

「理一」與「分殊」之知，於龜山與延平皆指靜中證知未發氣象。唯延平對於「知其分殊」的內容猶有拓展，衍生爲兩線工夫：一者是於未發中體察分殊之用的本源，二者是於已發中實際練習承體起用。就爲學次第而言，由於理會分殊須建立在本體的自覺上，所以必須先具備未發體認的基礎，方能進入練習理會的階段。黃宗羲嘗評延平「理一分殊」之說云：「延平默坐澄心，其起手皆從理一，窮理者，窮此一也。所謂萬殊者，直達之而已矣。若不見理一，則茫然不知何者爲殊，殊亦殊個甚麼？」〔註 8〕其評甚爲精當。延平特別標舉「理會分殊」的工夫，並以之難於體認萬物同體的仁心境界，並非扭轉龜山以體驗未發爲修養主軸的基本立場。反之，其強調分殊的態度，乃順承龜山重視日用踐履的思想而來，並據之進一步延伸出理會的方法，作爲輔助未發氣象具體實現的要道。從工夫段落視之，分殊的實現乃決定於理一的證知，而理一的證知又從默坐體認入手，因此學者必先契入內聖修養的本質，方能貞定分殊的方向，故運用理會工夫的前提，乃具備對中體的明確體察〔註 9〕。然就實踐視之，延

度。其所憂者在於〈西銘〉的說解方式，恐其因鮮言倫理分際的殊等表現，而造成後學的誤解，以爲兼愛的作法方是道德實踐，故曰「故竊恐其流遂至於兼愛，非謂〈西銘〉之書爲兼愛而發與墨氏同也。」（〈答伊川先生〉，卷十六，頁 401）故其特別標舉差等的實踐原則，非謂「理一」與「分殊」必須分察方能兼全，而是主張彰顯體物無遺的精神之外，亦應同時照顧到分殊呈用的說解，方能使後學明白〈西銘〉的眞實義，而不致形成儒墨混同的末流。

〔註 8〕見〈豫章學案〉，《宋元學案》，卷三十九，頁 735。
〔註 9〕牟宗三先生云：「從體察方面說，吾人之知解體察亦不只是了解一個儱侗渾淪的『理一』就算完事，必須隨吾人的道德踐履之終始條理而能體察到分殊上以盡其事理之曲折，此所謂文理密察而不礙其會通之『理一』，此時之『理一』不是儱侗之渾淪，而是有具體的內容以螯定而充實之，而會通之理一亦不蹈空而虛懸，而必貫澈至分殊事理之曲屈，亦不礙吾人之文理密察也。此種體察上之理一分殊是隨吾人踐履過程上之理一分殊走而爲其所決定，行解相融

平認爲懸空體會渾然的理一，遠較絲毫不差地發用分殊舉措容易。意即：將抽象的未發體驗延續至現實的發用，方是爲學的眞正艱難處〔註10〕。而這個部分，正是龜山在建構修養論時所未解決的。所以延平提出「理會」的工夫，就是爲了補充龜山的不足，使觀中工夫的內涵更臻完備。了解這點之後，我們在詮釋其「全在知字上著力」一句時，就不會混漫「知其理一」與「知其分殊」的次第與重心，而能清楚掌握延平之意指。

延平雖分「知其分殊」爲二，然「知分殊」的方法，主要仍繫屬於「知

不即不離也。非是空頭的博文、徒盡其客觀事理之研究而極其微細密察而已也。」（《心體與性體》第三冊，頁8～9）。

〔註10〕 延平在闡述「理一分殊」時，不僅從修養論的立場，視體現分殊爲成德過程中的一大難題，亦據之簡別儒釋之異。他嘗説：「吾儒之學，所以異于異端者，理一而分殊也。理不患其不一，所難者分殊耳。」「異端」於此指佛學。龜山嘗舉分殊嚴分儒墨，而延平雖然未曾評論墨氏思想，但他認爲儒釋最大的不同，亦在於儒家的現實分殊表現。陳來指出：「在李侗看來，在靜坐體驗萬物一體的境界上，儒學與禪學的界限還難以劃清，只有在把『一視同仁』的境界落實到人倫日用的『分殊』上，才能眞正顯示『吾儒』與『異端』的分別。因而，那種『懸空理會』的『理一』氣象並不難，眞正困難的是在『日用間著實理會』。只有同時掌握了『理一』與『分殊』，才是『儒者氣象』。」（見《朱熹哲學研究》，文津出版社，民國79年12月初版，頁225）蓋龜山之辨儒墨與延平之別儒釋，似皆等同儒家的理一境界與墨氏兼愛、佛家慈悲，而視差等原則（分殊）爲儒家所以異於墨、釋處。實則佛家慈悲觀本於性空（慈悲並非以道德心爲基礎），而墨氏兼愛說的價值標準則建立在天至法儀上，與儒家以個體內在的道德性（仁）言本心本性的立場顯然不同。然而楊、李二人卻僅著眼於人情特有的差異表現，以突顯儒家與異端的分別，足見其二人對於墨、釋的思想，可能並未有深刻的認識。又，在天台宗「除無明有差別」的思想中，三千法的差別相亦可被保住，則吾人或可質疑延平以「分殊」作爲判別儒釋的準則，是否適切？實則道南一系是從道德踐履的角度理解「分殊」，則「分」爲分際義，「殊」乃依人倫分際所表現的不同道德活動。則道南對「分殊」的詮釋，顯然與天台所言之世間差別不同。至於延平是否清楚二者之別，由文獻中無可考索。若暫且不論楊、李對儒墨的理解程度，單就二人對分殊的強調來看，可明顯看出道南一系對於現實踐履的重視程度，認爲靜中體會之天理必須貫落到現實生活中，方爲儒家精神的眞實體現。所以藉由日用間的實際接物，能加深對天理掌握的純熟度，亦可反證未發所體察者是否爲實理，故延平指出：「若驟以理一，而不察於分殊，此學者所以流於疑似亂眞之說而不自知也。」（〈李先生行狀〉，《李延平集》，卷四，頁58）「此道理全在日用處熟，若靜處有而動處無，即非矣。」（〈與羅博文書〉，《李延平集》，卷一，頁4）因此分殊之「知」的著力，於理會義外，隱然隱涵對自身發動的意識、情感、行爲等的清晰自覺，如是，方不會「流於疑似亂眞之說而不自知也」。

理一」，這是因爲「理一」與「分殊」雖有具體化與否的不同，然其根據爲一本。對應中和命題，「理一」即未發之中，「分殊」即中節之和。「中」乃不偏不倚之狀，「理」則是就天理而言，二者所指之實，皆爲指導吾人道德行爲的內在價值之源，亦即本然之心性。發與未發，是隨中體對境接物與否所呈顯之寂然感通而作的分別說，若就中體自身而言，未發之中與已發之和實皆中體之流行。由於中體主宰意識、情感與行爲的呈現方式，使之即現實地成爲中節之和者，故修養不必斷分爲中、和二途。所謂中者，即不偏不倚；所謂節者，即天理天則。在道南一脈，理與心、性是一，理即中體的道德內涵，則默坐所超越證知的未發氣象，乃抽象狀態的天理本體，也就是中體之寂然。及遇事對境，中體遂顯用而決定行爲方向，由受限於特殊境況，所顯之具體事爲，必當幾呈現爲殊別相。然殊別乃應於萬物之曲屈的呈用，道德價值並未因此囿減，而天理本體亦保有其超越性，不定著分相殊形，故能躍起以顯他用。故分殊實爲天理的具體體現，並非在理一之外另有萬殊分理〔註 11〕，而「中」亦非固定僵滯的行爲模式，唯有應物所顯之特殊活動，方爲合理中節的道德踐履。如是，已發即中體感通而貫徹生命活動的狀態，而中節之和乃依於中體的合理舉止。意即中節之和乃依順中體，並不外之，所以中和之致必歸諸於中體的體證，不能在中體之外另求已發之和。由此顯見，分殊之知必繫於理一之知，所知者皆內在的道德主體，即使別論理會的工夫，亦不能取代知理一以顯分殊的工夫主線。

延平之所以另舉「理會分殊」的工夫，非謂分殊萬理不盡含於天理本體中，而是針對個體貫落理一於日用踐履時顯露的生疏勉強相，所提出的解決之道。較之龜山，他在強調理一分殊並重的基礎上，更重視體現分殊的困難。因此，以「理會」另釋分殊之知，並非偏離觀中工夫主脈的歧出，反之，是

〔註11〕延平云：「講誦之餘，危坐終日，以驗夫喜怒哀樂未發之前氣象爲如何，而求所謂中者，若是者蓋久之，而知天下之大本眞有在乎是也。蓋天下之理，無不由是而出，既得其本，則凡出於此者，雖品節萬殊，曲折萬變，莫不該攝洞貫，以次融釋，而各有條理，如川流脈絡之不可亂。」（〈李先生行狀〉，《李延平集》，卷四，頁57）。「理一」與「分殊」的關係，如大海之於川流，川流從出於海，海又應於地形而顯流水之曲。意即理一是分殊的本源，分殊是理一相應於物勢而有的殊特表現。則萬理莫不該攝於天理本體，而天理又洞貫於其中，雖別顯殊相，然理無少欠。所謂「該攝」，指天理本體具有對境發顯爲中節行爲的能力，由一切道德活動無所不由其出而稱之；所謂「洞貫」，指萬殊分行乃天理的具體呈用，行爲雖各有不同，然皆爲道德理則的具體彰顯。

基於體用有間的實際考量，以細察曲折事理的方式，漸涵漸養以臻精熟，使普遍的理一融於具體分殊中，自然順當、不待勉強。

從「理一分殊」視之，在性理的意義上，各種不同的道德行爲皆貫穿普遍的道德原則；在倫理意義上，理一必通過萬殊事相方得具體體現；在實踐意義上，於未發默識中，吾人可清晰地體察天理本體，爾後所接續的理會分殊工夫，則助成分殊呈用的具體實現。對應於觀中工夫，「理一分殊」的理論架構，正足以清楚展示未發之中與中節之和的關係，而修養純熟之境，乃賅遍動靜之天理流行，亦即理一分殊的圓融表現。就理論內涵而言，龜山推闡伊川所提出的「理一分殊」命題，並從體用觀證成「理一」與「分殊」的同一性，使得仁的普遍性與義的差等性，在本源與派生的關係中，獲得完善的解決。延平承其說，以工夫意義闡發「理一分殊」，並標舉體察分殊事理的重要性，在思想架構上，比龜山推進一步，使內涵更爲縝密。

第二節　洒然融釋

由上節可知，理會分殊的提出，是爲了解決體用有間的困境，迨間隙融釋，即臻修養理境，延平稱之爲「洒然」。其言云：

> 某嘗謂遇事若能無毫髮固滯，便是洒落，即此心廓然大公，無彼己之偏倚，庶幾於道理一貫。若見事不徹，中心未免微有偏倚，即涉固滯，皆不可也。……非理道明，心與氣合，未易可以言此，不然只是説也。（《李延平集》，卷二，頁19）

> 今學者之病，所患在於未有洒然冰解凍釋處，縱有力持守，不過只是苟免顯然尤悔而已，似此恐皆不足道也。（《李延平集》，卷二，頁17）

「洒然」的意義，乃「遇事能無毫髮固滯」。所謂「固滯」，指有所偏倚之心。至於偏倚之由，延平則歸諸於「見事不徹」。從修養的段落來看「見事不徹」，其成因有三：其一，在進入主體修養之前，人心知覺天地萬物而產生種種情感，源於執己之私，情意念頭逐受私意主導，無時不顧慮個人的得失利害，從而引起欣喜悲戚等感受與偏向利己的惡行。從心之本體視之，在私己專主下，偏倚之意向障蔽本心的朗現；從心之發用視之，在私意參雜、情有所著的情況下，個體遇事接物，全然憑藉私意對應妄爲，而不見察個別事物的存在之理，是謂「見事不徹」。其二，在進行主體修養之後，對中體的把握尚不

穩固，以致在發用之際，私意復起，擾亂內心對性體境界的默識，而不能洞徹屈曲事理。其三，由於舉體不及用，遂流於滯寂之弊，雖在動時繁接萬物，卻不能延續靜中體驗於日用間，亦不能有效地發揮中體權物之能，見察事物之理，導致發用仍受習氣牽動，而中體則永滯著於抽象境界中，成為光景。所以延平指出：「若槩以理一，而不察於分殊，此學者所以流於疑似亂眞之說而不自知也。」（〈李先生行狀〉，《李延平集》，卷四，頁58）

　　「見事不徹」的成因雖大略可分為三，然根據延平語勢，此處所指阻礙「洒然」者，應指第三種情形。由偏舉的缺失，導致靜中雖似有得，於人倫日用卻無所助益，反而滯著未發之靜。所以善靜坐者，必定不會養成喜寂厭動的人格特質，而能隨順個體接物與否，於動靜間自如地體現天理。實則修養重心不應落在靜坐樣態的拘泥，而在個體對於中體的清晰自覺自持，如是始為靜坐精神的體現。則靜坐的形式不過是學者最初的入手途徑，能致靜坐實功於動靜居處間，方是工夫之極。因此，一旦學者自覺趨靜傾向日漸長養，乃至道德體驗僅偏得於靜坐中，即涉「固滯」。所謂「固滯」，指定著於中體的抽象狀態中，不能及於現實作具體的呈現。從體用觀視之，又曰「體用有間」，言發用不能稱體自如、似若相隔。從道德價值意義來看，又曰「偏倚」，言恆向私己之執。固滯、有間、偏倚的描述，固然可形容學者在修養前深蔽私意之貌，然於此處，是針對進德過程中所遇的問題而發。在延平「體用一源」的思想中〔註12〕，未發與已發之間具有體用的關係。只有具備眞實未發體驗的人，思慮、行為等發用方能合理中節；反之，於發用之際未能由中致和者，未發之體認則成為空頭的涵養。此時即使勉強持守，「不過只是苟免顯然尤悔而已」。

　　對應於「固滯」問題，延平提出的解決之道有二：一者，檢驗已發。延平認為工夫不可盲修，必配以自我勘驗的警敏心（「檢驗已發」的輔助工夫，詳見第四章第二節），方能避免流於枯坐、兀坐。二者，理會分殊。「理會分殊」的作用，在於讓學者透過密察分殊、推致未發之中的反覆練習，熟悉權物發用的過程，使中體能無滯地具體呈現，以致工夫之自然精純。前者側重於審視，有助於吾人掌握進學的狀況，以期隨時就自身面臨的問題，予以改進；後者著眼於如何化除固滯困境，透過兼舉發用的理會工夫，使學者能在

〔註12〕延平云：「但合內外之道，使之體用一源，顯微無間，精麤不二，袞同盡是此理，則非聖人不能是也。」（《李延平集》，卷二，頁16）

體察事理的反覆練習中，漸涵漸養中體，進而突破僵滯未發的窘況，遇事稱體發用，以致中節之和。透過工夫深運，涵養便能動靜相續、無息不已，而中體亦得以有具體而真實化的呈現，延平稱之為「冰解凍釋」，或曰「融釋」。所謂「冰」、「凍」，乃形容中體僵滯於未發的情形，如冰之凍結、堅固難動，而不能起發用之實。所謂「融釋」，乃狀體用隔閡的消融之形。以「有間」言體用，乃就用不據體而言。實則體用之間並非先有隔截距離，而待日後之合。其實義是指一切發用並不根據本體而有，而本體對於個體的發用，亦不具有決定性。則本體不過虛懸於抽象狀態中，並不能實際裁決行為活動的方式，即所謂光景。如是，未發與已發，只是意識過程的不同階段而已，而非體用關係的真實顯現。「融釋」之狀，即形容本體掛空之勢的消解，不復隔限於未發中，而能及於不同分際實現分殊事理。迨冰解凍釋後，工夫遂臻純熟，即「洒落」境界的實現。延平描述此道德理想境界云：

> 孟子養氣一章，李先生曰：「配是襯貼起來。」又曰：「若說道襯貼，卻是兩物。氣與道義，只是一滾發出來。」（《李延平集》卷三，頁40）

> 解會融釋，不如此不見所謂氣、所謂心，渾然一體流浹也。到此田地，若更分別那箇是心，那箇是氣，即勞攘爾。（《李延平集》卷二，頁21）

延平以氣義關係展示洒落的道德境界。所謂「氣」，是指生命內部蘊含的活動力。「義」則謂依於道德心而有之正當合理性。延平詮解《孟子》養氣一章，釋「配義與道」之「配」為「襯貼」。「襯貼」者，合襯貼附也。「襯貼」一詞，乃形容心志貫注於氣，使氣如貼附道義，而得其正。但延平又以「襯貼」二字，如分心氣為二，似有以義為範型而強合之的意思。故又一改前述，認為氣與道義不可別分二物，在道德實踐上，只是「一滾發出來」。氣的最高主宰，在孟子稱為「志」，在觀中工夫的體系中，稱為「未發之中」，亦即中體。氣乃從屬於心志、中體，與之呈現體用的關係。所以道德實踐的工夫主要在體驗未發，迨深潛涵養、並輔以分殊之理會，那麼從屬的氣自能在中體的主宰中，發顯為中節的道德行為。故氣因義道而合理，義道因氣而伸張，在道德主體的主導中，一切自然生命的動用，皆為天理的體現。所以延平謂二者不能異分，乃強調在中體主動妙運氣中，人的全幅生命，只是天理的流行與不偏之中的生生呈顯。

　　然以「氣」言之，畢竟側重於推動行為的內部活動力，亦即發用的層面。
則延平是否意指唯氣之生化，方為天理之顯？實則不然。蓋合理正氣的生生
不已，乃依於性體而有，性體即心體、中體、天理本體，亦即吾人天賦本具
的內在道德性。正氣的運化，固然是天理的具體呈顯，然氣未發動之時，並
不意味天理的消泯。這是因為在道南一系中，心（性理）才是最高層次的存
在。在氣未生化之前，吾人內具之性理，未顯而先在不失，故能於接物遇事
之際，於內心呈顯自覺的當然之理，從而主導氣化活動，具體表現所顯之理。
因此，決定氣運化方式者，乃在於性理，而不在氣自身。則氣雖能呈顯天理，
然價值從出之本，實在於心。易言之，性理方為合理正氣的本源，在性理的
主宰下，氣的發用方能直透道德的意義。所以心氣之間，乃以心率氣、以氣
從心的主從、體用關係。藉由心的領導，生命之氣的方向獲得貞定；通過氣
的具顯，道德意義得而實現。由是，心氣互成，隨氣之生化流行，天理亦處
處表現，故曰「渾然一體流浹」。此義既立，一方可見凡已呈顯之氣用，皆依
於隱微之性理而有；一方由氣化能應萬殊眾物，以成合理實事，而見性理之
全備與妙運。由即用可見體、舉體以成用，顯現天理之無二，不以隱微而減，
不因具顯而增，是謂「吻合渾然」、「體用一源」、「顯微無閒」。

　　由上述知，「洒落」是從工夫由生轉熟、乃致氣化活動自然合理而言〔註13〕。
以此來看「遇事若能無毫髮固滯」（《李延平集》，卷二，頁 19）的定義，「洒然」
境界益顯。「洒落」精神的實現，乃建立在對本體的純熟把握上，故其義非謂肆
意狂蕩、無所堅持，而是指擺脫過度強化的自我意識（私意）與對個人利欲的
強烈貪著，進而達到化除私己牽擾、束縛、拘限、一切純任真實人情而為的自
然化境。至於其意義，則可由無滯、持敬、自得等三方面論之。

　　延平以「遇事無滯」釋「洒落」，顯示其所呈現的面向主要在於無所固滯，
而這種無滯的境界，又特別體現於遇事之際。「滯」者，停留也。然滯留的對
象為何？對於道德性的實現有何妨礙？藉由對這些問題的釐清，有助於吾人
把握「無滯」的實義。延平表示：

> 虛一而靜，心方實則物乘之，物乘之則動。心方動則氣乘之，氣乘
> 之則惑，惑斯不一矣，則喜怒哀樂皆不中節矣。（《李延平集》，卷三，
> 頁 46）

〔註13〕　朱熹云：「灑落兩字，本是黃太史語，後來延平先生拈出，亦是且要學者識箇
　　　　深造自得底氣象，以自考其所得之深淺。」（《李延平集》，卷三，頁 50）

這段話與前文描述的心氣之理想關係相反，指出心有固滯時呈現的情狀。「實」者，充滿也。「滯」是從心恆有偏向而言，「實」則狀內心充盈偏執之貌，二者意旨相同，皆謂心靈在執障窒礙下，失去了原初狀態。在延平，所謂實、滯、固等形容，皆針對私意而發〔註14〕。「私意」即以自我利欲爲考量中心的心理意向。在私意主導下，人心於知覺天地萬物時，難以無所偏倚地見察事理，以做出正確的道德判斷。此時人物之間，呈現相待對立之勢，不僅難辨善惡，反聽憑私己傾向，或顯欲求之好、或表排斥之惡，乃至物過，仍專著於物，久久不化，這種內心受物牽縛的情形，即「物乘之」。故「實心」爲「物乘」之因，而「物乘」又反鞏心實之堅，兩相促長，遂引發種種喜怒憂懼之情與態度舉止，是謂「氣乘之」。生命之氣既受感性慾望左右，其所形成之活動力與表現，遂又激盪內心，成爲心理糾結，障礙仁心的流行感通，導致私己起作、本心迷失，是謂「不一」。斯時既不及於善，又過度凸顯私己立場，則喜怒哀樂皆不中節矣。

　　與心氣一體流浹的洒然境界相較，「實心」與氣亦呈現主從關係。由私意之參雜，生命之氣無不受其影響、相應而動，致使心隨物遷、念有所著、情不能已，此皆本於私己之繫縛所顯發的滯礙現象。則氣雖從心，然此心已非心之本體，而是經驗層的私心。則氣雖能充分表現心之所向，合心渾然流浹地向外滾發，但主宰氣的私心，實與道德心迥別，使情之所發、氣之所行皆不得其正。故價值從出的根源實在於心，不在於氣，而修養的用力處便落在去除私意的干擾。迨固滯化解，即「洒落」境界的體現，表現在心理特質上，即「虛一而靜」。關於心之虛靜特質，延平較少正面的闡發，然吾人可據此他對心滯物的描述，反推「虛一而靜」的意義〔註15〕。虛乃實之反，乃無滯義。靜乃動之反，爲不

〔註14〕延平以爲阻礙進學爲善的主因，在於私意。其言云：「蓋聖人之心，必有其善，然後進之。若無所因，是私意也，豈聖人之心哉！」（《李延平集》卷二，頁12）「罪己責躬固不可無，……即於此處就本源處推究涵養之，令漸明，即此等固滯私意當漸化矣。」（《李延平集》，卷二，頁34）在諸多談論中，延平皆以「私意」爲道德善的對反。而在回覆朱熹之詢時，甚至直以「固滯」與「私意」連稱，顯見「遇事無毫髮固滯」一句，所固所滯者，實指私意。

〔註15〕對於心之虛靜的肯定，乃道南共承之義。龜山云：「空也者，不以一物置其胸中也。」（卷十四，頁678）又曰：「學至於聖人，則一物不留於胸次，乃其常也。」（卷十一，頁550～551）「孔子之慟，孟子之喜，因其可慟、可喜而已，於孔、孟何有哉？其慟也，其喜也，中固自若也。鑒之照物，因物而異形，而鑒之明，未嘗異也。」（卷二十一，頁898）豫章嘗賦詩云：「人心但得空如水，與物自然無恩怨。」（〈勉李愿中五首〉其四，《羅豫章先生文集》，卷十，

遷義。「虛」的特性，主要表現在個體接物之際。所謂「虛」，並非意味人心枯槁、無所知覺，而是強調心之不著於物、物過則化的本然狀態。個體於接物之際，中體隨即發揮權物之能，作爲道德判斷的準據。然權衡在中體，主要表現爲對事理之密察，而非著意於物。故於物之來，中體能應以當然之理，於物之過，顯用之念慮、情感即隨之而化，不會滯留心中。此中體本具之無所偏勝、不滯不累的能力，即「虛」之謂也。因此，「虛」的形容，非謂情意思維的蕩除，而是凸顯於物於情、無所專執的心理面向。由心之虛，物之往來，無滯於內；由心之虛，好惡之發，莫不循理；由心之虛，仁心感通，無所窒礙。

　　至於「實」的產生，其途有二：一者，權物之初，雖無偏倚，然於發用之後，私意雜生，著情執意，導致喜不能已、憂不能堪；二者，則是在權物的過程中，受到過往習氣的影響，以致在接物時引發私執，使不偏不倚的心理意向遭到破壞，遂無法明察事理，乃至引發種種忿懥好樂等不正私情。無論何者，皆因私意的復起，產生情感留滯、本心迷失的後果。亦緣於此，個體雖於默坐時體驗未發，卻在發用間受到私意的擾亂，致使所發悖理。如是，中體遂隔絕於抽象狀態中，無法貫落於日用倫常中，具體而眞實地發用，從而形成「體用有間」的窘況。所以工夫上須嚴防情意之滯，同時並進分殊之理會，迨私意習氣盡除，即臻純熟之境，亦即「洒落」。

　　「虛」之義既明，於此接述「靜」之意義。所謂「靜」，非謂中體只存有而不活動，而是遇物不遷義。相對於心動氣乘的私蔽，「心動」指由私執引起的內心紛雜與情緒激盪，而中體之「動」則是妙運氣化、以成道德創造之實事。前者之動，是就執物著意而言，爲私我的生發；後者之動，乃本體之感通發用，爲天理的推擴。二者意義並不相同。故「靜」的形容，實狀中體自持自守、不障於物，非謂本體死寂不動或不產生任何思慮情感。所以延平以「靜」言心，並非認無思無作爲心靈的理想狀態，而是表徵循理不息的穩定心境。因此，靜心排斥的是私我安排之種種作爲，並不滅止從理而動的思慮，而從理而動的思慮不但不會擾亂心靈的虛靜，反而彰顯了常存天理的內心狀態。此義既立，便知情意的生發與中體的本質互不排斥。所以延平所否定的是心之動，而非氣之乘，在循理的前提下，合理中節的氣用是被肯定的。因此延平屢言中節之喜怒哀樂，又強調理會分殊的重要性，在在說明「虛一而靜」的提出，乃著重對私

　　頁 112）與延平相較，所用詞語雖不同，然其義理相當，皆視無滯不動爲心本具之特質。

意必固的放棄，而非盡捨情感、念慮、行爲等生發。實則心的實際活動必然產生喜怒哀樂惡欲，而道德踐履亦必資藉情感意欲的實際表現，方得完成。唯中體本於「虛」的特質，對於七情並無執定，故在作用上情意雖生發往來，卻能不滯不留，所以情意的厚薄表現能恰如其分，不會過與不及，亦不會成爲內心的負累。因此，「洒落」作爲理想境界的特徵，是在中體與情意發用不離不滯的體用關係上建立起來的。由中體虛靜的本然狀態，個體遇事接物，不會受到私意的惑擾，從而本於無所偏倚的意向，發而爲中節之和。故虛靜的特質，是實現「洒落」理想境界的內在根據。而「虛」、「靜」特質的完全體現，又必待私意盡化而後得。此克解私意以精熟工夫的過程，則謂「冰解凍釋」。

相較於延平，其師豫章對於聖境則鮮少著墨。而龜山雖有論之，卻不似延平從融釋體用間隔言洒落理境。然其借孟子「行其所無事」一詞稱謂境界的用意，則與延平「洒落」義相同。其言云：「若曰『行其所無事』，則由智行，非行智者也。」（卷十三，頁 674）「蓋禹之行水，循固然之理，行其所無事而已。」（卷二十，頁 882～883）「循天理，則於事無固必。無固必，則計較無所用。」（卷十二，頁 612）「行其所無事，一以貫之，只是一個自然之理。」（卷十三，頁 660）「行其所無事」即循理自然、毫無勉強。蓋萬事萬物皆有其理，其理不外於心性，全備而爲性體之內容。故吾人順承本然之性理而爲，自能在創生道德活動的同時，實現萬物之理。然人多穿鑿私智而害性，反專主己見、行事武斷，如是遂必留固、計較叢生，終至反覆悖理。修養的目的，就是要去除私執，復其本性。然去私之道，並非勉強禁之，而爲善之道，亦非以仁義爲範型，刻意行守。「行其所無事」一方指出境界之成，非源於妄用聰明以變常度，一方顯示眞實的道德實踐，乃從出於內在本具的性理，安然行之，而非強合，此即龜山所說的「由智行」、「循固然之理」。「由智行」與「由仁義行」（《孟子‧離婁下》）義同，前者是從中體具有權物智用、能應物發顯中節之行而言，後者則突顯道德性與心性的一致，不論由何說之，此處重點並非落在對心性本質與能力的闡發，而是強調道德踐履之從容自然。故「無事」之「事」，非謂道德實事，而是指由附會私智所表現出的矯揉造作意向；「無」字則意指通過主體修養達到化除私意的工夫效驗。因此，「無事」的形容，乃專就行無私意而發。「無事」的境界，體現在主體與內在心性的關係上，爲「循固然之理」、「一以貫之，只是一個自然之理」。「固然之理」是指天理作爲心性的內容，是吾人天賦本具的，因不待他有、自己而然，又曰「自然」。個體與其的理想關係，表現在「循」、

「一以貫之」的意向上。「循」者，依順而爲也。「一以貫之」則狀出「循」的持續性（善性之常存），唯有兼貫動靜的循性，方能全性之正，以成人之所以然。而無事之行，一方顯示私意與心性之不共容（私意並非本然心性的特徵，二者互斥相違），一方標舉出道德理境循理自然、無執私己的面向。故龜山之「行其所無事」實與延平之「遇事無滯」意義相當，皆指向實踐主體與物相接時，順任本然心性所給出的道德命令，自然生發適當的情感與行爲，於成就萬物存在之理的同時，又不牽縛執定於物。所以「無事」、「無滯」的形容，蘊涵了循理自然、無雜私執、接物不著等意義，而此亦是精神境界的表徵。

「洒落」的無滯義既明，其與主敬工夫之間的關係益顯。延平云：

> 此孟子發此夜氣之說，於學者極有力。若欲涵養，須於此持守可
> 爾。……由此持守之久，漸漸融釋，使之不見有制之於外，持敬之
> 心，理與心爲一，庶幾洒落爾。（《李延平集》，卷二，頁 17）

道南一脈雖以默坐澄心爲觀中的主要進路，但工夫之行若僅偏限於未發，將致割截斷續之弊，爲了貫串默識於思維的動靜狀態，遂提出主敬的修養，以助成涵養之功。誠敬工夫的要旨，乃動靜無息地保持對內專注的道德意識，正養內發之道德力量，反拔積久根固之私習。故欲致深運之效，必時時保持自我警醒的意識，方能避免私意的復萌侵奪。然而，提撕備防所帶來的緊張感，與洒落的自得境界，似相悖反：過度的誠敬似阻礙適意的實現，過度的洒落又似不容誠敬的運用，則二者在道南的思想體系中是否因而處於對立的立場，造成理論的困難與矛盾？實則不然。其因有二：其一，誠敬工夫的目的不在緊張感的培養。私意日久長養，漸積成習，難以一夕盡除，故學者初認未發氣象，若不在已發動用中接續保守工夫，根固習氣必再度作用，阻隔氣象的呈現，則靜中體認終成一時的道德體驗，而不能久致實功。爲了涵泳始顯的中體，以長養內在的道德力量，楊李師徒皆主張必須承接持守的工夫，使修養不致因動靜隔絕、時斷時續。所謂持守，即時時保持自我提撕警醒的態度，一方默識中體，維持不偏氣象於不墜，一方防檢私意，避免私習興作而累心。持守的目的，主要在於保持修養的無間無息，通過中體綿密不斷的自持自守，習氣在久乏滋養下，其作用力度方得漸次削弱，反之，中體對個體的影響力亦得日益壯大。故延平指出：「由此持守之久，漸漸融釋。」足見融釋以持守爲基礎，持守以融釋爲歸趨。所以二者乃相助成的關係，誠敬持守工夫愈嚴密，愈有助於洒落境界的完臻，而洒落境界的實現，則表徵持守

工夫已達純熟自然，使天理作為心性的內容，得以完全發揚，不復受私意的擾雜。因此，持守的意義乃繫屬於洒落境界的獲得，偏離洒落的工夫運用，其意義是不被承認的。從這個角度來看，持守工夫與洒落境界實相容不左，儘管持守工夫意味著自覺地保守中體之明，然若因誠敬反招致過度的束縛感與壓迫感，則代表修養方向的背馳正軌。於前文曾提及，延平在面對朱熹事親不恭的自責時，直指過度的罪己，反而是私意的表現，〔註16〕其實誠敬太過亦然。持守之功，乃在常存天理，只要稍提警心，不縱私作，使意識活動一皆循理，即工夫之深運。以誠敬言之，並非將中體視為客觀對象、推立起來以敬畏之，從本體而言，誠敬實本體之自持自守、自盡無妄無偽。若過分敬守，乃至時恐本心之失或急圖境界之企，反而是以對立的心態，將中體形象化、固定化，從而執持不放。因此，會導致心靈動盪的持守，並非真實的誠敬之功，而是私意的牽動。則原初欲致去私的洒落境界，在工夫誤運下，反造成心理的糾結，另長心之累縛，而呈現行守之拘防相，此即延平所反對的「有制之於外」。（誠然，修養初期，持守難免有所勉強、不自然，但此勉強相是因工夫生疏而致，為自覺主內的表現，並不會引起急切的心情）故持敬的正確實踐，並不會遭致緊繃、壓抑等的負面心理感受，而是趨向洒落自得的理境，及臻洒落之境，持守之相完全脫落，此時發與未發，無不循理自然，故洒落可謂持敬工夫純熟的結果。

其二，洒落境界乃立基於私意的滌除上。洒者，洗滌也；落者，去除也。洒落一詞，乃形容舉止自然、不受束縛。延平以「洒落」言道德境界，是藉形容詞彙以指稱之，則吾人掘發其意時，應就延平的思想架構詮解「洒落」意指，而不應單憑表面字詞，片面地斷定「洒落」為毫無限制地蕩除。延平曾定義「洒落」云：「某嘗謂遇事若能無毫髮固滯，便是洒落，即此心廓然大公，無彼己之偏倚，庶幾於道理一貫。」（《李延平集》，卷二，頁 19）根據其說，「洒落」的心理特徵為「廓然大公」、「無彼己之偏倚」、「庶幾於道理一貫」，表現在實際發用上，則是「無毫髮固滯」。「廓然」乃廣大義，「大公」為無私義。二者皆狀個體於克盡私己、全復天理後，性體不受任何感性、私意、經驗雜染，能真實與物相感，並通達其所提供之道德法則於外，而無所障礙。由無物不該曰「廓

〔註16〕延平云：「罪己責躬固不可無，然過此以往，又將奈何？常留在胸中，卻是積下一團私意也。到此境界，須推求其所以愧悔不去，為何而來？」（《李延平集》，卷二，頁 34）

然」，由心無偏執曰「大公」。實則執定私意本非主體原有的內在特徵，而是個體從感性出發所產生的種種利己意向，並由之伴生佔有、排拒等情緒、慾望與行為，此即「偏」、「倚」。所偏所倚者，實即自私的感性心，在私心左右下，其作用力度遠勝於本心對吾人的影響力（此時本心潛在不顯），使吾人雖與萬物接遇，卻無法見察並創生其理。因此「固滯」之狀，是從內心固著私意、滯累私情，以致障蔽道德情感的生發與通達而言。所以修養的主要目的，就是要克解偏倚之私，恢復心性本有不偏不倚狀態，以幫助內在道德性能無礙的實現。此無所偏倚的心性特徵，稱為「中」，體現在發用上，「中」呈顯為無滯的內心狀態，表現為具有倫理性、道德意義的合宜作為，稱為「和」、「中節」，也就是延平所說的「道理一貫」。由此顯見，「洒落」境界必須以循理為前提，而以私意的全然放棄為基礎。所以「洒落」的形容，乃專就去私而發，非謂毫無原則的悉數蕩除。以此來看洒落與工夫之間的關係，可知洒落境界的實現，勢必建立在主體修養上。道南一系的修養工夫，約可分為二：一是默坐體認的核心工夫，一是誠敬持守的輔助工夫，前者是直契本源澄治私擾，後者則通過自覺操存本心，以延續對中體的默識、並嚴防私意復起。由於吾人不能常處於未發，且應事接物的過程又極易誘引私意之作，因此誠敬工夫雖非修養主軸，卻深具涵養的作用。易言之，在日常生活中，大體而言，動多於靜，遇事多於獨處，所以吾人實不可能久居於靜坐狀態，以俟私意盡除。然修養之有無若決定於個體之動靜，此無異於將工夫的運用侷限在特定時機中，這種靜時體中、動時任憑私意妄作的方式，不僅具有善惡雙養的弊病，亦難以致和於日用間。為了不使修養時斷時續，並能在發用間延續對中體的默識，持守的工夫實不可或缺。因此，誠敬工夫雖僅處於輔助地位，卻能深起涵養無息、漸化習氣之效（默坐體認雖然也是涵養之道，但若缺乏誠敬工夫的接續，勢將因動靜中斷涵養，所以存誠主敬是使涵養無息無間的關鍵），從而助成洒落的實現〔註17〕。故持守之即涵養

〔註17〕延平云：「舂陵周茂叔，人品甚高，胸中洒落，如光風霽月，此句形容有道者氣象絕佳。胸中洒落，即作為盡洒落矣。學者至此雖甚遠，亦不可不常存此體段於胸中，庶幾遇事廓然，於道理方少進，願更存養如此。」（《李延平集》，卷二，頁18）延平認為學者在進學過程中，雖未臻及洒落境界，亦當盡可能地於內心時時保有洒落的態度。然而，其所謂「常存此體段於胸中」，並非要學者在處於未臻理境的修養階段中，空自想像境界的意義與所伴生的心理感受（心境），而是指點學者於平日間，需訓練自我保持不向於私、從循本心的自覺。從工夫而言，此即誠敬的保守工夫。通過無息不絕的自持，儘管未臻理境，然私意在備防中，得以漸漸化除，即使復陷溺之，亦能警醒察覺，同

之，則持守愈久，實踐主體對於中體的掌握亦愈純熟，而私意的影響力也就日益減弱，終能自然地貫徹道德理則於具體活動中，此即「洒落」，故延平曰：「由此持守之久，漸漸融釋」。因此，「洒落」境界是通過習氣的消極克解以獲得道德主體本質之能的積極發揮，而習氣的漸化又來自相續不已的涵養〔註18〕。則

時內在的道德力量，也於此間漸涵漸養，而趨向境界的實現。易言之，洒落是全克私習的結果，學者雖未能一夕去之，然可藉由對洒落精神的抱持，一方防戒私意，一方長養道德意向，此即延平「常存體段」之意。然「常存」並非嚮往想見的思維運作，而是懷有去私的自我提醒意識，以助學之漸進。因此延平又說：「思索有窒礙，及於日用動靜之間有拂戾處，便於此致思，求其所以然者，久之自循理爾。」（《李延平集》，卷二，頁25）他認為欲致進學之功，在平日動靜拂戾處，便應即時警覺，並專就此下工夫，以求所以然者。此說至少反映延平對修養的兩點態度：其一，修養與自我勘察應並進。工夫之於境界的實現，固能起佐助相成之功。然進學過程中，若缺乏核驗自我的警醒意識，勢如車失前導，莫知其嚮。所謂核驗，就是自我觀察內在思維與日用行止是否與默坐所得相吻合，如發現自身念慮或實際生發行為參雜私意（「思索有窒礙」即思慮雜私，蒙蔽道德意向，從而阻隔道德意識的生發與通達於外；「日用動靜間有拂戾處」則是具體的日用活動悖理不和，如見父不敬，交友不信等），便應立即反思，以修正內外方向。其二，勘察工夫的要訣在於就拂戾處自思。修養之要雖在去除私執，然私意萬人萬殊，所重各有不同，故學者須視自身狀況，著力治除。而思索窒礙與日用拂戾，即私意專著處，則學者應特於此處用功，以求偏私之化，而用功的方法則是「求其所以然」。「求其所以然」的意義有二，一方為推尋拂戾之由，一方乃探求事物的所以然之理。前者作用在於消極地自省私執所向，後者則積極地見察萬物的存在之理。藉由反思窒礙之由，學者能自知個人己私恆向，而能於遇接同樣事物時，警覺備妨私意生作；藉由見察事理，能助成學者對其理的清晰掌握，從而易改偏倚的態度與行為，進至中節循理。由上述知，私意非一日可化，修養非一日可成，唯有時時濟以自我戒慎、警覺的意識，始能避免本心復失之弊，從而無間地操存之、涵養之，終自循理自然。

〔註18〕延平云：「自非大段涵養深潛，定能如此遇事輒發矣。」（《李延平集》，卷二，頁33）觀中修養的方法是默坐澄心、體驗未發不偏氣象，目的在於避免私意干擾，以直契心性本源。然修養若僅止於靜而不及於動，儘管靜中有真實體驗，亦難以發皆終節。是因修養初有所得之際，私習仍存，若不能兼貫動靜濟以默識操存之功，修養無異於時斷時續，一方終難至於精熟，一方難盡除私習。故觀中修養雖以默坐為方便手段，然對於中體的默識不應僅限於靜時，而要在動時自覺地保守內在不偏的道德意向，此即「涵養深潛」的意義。易言之，默坐體認固然是從未發處導正偏執私意的態度，但是要全克私己，臻至發無不中的理境，必須建立在長期涵養無間的基礎上。藉由靜時默坐、動時誠敬保守的深潛，學者對於中體的掌握方能日漸純熟，而私習的作用力度亦能漸趨薄弱，進而在遇事之際，依本於內在真實的道德意識，通達於外，顯現為無過與不及的合理活動。

洒落境界可謂是誠敬工夫深化的結果，境的實現，並非意味工夫從此揚棄，反而代表工夫已臻精熟自然。故洒落境界與持守的自覺意識並不相斥，其所洒所落者實是私意，而非工夫的運用。至此，中體無時不自持自守，未發無不中，發無不和，純然是天理的自然流行。

　　由上述知，工夫愈純熟，愈有助於境界的實現，而境界的圓成，則意味工夫的精純深化。及臻「洒落」境界，實踐主體即隨之伴生「自得」的心理感受。延平云：

　　　　洒落自得氣象，其地位甚高。（《李延平集》，卷二，頁 17）

　　　　若反身而誠，清通和樂之象見，即是自得處。（《李延平集》，卷二，
　　　　頁 25）

「洒落」的道德境界，包含了循理不妄、遇事無滯、私意克解等面向，則「自得」感的生發，必建立於此基礎上，與境界相依並存。所謂「自得」，非謂感性的滿足或快樂，而是指個體於境界實現時，內心所產生的安然適意感，延平稱之為「清通和樂」。「清通」也者，乃狀本心感通無礙、無滯無執；「和樂」也者，意指依於本心、以致生命活動合理中節時，因安心而產生平和自適的覺受。所以，「自得」從工夫說是克己去私、存誠主敬的結果，從境界上說則是洒落的具體表現。基於循理的內容規定，可知自得感受乃源於本心的朗現，故「自得」的產生，並不拘限於喜、樂的生發，而哀、怒等情亦不會妨礙自得的心境。在中體（本心）發用下，個體於應事接物之際，能明辨是非，行所當行。於當喜時則喜，於當哀時則哀，因心無固滯，故情感厚薄程度、能隨物勢發而恰當，則雖喜亦不會難禁，雖哀亦不會難已，無非中節適宜的表現。而「自得」就是在道德實踐時所伴隨而來的道德感受，此感受與感性之情指向非一，乃人在全盡其性後自覺心無虛歉而有的自足自安感，故與七情的發用互不衝突。反之，透過情感的中節顯用，道德主體得以炯然呈現，而自得的道德感亦得以維持。故「自得」非謂情緒的激動，而是境界圓成的心理表徵，亦是心靈擺脫私意束縛後呈顯的自在心境。

　　從本體言，「洒落」標舉出本體無所偏倚的特質；從境界言，其呈現從心循理的心理意向與無滯無累的特徵；從工夫言，在彼此相輔互成的關係中，彰顯了去私克己、體中致和的工夫旨歸。故「洒落」既是本體，也是境界、工夫。通過克解私執的工夫（實則「洒落」所洒所落者，即自私的意向），回復心靈無所固滯的本然狀態，以臻洒落自得的境界，即觀中工夫歸趨。

第七章　結　論

　　北宋時期，洛學盛行，楊龜山身爲程門高弟，明道甚喜之，及其南歸，更有「吾道南矣」之歎。自其傳道東南，一傳羅豫章，再傳李延平，後世遂以道南學脈稱之。楊龜山思想宏博，於天道、心性、修養等方面皆有推闡，其根據《中庸》中和說法，成立「體驗未發」的工夫。高弟羅豫章專主之，附以靜坐形式，並據此自修教人。延平承之，一如其師，將學問重心全置於未發工夫的拓展上，使工夫內涵益趨完密。在龜山，其思想範圍非僅止於此，然爲後學繼承者，則專在未發工夫。因此，未發觀中的工夫，可謂聯繫道南傳承的主軸，同時也是這一脈絡的主徵，故又稱爲「道南指訣」。

　　龜山以前，宋儒對治私欲之亂，多在念慮之幾上運以省察克治之功，方法雖綿密深細，具有導過歸正之效，然畢竟非正本清源之道，而不能保證私欲之不發。龜山有進於前儒者，在程門論中和風氣的影響下，將《中庸》的未發說工夫化，於喜怒哀樂未發之際，建立體證德性之源的工夫，以期由中導和，使未發至發皆無雜私意，不必待過與不及的私意之發後方化惡歸善，即能引生眞正的道德行爲。龜山以「正心」的概念爲核心，以未發與已發爲界分，開展內外兩層的工夫。內層的工夫，乃在喜怒哀樂未發之際，默識未發之中，爲道德實踐的本質關鍵。外層（合內外）的工夫，是在體中的根柢基礎上，續以無間斷地自我操存，而能在與物相接時，依循所體證的中體，自然發用爲如理中節的道德活動。至此，則於內於外、於發與未發，皆無雜私意、貫乎一理，而內外合矣。在龜山，內外之合，是由定內通外的次第而致。必須先有肯認中體的對內工夫，方能進一步存之養之、承體起用，使內外合一不二。關於合內外的工夫，龜山提出誠、敬之道，又兼以「誠」會通

格物致知，再從格物致知回歸內聖修養的途徑。因此，從工夫的次第而言，龜山所創建的觀中，可分爲主要工夫與輔助工夫。前者是體證內在主體的本質實踐方法，以未發觀中爲進路；後者是觀中的後續工夫，含誠、敬、格物致知等路數，以存養無息爲要義，以助成未發之中的具體呈現與落實爲歸趨。

　　龜山以觀中工夫爲道德實踐的本質關鍵，而所觀之「中」，即心即性即理。他以「理」爲基礎，用之論證宇宙本體與心性的關係，進而建立天道性命相貫通的思想架構。在心性天通而爲一的體系下，詮解中體的義蘊：就本體上說，與心、性、仁、理、道是一；就內容上說，是不偏不倚的道德至理；就中與非中的判準言，是由當理與否而別；就體用義言，謂之中和、未發與發；就特性而言，具有不執著、不造作、不偏倚的特點；就本質之能而言，含具權能智用，能應物顯現當理德行。所以觀中的工夫，是在對中體內在於人的根本肯定下，立於道德實體之自發自律上所說的道德實踐。因此，觀中並非以知解求之，而是暫息情感的擺動，以靜復見體。至於觀法，龜山提出「以身體之」、「以心驗之」、「從容默會」等要訣，而順利觀識的關鍵，則在於克己去私。觀中固然是透過正面契入中體在慾望發顯前先有一斷制工夫，然而，私欲的熾盛，實可能減弱工夫動力與集中度，成爲進入修養狀態的阻礙。所以，克己爲爲觀中的必要前行工夫，方法爲本心之自我躍起，以定立道德志向。迨正式進入修養，須先平復一切情感，以還向於未發。這是爲了排除一切可能刺激私意興作的因素，保持意識的高度專注，進而異質肯認澄然凸顯之中體。所以觀中並非將「中」坐實、對象化，以虛空把捉，而是內斂默識性體呈顯之不偏不倚境界。此超越之逆覺體證的進路，雖爲龜山所獨創，然若究義理之根源，乃順明道體貼天理、逆覺識仁的路而來，皆是當下見體取證的實踐工夫，故實源自於明道的啓發。

　　在輔助工夫的部份，龜山通過「正心」的概念，綰合觀中與誠敬的工夫，以「誠」、「敬」爲合內外的方法。「誠」與「中」，實皆形容道德本體的內容特性，前者狀本體之無妄無息，後者狀本體之不偏不倚，轉化爲名詞，可謂爲誠體與中體。除了自體上言，亦可自工夫說。在工夫運用上，要義在於以「無息」的綿密工夫，延續對中體的證會，持守勿失，使未發所觀識之中，能通達於外，而及於已發。敬的工夫，與誠工夫相同，強調內心要時時保持自我警醒的意識，避免私意興作，以相續中體之明。從消極面而言，誠敬工夫能防範私意復起；從積極面而言，其具有長養內在道德力量的作用，使修

養主體對於中體的把握日益純熟，進而推擴未發之中於已發（通達內在本具的道德力量於外），是爲內外之合。則合內外之道，並非先有內外之分、以求合一，而是能否眞實化未發之中，使中體及於現實世界具體顯現的問題。而言其爲合，是從未發所守之中體能發顯爲無過與不及的道德行爲而說。因此，在體證中體之後，必須接續兼貫動靜的誠敬工夫，藉由內向專注的道德意識，於未發時，默識中體，促使中體在無間斷的自操自存中，主宰地位趨於穩固，方能於接物之際，依循其體，成就道德實事。此外，龜山又主格物致知。他認爲致知在於格物，故先確立致知的實踐取向，再析解格物的方法，開展工夫的內涵。「致知」的工夫，以逆覺德行從出之源爲歸趨，就實踐路數而言，與觀中工夫是一致的。而「格物」，則是擴充往盡德性的過程，其要有二：一爲反身而誠，二爲探求鳥獸草木之理。前者由主體起工夫，其要在於反身契入價值之源，以把握萬殊之理；後者則從道的客觀面入手，由萬物之生生，感受天道不已的妙運。二者入路雖有不同，然皆指向於「格物」的根本目的——「天下之理得」、「贊天地之化」。則「格物」在體證德性的歸趨之外，同時兼涵具體實現道德之理的要求，如此方爲知止。雖然龜山未曾直接聯繫格物致知與觀中工夫，而是通過「誠」的概念間接綰合，但是就工夫入路而言，格物致知與未發體中的逆覺證體方向一致，可謂爲觀中工夫的另一種表示。

觀中工夫的理想境界，在龜山以「理一分殊」表示。「理一分殊」一詞，首見於伊川答楊時論〈西銘〉書中，龜山順之進一步拓展豐富「理一分殊」的內涵。他借助體用觀，證成「理一」與「分殊」的同質性，並從倫理實踐的意義詮釋體用間的關係。所謂「理」，即性體、道體、中體之實，是創生道德活動、實現分殊之理的根據，而分殊乃依於理一所顯發的具體道德活動。體現之德行雖有萬殊，然皆通貫絕對的道德法則，故名爲「一」。觀中所觀者，即天下之理的根源，然工夫的目的本非止於未發之默識，而是以落實於倫常日用爲根本取向。故根據自身所處的關係地位與權衡萬殊物勢，當機顯發不偏不倚的對境分理，即未發之中具體的呈現，亦爲中和之致。

羅豫章爲龜山嫡傳，專主未發觀中的工夫。他吸取禪宗的靜坐法相，納入觀中工夫中，作爲歸還未發、肯認中體的手段，其後並以相對靜坐的方式，向延平親身示範體中之道。延平繼承靜坐之法，循龜山所開出的觀中進路，進一步對工夫內容作細部的補充。其推闡處大抵有三：其一，對心物關係有較縝密的討論。他認爲本心迷失的主要原因，在於對物的固滯偏執，由之而

產生的私意，表現在修養過程中，約可分爲無因之進德與不去之愧悔兩種。故延平主張「澄心」，就是要在默坐前平息紛作的不善念慮，以盡量避免執私習氣的干擾，而能在精神高度集中的狀態中，體認天理。其二，對靜中體認實虛的檢驗。延平承龜山思想，對於觀中後的存養工夫，亦頗爲重視，然其所論大抵不出龜山的義理範圍。比較特別的是，延平認爲除了存養之外，同時應勘驗靜中體驗是否爲眞實。勘驗的目的，在於清晰掌握自身修養的現況，以便於所非處，直下自覺反省，立即對治。至於勘驗的方法，則是於日用間，觀察自身思慮及言行，是否能循靜中所體，表現爲中節的言行。其三，「理一分殊」的工夫化。「理一分殊」的概念，到了延平，轉以工夫義詮釋之，進而提出「理會分殊」的工夫〔註19〕。此工夫的目的，是爲了解決發用

〔註19〕「理一分殊」四字是程伊川回覆楊龜山對〈西銘〉之疑時提出的。楊時認爲〈西銘〉言萬物一體的境界易與墨氏兼愛同流，對此伊川藉「理一分殊」概括〈西銘〉思想，以釋龜山之疑。伊川講「理一分殊」時，並未詳細闡釋其義涵，僅簡要指出「分立而推理一，以止私勝之流，仁之方也」。從這句話可知，「理」是就仁而言，指道德原則，「一」則揭示道德原則的普遍性，「分」爲等分、分際義，「殊」乃殊別義。故「理一分殊」是說：仁是普遍的道德原則，然在具體施爲上因分際不同而有差等的表現。在伊川，主要是從倫理義說明「理一分殊」，以其處理普遍原則與殊別事相之間的關係。楊龜山繼承伊川立論的角度，進一步開展「理一分殊」的義涵。他藉由「體用」與「仁義」繫連「理一」與「分殊」的關係，則「理一」是體，「分殊」是用，由理一之貞定，分殊發用得以合宜不偏。如是，欲臻其境的關鍵就是如何把握本體（理一），而體證本體的方法，在龜山是從默識中體來規定的。延平順承龜山思路，深化「理一分殊」的修養意義，提出「理會分殊」的工夫以解決體用有間的修養困境。傳至朱熹，在本體義之外，另賦予「理一分殊」宇宙論的義涵。則「理」爲存在之理，由遍天下萬物皆有此理言其一而無多之義，由氣稟的偏限而有殊別多相。綜觀「理一分殊」義涵的發展，在程、楊、李、朱四人各有所推進。伊川提出此命題時，含義較簡單，迨龜山沿此四字並深入發揮其意義時，「理一分殊」便成爲特定的文字形式，使後世學者得以在文字意義可能容納的範圍下，得以從不同的角度與立場詮解此命題，此即「理一分殊」的義涵經歷史發展意義日趨豐富的原因。從伊川以至朱子，吾人可見此命題意義相繼承處與擴大的痕跡。就其意義的轉折處而言，楊李二人基本上仍延續伊川最初的倫理義涵。唯龜山視其爲道德修養的理想境界，並與觀中修養結合，此其與伊川不同處；延平延續龜山思維，除了提出觀中修養作爲把握理一的手段，另賦予「分殊」一詞工夫意義，提出「理會分殊」的方法以輔助理一於現實生活中的呈用，此其與龜山相異處。到了朱熹，全面性地運用此結構處理各種相關問題，如道德原則的普遍與殊別運用、宇宙本體（太極）與萬物的關係等，進而發展出月印萬川、一實萬分、萬物一理等說。與程、楊、李三人相較，朱子對此命題的内容拓展上，主要表現在本體義的承繼外，

時的生疏相，藉由常存此心、推尋事理、循序積累的方法，使發用自然、體用無間。「理會分殊」的要義，即在體中的基礎上，落實於現實生活，細察事理，練習循理發用。迨工夫純熟，生疏勉強相自然隨之盪除，即「洒然融釋」境界的體現。

自楊龜山確立未發觀中的工夫路數後，歷經道南三傳，其主要的推展，約有二可說：其一，靜坐形式的補充。龜山創建觀中工夫的目的，主要是不待私意發顯，方行克治之功，進而思及如何在發用之前，建立直契本源的工夫，使所發皆能無雜私意、中節合理。由於工夫定於未發，因此工夫首先須止息喜怒哀樂的激盪，甫能進入未發的狀態，進而察識未發之中。則如何由發歸還未發，便成爲首要解決的問題。龜山有鑒於此，提出「默會」的要訣，認爲言行的靜斂，有助於情緒的平復。這種說法，在工夫形式上，顯然已有趨靜的傾向。傳至羅豫章，對於如何排除一切引發喜怒哀樂的可能因素，以保持注意力的高度集中，有更縝密的考慮。他擷取禪宗的靜坐納入觀中工夫，並據此傳後。李延平順承羅豫章思路，力主靜坐，同時藉由心與物之間的關係，進一步說明靜坐能起還向未發實效的原因。他指出喜怒哀樂不能適當呈露的原因，在於「心實」、「心動」，即對於所接之物的滯執。在心偏執於物的情形下，與物相接時，自然產生固著於物的私意，並顯現爲不中節的言行。這種心遷於物的應物方式，經長久積累，遂成習氣。延平認爲在私欲紛擾下，學者實難於發用時逆覺本體，所以要暫時隔離現實生活，於未發時體中。而靜坐正是藉由身形的收斂，排除萬物對於私意的牽引作用，除了具有「把斷諸路頭」的效果，同時能助成主體獲得清晰、專注的意識狀態，進而體認本體。無論是龜山之「默會」、豫章之「靜坐」，乃至延平對心物關係的說明，皆可看出他們面對心隨物遷的根固習氣之下，對於如何避開慣常應物方式、而能在接受外界刺激前集中心力以觀中的思考。而靜坐的方式，即未發進路所可能開出的工夫手段。唯靜坐的作用，主要在於止息走作念慮、排除萬物引發私意的可能性。及體認天理，就是靜坐目的的完成。

其二，合內外之道的推闡。在龜山，已注意到在觀中後，必須接續誠敬的保守工夫，方能存之養之，使人能順由內在中體，順適表現爲合理的行爲

　　　另開展出宇宙論的涵義，此其與前人相異處。故本體義的相續，遂成爲此命題的基本義涵，此其同也；而工夫義的規定與宇宙義的賦予，則爲此命題的意義擴大處，此其異也。

活動。延平承繼龜山對內外之合的強調，對於學者在日用間嘗試具體呈現未發之中時，呈現的生疏勉強相（此生疏勉強相，非謂道德行為的生發有所困難，以致刻意、勉強地求合道德之理，而是指發用時，不甚順適，此即延平所說的「有間」。故延平提出理會分殊的工夫，以為理會既久，「自能循理」，「自」字即意味中體不停滯於抽象中，而能順適地貫落於現實生活。故默坐澄心乃指出體證本體的方法，經過這一關後，繼而便是如何自然無滯地具體顯現中體，使天理流行，此即「理會分殊」工夫著眼處。），以致體用似若有間的問題，尤為重視。就這點而言，延平顯然較楊羅二師，更重視學者在見體後、於中體發用之際的生疏、不自然感，並試圖提出完善的解決方法，使未發境界在已發工夫的輔助下，更能順當無滯地具體呈現。延平認為欲消解中體掛空之勢，使中體能及於現實生活有真實的呈顯，在基本的存養方法外，須運用「理會分殊」的工夫，以相對治。所謂「理會分殊」，即親身面對現實存在的種種曲折之勢，細察分殊事理，練習依據靜中肯認的中體，發顯為如理合度的言行。在反覆體察事理中，漸涵漸養中體，工夫益趨純熟，使中體不復停滯於抽象狀態中，而能於接物之際，自然稱體發用，此即「洒落融釋」境界的體現。「融釋」之狀，乃謂中體不再隔限於未發，而能及於不同分際實現分殊事理，如消融體用間的隔閡。工夫臻此，遇事能無毫髮固滯，自然發顯為道德活動，即「洒落」境界的實現。「理會分殊」與「洒落融釋」，一者以言所教之工夫，一者以言所達之境界，然二者均是在如何由未發至發的思索下所提出的。此意味觀中工夫雖定於未發，但是「未發」只是工夫的手段，在本質上並不蘊涵趨靜斥動、舉體廢用、偏向未發的意義。反之，龜山的合內外說，以及延平理會分殊的主張，正足以證明靜坐僅僅作為助成體證的方法，觀中工夫實則是以體用兼舉為根本歸趨的。

從龜山以至延平，皆以未發觀中為體證本體的關鍵，並圍繞此核心工夫，開展誠敬、格物致知、理會分殊等輔助方法。至於觀中工夫在內容的拓展上，主要分為兩線：一者是在靜復見體之前，由發還向未發的方法；一者是在靜復見體之後，由未發通達發用的要道。前者根基於龜山的「默會」指訣，經豫章定為靜坐之法；後者則循龜山合內外的誠敬工夫，由延平進一步提出「理會分殊」的工夫，以及「洒落融釋」的境界。二者在工夫的段落雖有前後之別，然皆貫串體中的旨要，而匯歸於觀中工夫的根本脈絡。

觀中工夫的傳承，起於楊龜山，經羅豫章之傳，而終於李延平。觀其前

後承繼，不過三人。然究其影響力，則不僅止於道南一脈。靜坐體認未發氣象的進路，開啓了後世對中和問題的重視。從朱熹對中和問題的反覆參究，到明代吳康齋「靜時存養」「身體力驗，只在走趨語默之間」，陳白沙「從靜坐中養出個端倪來」，王陽明於滁陽時以「默坐澄心」爲學的，皆可見道南未發觀中說的痕跡，其影響不可謂不遠矣。

參考書目

一、楊龜山著作

1. 《楊龜山先生全集》，清·張國正刊本，1977 年 6 月，臺北：學生書局。

2. 《龜山先生全集》四十二卷，明·萬曆十九年將縣林熙春刊本，臺北：國家圖書館善本室藏。

3. 《龜山先生集》三十五卷附錄一卷，明·正德十二年宣興沈暉刊本，臺北：國家圖書館善本室藏。

4. 《龜山先生集》四十二卷附年譜一卷附餘五卷，清·順治八年楊令聞刊本，臺北：國家圖書館善本室藏。

5. 《龜山集》十六卷，明·程敏政編，弘治壬戌（十五年）將樂縣刊本，臺北：國家圖書館善本室藏。

6. 林海權點校《楊時集》，福建人民出版社，全國高等院校古籍整理研究工作委員會規劃項目。

二、羅豫章著作

1. 《羅豫章先生文集》，1984 年 6 月，新文豐出版公司影印商務民國二十五年十二月初版依正誼堂全書本排印。

2. 《羅豫章先生文集》，清同治五年福州正誼書院刊本，臺北：國家圖書館善本室藏。

3. 《羅豫章先生文集》，藝文印書館百部叢書集成初編影印本，臺北：國家圖書館善本室藏。

4. 《羅豫章先生集》，清光緒九年古燕張國正刊本，臺北：國家圖書館善本室藏。

5. 《羅豫章先生詩》，清古鹽范氏也趣軒鈔本，臺北：國家圖書館善本室藏。

三、李延平著作

1. 《李延平先生文集》，清同治五年福州正誼書院刊本，臺北：國家圖書館善本室藏。

2. 《李延平先生文集》，清同治五年福州正誼書院刊正誼堂全書本，臺北：國家圖書館善本室藏。

3. 《李延平先生文集》，藝文印書館百部叢書集成初編影印本，臺北：國家圖書館善本室藏。

4. 《李延平先生詩》，清古鹽范氏也趣軒鈔本，臺北：國家圖書館善本室藏。

5. 《李延平集》，新文豐出版公司影印商務民國 24 年 12 月初版依正誼堂全書本排印。

四、古　籍

1. 春秋・管仲《管子》，臺灣：中華書局，四部備要本。

2. 《十三經注疏本》，臺北：藝文印書館。

3. 宋・朱熹《四書集註》，臺北：臺灣中華書局，四部備要本。

4. 宋・朱熹《伊洛淵源錄》，臺北：臺灣商務印書館影印文淵閣四庫全書本。

5. 宋・朱熹《朱子語類》，1983 年 12 月，臺北：文津。

6. 宋・朱熹《朱文公文集》，1980 年 10 月，臺北：臺灣商務。

7. 《二程全書》，台灣中華書局據江寧刻本校刊，四部備要本。

8. 元・脫脫等撰《宋史》，1975 年 3 月，臺北：鼎文。

9. 明・黃宗羲撰，清・全祖望補，清・王梓材、馮雲濠、何紹基校《宋元學案》，1991 年 9 月，臺北：世界。

10. 《延平府志》，上海古籍書店根據寧波天一閣藏明嘉靖刻本影印。

11. 《黃氏日抄》，中文出版社據日本立命館大學圖書館藏清乾隆 32 年新安汪佩鍔重校刊影印。

12. 清・徐乾學輯《禮記集說》，臺北：漢京，通志堂解經本。

13. 清・納蘭成德編《合定刪補大易集義粹言》，1974 年 9 日，臺北：廣文。

五、近人著作

1. 〈不著撰人〉《天下書院總志》，1974 年 6 日，臺北：廣文。

2. 宇野哲人著，馬福辰譯《中國近世儒學史》，1982 年，臺北：中國文化大學。

3. 牟宗三《中國哲學十九講》，1999 年 9 月，臺北：臺灣學生。

4. 牟宗三《心體與性體》，1995 年 12 月，臺北：正中。

5. 牟宗三《四因說演講錄》，1997 年 3 月，臺北：鵝湖。

6. 牟宗三《智的直覺與中國哲學》，2000 年 6 月，臺北：臺灣商務。

7. 吳康《宋明理學》，1955 年 10 月，臺北：華國。

8. 韋政通《中國思想史》，1990 年，臺北：水牛。

9. 唐君毅《中國哲學原論·原性篇》，1991 年 6 月，臺北：臺灣學生。

10. 唐君毅《中國哲學原論·原教篇》，1990 年 9 月，臺北：臺灣學生。

11. 唐君毅《中國哲學原論·導論篇》，1993 年 2 月，臺北：臺灣學生。

12. 唐華《中國哲學思想史》，1981 年，臺北：大中國。

13. 孫振青《宋明道學》，1986 年 9 月，臺北：千華。

14. 徐遠和《洛學源流》，1978 年 9 月，濟南：齊魯書社。

15. 張永儁《二程學管窺》，1988 年 1 月，臺北：東大。

16. 張立文《中國哲學範疇發展史》〈人道篇〉，1989 年 3 月，北京：中國人民大學。

17. 張立文《宋明理學研究》，1985 年 7 月，北京：中國人民大學。

18. 張德麟《程明道思想研究》，1984 年 3 月，臺北：臺灣學生。

19. 陳來《朱熹哲學研究》，1990 年 12 月，臺北：文津。

20. 陳來《宋明理學》，1994 年 9 月，臺北：洪葉。

21. 勞思光《新編中國哲學史》，1981 年 2 月，臺北：三民。

22. 程發軔《理學概要》，1971 年 11 月，臺北：正中。

23. 馮友蘭《中國哲學史新編》，1993 年 4 月，臺北：臺灣商務。

24. 黃公偉《中國哲學史》，1966 年，台北市：帕米爾。

25. 賈豐臻《中國理學史》，1981 年 11 月，臺北：臺灣商務。

26. 廖吉郎、王開府、傅武光著《王安石、程顥、程頤、楊時》，1978 年 5 月，臺北：臺灣商務。

27. 臧廣思《中國哲學史》，1982 年，臺北：臺灣商務。

28. 褚柏思《中國思想史話》，1980 年，臺北：黎明文化。

29. 劉述先《朱子哲學思想的發展與完成》，1995 年 8 月，臺北：臺灣學生。

30. 蔣伯潛《理學纂要》，1961 年，臺北：正中。

31. 蔡仁厚《宋明理學》，1989 年 3 月，臺北：臺灣學生。

32. 錢穆《中國思想史》，1977 年，臺北：臺灣學生。

33. 錢穆《宋明理學概述》，臺北：現代國民基本知識叢書第一輯。

34. 韓鍾文《中國儒學史·宋元卷》，1997 年 3 月，廣東：教育。

35. 羅光《中國哲學思想史》，1984 年 1 月，臺北：臺灣學生。

六、學位論文

1. 林義勝《楊龜山學術思想研究》，1977 年 3 月，國立臺灣師範大學國文研究所碩士論文。

2. 梁巧燕《楊龜山思想研究》，1994 年 6 月，國立政治大學中國文學研究所

碩士論文。

3. 楊玉成《二程弟子研究》，1987 年 6 月，國立政治大學中國文學研究所碩士論文。

七、期刊論文

1. 何乃川、張培春〈簡論楊時的理一元論思想〉，《廈門大學學報》，1984 年第四期。

2. 何乃川〈楊時「理一分殊」思想及李侗的繼承〉，《哲學與文化》1997 年 11 月。

3. 何乃川〈論李侗的理學思想及其對朱熹的影響〉，《廈門大學學報》，1985 年。

4. 余理民、李一汀〈李侗祖籍及生地考〉，《朱子研究》，1995 年第三、四期。

5. 李祝舜〈李侗及其哲學思想初探〉，《中州學刊》1987 年第三期。

6. 林蔚起〈關於羅從彥的兩個問題〉，《朱子研究》，1996 年第二期。

7. 徐遠和〈略論洛學的閩學化〉，《中州學刊》1988 年第二期。

8. 徐曉望〈論楊時"傳道南歸"的文化意義〉，《朱子研究》，1995 年第二期。

9. 張永儁〈比論二程子理學思想之分歧——兼論楊龜山及謝上蔡之思想發展〉，《台大哲學論評》1986 年 1 月。

10. 張永儁〈楊龜山哲學思想述評〉，《台大哲學論評》1984 年 1 月。

11. 蔡仁厚〈二程異同及其學術影響〉，東海大學哲學系第二次『哲學與中西文化：反省與創新』學術研討會。

12. 蔡介裕〈中和問題「未發已發」之考察〉，《文藻學報》，2001 年 3 月。

13. 蔡介裕〈宋儒李延平之義理探析〉，《中國文化月刊》2001 年 5 月。

14. 蔡介裕〈楊龜山「本體宇宙論」之基本義旨〉，《文藻學報》1994 年 3 月。

15. 蔡介裕〈楊龜山學脈之考察〉，《中國文化月刊》1991 年 4 月。

16. 黎昕〈從《四書集註》看朱熹對楊時理學思想的批判和繼承〉，《福建論壇》，1989 年第一期。

17. 黎昕〈道南第一人——楊時〉，《福建論壇》，1982 年第六期。